〔 中国自信理论思考丛书 〕

文 化 自 信

中国自信的根本所在

耿 超 徐目坤 ◎ 著

GUANGXI NORMAL UNIVERSITY PRESS
广西师范大学出版社
·桂林·

图书在版编目（CIP）数据

文化自信：中国自信的根本所在 / 耿超，徐目坤著．—桂林：广西师范大学出版社，2019.4
（中国自信理论思考丛书）
ISBN 978-7-5598-1615-3

Ⅰ．①文… Ⅱ．①耿… ②徐… Ⅲ．①中国特色社会主义－文化事业－建设－研究 Ⅳ．①G12

中国版本图书馆 CIP 数据核字（2019）第 032180 号

广西师范大学出版社出版发行

（广西桂林市五里店路 9 号　邮政编码：541004）
（网址：http://www.bbtpress.com）
出版人：张艺兵
全国新华书店经销
广西广大印务有限责任公司印刷
（桂林市临桂区秧塘工业园西城大道北侧广西师范大学出版社集团有限公司创意产业园内　邮政编码：541199）
开本：880 mm × 1 240 mm　1/32
印张：8.25　　字数：211 千字
2019 年 4 月第 1 版　　2019 年 4 月第 1 次印刷
定价：40.00 元

如发现印装质量问题，影响阅读，请与出版社发行部门联系调换。

"四个自信"：中国特色社会主义的创新发展

天津大学马克思主义学院院长、国防大学马克思主义研究所原所长　颜晓峰

　　中国特色社会主义是改革开放以来党的全部理论和实践的主题。中国特色社会主义的基本内涵，随着实践的拓展、认识的深化而丰富发展。40年来，中国共产党领导中国人民成功开辟中国特色社会主义道路，形成中国特色社会主义理论体系，创设中国特色社会主义制度，积淀中国特色社会主义文化。党的十九大报告指出："中国特色社会主义道路是实现社会主义现代化、创造人民美好生活的必由之路，中国特色社会主义理论体系是指导党和人民实现中华民族伟大复兴的正确理论，中国特色社会主义制度是当代中国发展进步的根本制度保障，中国特色社会主义文化是激励全党全国各族人民奋勇前进的强大精神力量。全党要更加自觉地增强道路自信、理论自信、制度自信、文化自信。"中国特色社会主义自信涉及中国特色社会主义的经济基础和上层建筑各个方面，是对中国特色社会主义理论和实践全部成果的全方位自信。提出并增强中国特色社会主义道

路自信、理论自信、制度自信、文化自信,使我们党对中国特色社会主义的认识理解,达到了一个新的历史高度和思想深度。增强"四个自信"也对"新时代坚持和发展什么样的中国特色社会主义、怎样坚持和发展中国特色社会主义"这一重大历史课题给予了坚定有力的回答。

一、"四个自信"体现了我党对中国特色社会主义认识的不断深化

"四个自信"是我们党历经艰辛探索得出的最宝贵、最重要的政治结论。改革开放40年来,我们党对中国特色社会主义基本内涵的认识不断深化。邓小平同志在党的十二大明确指出:"走自己的道路,建设有中国特色的社会主义",这条道路就是以"一个中心、两个基本点"为内核的党的基本路线。党的十八大总结已有认识和实践成果,进一步概括为中国特色社会主义道路、理论体系、制度,并提出中国特色社会主义道路自信、理论自信、制度自信。

党的十八大以来,以习近平同志为核心的党中央坚持和发展中国特色社会主义,充分发挥文化在实现社会主义现代化和中华民族伟大复兴中强基固本、引领激励的作用,开拓了文化自信的新境界。党的十八届六中全会明确提出"四个坚持",进一步丰富和拓展了中国特色社会主义基本内涵和基本结构。在"七一"重要讲话中,习近平总书记提出坚持中国特色社会主义道路自信、理论自信、制度自信、文化自信,而文化自信是更基础、更广泛、更深厚的自信。在纪念红军长征胜利80周年大会上的讲话中,习近平总书记阐述了坚持中国特色社会主义道路、理论、制度、文化的重大意义,强调中国特色社会主义文化是中国人民胜利前行的强大精神力量。在中国文联十大、中国作协九大开幕式上的讲话中,习近平总书记进一步强调,文化自信,是更基本、更深沉、更持久的力量。坚定文化自信,是事关国运兴衰、事关文化安全、事关民族精神独立性的大问题。

基本内涵的丰富,反映了实践和认识的进展。民族复兴、国家富强

是多种因素共同作用的结果。其中,道路决定国家、民族的前途命运,理论是国家、民族发展的行动指南,制度是国家、民族发展的重要保障,文化是国家、民族发展的精神力量。民族复兴离不开文化的繁荣昌盛,国家文化软实力是实现社会主义现代化的重要力量。发展中国特色社会主义文化、建设社会主义精神文明,始终是我们党的不懈追求。在5000多年文明发展中孕育的中华优秀传统文化,在党和人民伟大斗争中孕育的革命文化和社会主义先进文化,积淀着中华民族最深层的精神追求,代表着中华民族独特的精神标识,是实现"两个一百年"奋斗目标、实现中华民族伟大复兴中国梦的不竭精神动力。当前,面对诸多矛盾叠加、风险隐患增多的复杂局面,面对意识形态领域的严峻斗争、多种价值观念的对立冲突,我们要大力弘扬社会主义核心价值观,弘扬以爱国主义为核心的民族精神和以改革创新为核心的时代精神,以坚定的文化自信统一意志、凝聚力量、迎接挑战,不断增强全党全国各族人民的精神力量。

基本结构的拓展,强化了中国特色社会主义的基础。自信往往建立在对事物必然性和现实性的深刻理解之上。中国特色社会主义道路从历史深处走来,又扎根中国大地,具有广泛的现实基础。中国特色社会主义理论体系是党和人民90多年奋斗、创造、积累的根本成就之一,是立于时代前沿、与时俱进的科学理论。中国特色社会主义制度是具有广泛实践性的伟大创造,集中体现了中国特色社会主义的特点和优势。改革开放40年来,道路的不断开创、理论的不断发展、制度的不断创新,特别是文化的不断进步,都彰显了中国特色社会主义的优越性。中国特色社会主义是实践、理论、制度、文化紧密结合的,既把成功的实践上升为理论,又以正确的理论指导新的实践,还把实践中已见成效的方针政策及时上升为党和国家的制度,还要从文化中汲取理论、实践和制度发展的强大精神力量。文化不仅内在于道路、理论、制度之中,而且具有独立存在的价值。文化是民族生存和发展的重要力量,人类社会的每一次跃进，人类文明的每一次升华，无不伴随着文化的历史性进步。正是基于对文化的本源性、基础性作用的深刻认识，我们党把中国特色社会主义的内容进一步拓展，从而使文化的重要功能更加凸显，与道路、理论、制度一道，共同托起中国特色社会主义宏伟大厦。

二、"四个自信"夯实了中国特色社会主义基础

坚定"四个自信"是党中央在新时代进行理论创新和实践创新的重大成果，是新形势下全面推进中国特色社会主义伟大事业的根本保证。

中国特色社会主义道路、理论、制度、文化，是中国特色社会主义的四根支柱。道路关乎党的命脉，关乎国家前途、民族命运。中国特色社会主义道路，以经济建设为中心，坚持四项基本原则，坚持改革开放，是发展中国、稳定中国，通往复兴梦想的康庄大道，实现社会主义现代化的必由之路。理论体系揭示"三大规律"，反映实践要求，推进理论创新。中国特色社会主义理论体系，为国家富强、民族振兴、人民幸福提供科学指导和行动指南，是当代中国的马克思主义。制度具有根本性、全局性、稳定性和长期性，是国家兴旺发达、长治久安的政治基础。中国特色社会主义制度，把根本政治制度、基本政治制度同基本经济制度以及各方面体制机制等具体制度有机结合起来，是实现社会主义现代化和中华民族伟大复兴的根本保障。文化是民族生存和发展的重要力量。中国特色社会主义文化，以中华优秀传统文化为根基，以马克思主义为指导，以社会主义核心价值观为灵魂，以社会主义先进文化为主体内容和本质特征，吸收人类文化的优秀成果，是实现中华民族伟大复兴的强大精神动力。

坚持"四个自信"确定了中国特色社会主义前进方向。《关于新形势下党内政治生活的若干准则》指出，全党必须毫不动摇坚持四项基本原则，根本是坚持党的领导，坚持中国特色社会主义道路、中国特色社会主义理论、中国特色社会主义制度、中国特色社会主义文化，做到头脑清

醒、立场坚定,矢志不移坚持和发展中国特色社会主义。这充分表明,
"四个坚持"是坚持党的基本路线的根本要求,是中国特色社会主义始
终沿着正确方向前进的根本保证。"四个自信"是对"四个坚持"所包含
的中国特色社会主义道路、理论、制度、文化四个方面的执着信念、坚定
信心。而"四个坚持"将"一个中心、两个基本点"包含在内,用中国特色
社会主义道路、理论、制度、文化丰富党的基本路线内涵。毫无疑问,坚
持党的领导,坚持中国特色社会主义道路、理论、制度、文化,就是坚持党
的基本路线。增强"四个自信"也就是增强对党的领导、党的基本路线
的坚定信心和执着信念。要在道路、理论、制度、文化等根本问题上坚持
党的领导,紧紧扭住关系党和国家前途命运的关键问题,加强党的领导。

坚持"四个自信"确立中国特色社会主义基石。"四个自信"的提
出、丰富和完善,凝结着改革开放以来党坚持和发展中国特色社会主义
的宝贵经验,特别是凝结着党的十八大以来以习近平同志为核心的党中
央全面推进中国特色社会主义新发展的思想与实践结晶。科学把握"四
个自信"的内在联系和基本要求,全面贯彻习近平新时代中国特色社会
主义思想,才能使党和国家事业开创出新局面,中华民族伟大复兴展现
出前所未有的光明前景。

三、充分发挥"四个自信"的强大力量

实现中华民族伟大复兴的中国梦,是我们党始终不渝的奋斗目标。
我们必须增强"四个自信",充分发挥其强大力量,确保如期实现奋斗
目标。

"四个自信"贯穿于实现中国梦的整个过程,为实现这一目标提供
了实现途径、行动指南、制度保障、精神动力。坚持中国特色社会主义道
路,就要既不走封闭僵化的老路,也不走改旗易帜的邪路,始终不偏离正
确方向。只要我们在改革创新中巩固拓展这条道路,中国道路就必将越
走越宽广。坚持中国特色社会主义理论,就要运用马克思主义基本原理

创造性地解决前进中的问题，努力提高党进行伟大斗争、建设伟大工程、推进伟大事业的能力水平。坚持中国特色社会主义制度，就要不断推进国家治理体系和治理能力现代化，让制度更加成熟，让发展更有质量，让治理更有水平，让人民更有获得感。坚持中国特色社会主义文化，必须高扬理想旗帜，强化全党全民族的精神追求，增强国家文化软实力，建设社会主义文化强国，以文化复兴助推民族复兴。

"四个自信"有力回答了"新时代坚持和发展什么样的中国特色社会主义、怎样坚持和发展中国特色社会主义"的重大课题。经过长期努力，中国特色社会主义进入了新时代。新时代意味着中国特色社会主义道路、理论、制度、文化的不断发展。一个国家、民族走什么道路，选择什么样的指导思想、社会制度、发展模式和文化样态，并不是由哪一些人、哪一个政治团体依其主观意愿决定的，而是取决于这个国家、这个民族的生产力发展水平、经济基础、阶级阶层构成以及历史文化特征、社会综合背景、内外联系交流等。"四个自信"所包含的重要内容和思想内涵，都是在改革开放的伟大实践中进一步坚定的，充分体现了我们党团结带领全党全国各族人民在改革开放中推进中国特色社会主义的政治智慧和重大创造。正是改革开放以来中国发展所创造的震古烁今的人间奇迹，雄辩地证明了中国特色社会主义道路、理论、制度和文化的正确性、时代性和先进性，让亲身经历的人们完全有理由对此充满自信。新时代，我们的形势更加严峻复杂，承担的任务更加繁重艰巨。"四个自信"蕴含着中国特色社会主义美好未来的宏伟愿景和科学规划。增强"四个自信"，才能在新时代始终坚持和发展中国特色社会主义，保持政治定力、战略定力，使建设中国特色社会主义获得科学依据和前进动力。

共产主义远大理想和中国特色社会主义共同理想，是中国共产党人的精神支柱和政治灵魂。坚定"四个自信"，首先是坚定理想信念。实现共产主义是中国共产党人的最高理想和最终目标，坚持和发展中国特色社会主义是实现共产主义的必经阶段。正是因为坚信人类社会发展规律和趋势,坚信中国特色社会主义是当代中国的正道,我们党才能坚定不移开创中国特色社会主义道路,创立中国特色社会主义理论体系,完善中国特色社会主义制度,发展中国特色社会主义文化,使中国特色社会主义伟大事业日益兴旺发达。要把坚定理想信念作为开展党内政治生活的首要任务,着力解决理想信念上存在的疑难困惑,用理想信念的强大力量坚定"四个自信"。

这套丛书以习近平新时代中国特色社会主义思想为指导,以习近平总书记相关重要讲话为依据,进行理论研究和深入思考,又力求在每本书的章节设置、观点提炼和文字表述方面,反映作者的独立见解,编写出自身的特色,当能为国内对此问题感兴趣的读者提供进一步研究的参考。我们要在历史与当代、理论与实践、中国与世界的层面,把道理讲明白、把事实摆清楚、把错误说透彻,使广大党员群众对"四个自信"始终刻骨铭心,让"四个自信"牢牢引领我们在中国特色社会主义伟大事业征程上阔步前进!

目　录

导　论

————

一、研究现状

（一）国外研究现状

对文化自信问题的研究，国外目前还没有发现专门以"文化自信"为题的专著与学说，但与此研究相关的外围成果，如文化全球化、文化民族化、文化发展和文化批判等方面，则论述颇丰，不乏真知灼见，对研究中国特色社会主义文化自信问题有参考价值。

在文化研究的全球化视阈方面。福山对其于苏东剧变时提出的"历史终结论"进行了修正，认为资本主义制度日益显现出弊端，从而注重考察中国模式的价值和意义，特别是在《政治秩序的起源》一书中，把中国作为国家政治发展形态的典型，去探寻中国模式、中国文明与其他模式、文明的区别。吉尔平、汤普森等学者，承认世界文化具有的多样性，看到了西方国家向外进行文化扩张的本质目的。吉登斯、赫尔德、贝克等学者，认为全球化背景下文化的发展是一个兼具文化整合与分裂的辩证过程。亨廷顿近些年来对其"文明冲突论"的观点进行了一些调整，看到了不同文化之间加强对话的可能性与重要性，提出为了促进民众团结、达成社会共识，要致力于构建共同的"核心文化"。

在对资本主义文化的批判方面。斯宾格勒的《西方的没落》较早地看到了西方文化的危机。汤因比预测了西方文明的未来，认为任何文化的发展都是一个不断应对困难和挑战的过程，构建了文化发展研究的"挑战—应战"范式。汤林森对文化帝国主义、全球资本主义等方面的问题进行了剖析和批判。詹姆逊、德里克等人批判了当代资本主义的文化逻辑，设计了重建乌托邦的文化途径。贝尔在《资本主义文化矛盾》一书中剖析了资本主义的尖锐矛盾，探究了文化危机形成的根源，提出了旨在重塑人们信仰的新宗教和公众家庭构想。以早期西方马克思主义、法兰克福学派等为代表的学派及其相关学者，对工具理性、技术异化等问题进行了反思和批判，勾画了解决资本主义文化危机的独特思路。如哈贝马斯认为，其注重商谈与程序的交往行动理论可以用于处理国际文化关系，他提出要走出主客两分的思维框架，建立平等尊重、加强对话、求同存异、共存共荣的国际文化交往伦理。

在中国文化发展的研究方面。主要集中在对中国传统文化、中国文化"走出去"战略以及中国借鉴发达国家文化发展经验等方面的研究。一是关于中国传统文化的评价。如印度学者谭中认为，中国传统文化对世界文明作出了杰出贡献，它在人类文明发展史上具有独特地位。美国尼德兰环球娱乐公司总裁尼德兰认为，中国文化具有非常独特的作用，随着中国经济实力的增强，中华优秀文化传统必将继续在现代化过程中发挥巨大的影响力。二是关于中国文化"走出去"战略的研究。美国国家人文基金会主席利奇认为，中国需要加强对文化人才、文化名人的培养，创造更好地开展对外文化交流的条件。也有不少国外学者指出，中国应该推出长期的文化交流与传播规划,一步步向前推进。三是关于中国借鉴发达国家文化发展经验的研究。韩国文化振兴院金龙宽认为,中国要推动文化发展,必须借鉴外国的有益经验,其中,美国和韩国的文化发展对中国有一定启示。

(二)国内研究现状

国内对文化自信问题的研究主要是 20 世纪末之后的事。在改革开放 20 周年的 1998 年,才有学者以"文化自信"为题进行思考。1998—2003 年,每年发表的成果屈指可数;2004—2010 年,每年发表的成果也仅 10—20 篇左右,而且论及的话题主要是围绕国画、京剧、汉语文化、演出等方面展开,鲜有学理思考和理论阐述。自 2010 年云杉同志于《红旗文稿》发表《文化自觉 文化自信 文化自强——对繁荣发展中国特色社会主义文化的思考》一文后,学界始掀起研究"文化自信"问题的热潮。

目前,对文化自信问题的研究已有不少成果。这些成果主要发表在学术期刊和报纸上,博硕论文也有少量涉及,相关专著则屈指可数。主要有:迟云、柴焰等编著的《自觉 自信 自强——涵养当代中国文化建设的内驱力》(济南出版社,2013 年 1 月版),张友谊主编的《文化软实力:提升当代中国文化建设的社会影响》(济南出版社,2013 年 1 月版),崔婷编著的《全球化与当代中国跨文化交流》(山东大学出版社,2009 年 4 月版),孙颐国、刘志国编著的《全球化与中国传统文化的现代转换》(山东大学出版社,2009 年 4 月版),苏国勋、张旅平、夏光著的《全球化:文化冲突与共生》(社会科学文献出版社,2006 年 7 月版)。直接以"文化自信"作为书名的主要有:任仲文编著的《传承·开放·超越——文化自信十八讲》(人民日报出版社,2011 年 11 月版),赵宇飞主编的《中国人的文化自信》(孔学堂书局,2014 年 7 月版),曾仕强著的《中华文化自信》(中央编译出版社,2016 年 9 月版),陈先达著的《文化自信与中华民族伟大复兴》(人民出版社,2017 年 3 月版)等。

综合以上成果,国内关于此问题的研究主要有如下几个方面:

文化自信的内涵。从文化主体来看,学者普遍认为,文化自信是一定的文化主体对自身文化价值和文化能力的态度和信念。如云杉认为:"文化自信,是一个国家、一个民族、一个政党对自身文化价值的充分肯定,对自身文化生命力的坚定信念。"①有学者从群体、组织的角度进行定义,也有学者从个体的角度进行定义。从构成元素来看,王泽应强调,伦理精神自信是文化自信的核心和根本;刘士林提出伦理理性与知识理性是文化自信的两种主体基础;龚正华指出,文化自信与三个要素紧密相关,即文化自身所具备的能力,主体对自身文化的肯定态度,以及主体过去的文化成功经验。从纵向、横向两方面的比较来看,学者普遍认为,文化自信,体现在自身文化发展的历史和与他文化的对比中。

文化自信的关系辨析。关于文化自觉、自信、自强的关系,学者普遍认为,三者密切联系,有机统一。只有坚持文化自觉,才能做到文化自信,才能走向文化自强。关于文化自卑、文化自负与文化自信的关系,学者普遍认为,文化自卑是对自身文化价值的怀疑与否定,文化自负则是自满与自大。前者是自信不足,后者是过于自信,两者都不是文化自信。

重要历史人物的文化自信思想。肖平从对待传统文化和外来文化的态度上概括了毛泽东的文化自信思想。认为毛泽东的文化自信主要表现在对中国传统文化深刻的了解、深切的热爱以及对传统文化和外来文化的选择上。胡剑从文化地位、文化态度和文化成果方面概括了毛泽东的文化自信思想。除此之外,张艳国对张之洞的

---

① 云杉:《文化自觉 文化自信 文化自强——对繁荣发展中国特色社会主义文化的思考(中)》,《红旗文稿》2010 年第 16 期。

文化自信,吴小龙对辜鸿铭的文化自信,分别进行了研究和阐述。

中国文化自信的发展历史。周桂英把中国文化自信的发展历史主要划分为两大阶段:一是十六世纪以前,中国对自己的文化信心满满;二是西学东渐背景下,中华民族文化自信的跌宕起伏。有学者对百年以来中国发布的文化宣言进行了梳理,认为最具代表性的有三次,其中,《中国本位的文化建设宣言》是文化自卑的痛苦呐喊,《为中国文化敬告世界人士宣言》是文化自觉的深刻反省,而《甲申文化宣言》才是文化自信的坚定传达。它们展现的是中国文化从"文化自卑"到"文化自觉"到真正确立"文化自信"的心路历程。迟云等人认为,文化自信的强弱与国力强弱呈正相关关系。

全球化给中国文化自信带来的机遇。崔婷认为,当代中西跨文化交流给中国当代文化发展带来了机遇,给中国文化建设注入了外来的营养,拓展了中国文化的视角,能够激发中国文化创新的因子。孙颐国等人指出,中西方文化的互斥互补,使得中国传统文化面临现代转换的契机。桂翔认为,全球化背景下,各国文化交流走向深入,有利于中国文化的创新,有利于中国文化走向全球。

全球化给中国文化自信带来的挑战。学者普遍认为,在当代中西文化交流中,西方居于强势地位,其所推行的文化霸权和文化殖民战略,是引发冲突的根源。在此背景下,国内各种非社会主义文化多元并存,中国主流文化、传统文化、文化产业等受到强势冲击,文化安全受到严重威胁。如崔婷认为,全球化背景下,中国主流文化受到排挤,传统文化受到吞噬,大众文化被同化。廖小琴认为,全球化影响下,国内非社会主义文化形形色色、多种多样,大致可以概括为三类:一是"洋奴"文化;二是封建主义腐朽文化;三是实用主义与功利主义文化。这就使得主流文化与非主流文化同时并存,先进文化与落后腐朽的文化相互交织,传统文化与现代大众文化、国内文化与国外文化彼此影响。

全球化视角下中国文化自信的路径选择。学者普遍认为，做到文化自信，必须要处理好传统文化、外来文化与文化创新之间的关系。任仲文专门从这三个方面分18讲对全球化视角下文化自信的途径进行了论述。具体说来：一是弘扬传统文化。学者普遍认为，要注重对传统文化的继承与保护。孙颐国等人从多元并存、共同发展、批判继承和综合创新等四个方面论述了中国传统文化现代转换的基本路径。二是吸收借鉴外来文化。学者普遍认为，对于外来文化，要坚持以包容开放的胸怀，学习借鉴，辩证取舍，为我所用。三是抵制文化霸权。学者普遍认为，现代化不等于西方化，在融入全球化、建设现代化的同时，要坚决抵制西方推行的文化霸权和文化同化。四是推动创新发展。学者普遍认为，要结合新的实践推动文化创新，当前尤其要注重搞好社会主义核心价值观建设。杜振吉指出，要深化文化体制改革，大力发展文化产业，努力提升国家文化软实力。五是推动中华文化"走出去"。学者普遍认为，推动文化"走出去"，提升国际影响力，就要培塑良好形象，优化传播内容，提升传播能力，增强国际话语权。

目前学界关于本论题的研究存在一些不足，有的问题亟待突破。一是缺乏独立性。不少学者对于中国文化自信问题的研究，是和文化自觉等问题放在一起论述的，没有作明确的区分，更鲜有学者专门研究中国特色社会主义文化自信问题。二是缺乏系统性。对于文化自信问题的研究，有学者把它定位为文化的研究，也有学者把它定位为马克思主义的研究，还有学者把它看成是高等教育的研究，鲜有学者进行系统性研究。三是缺乏理论性。对于中国特色社会主义文化自信问题的科学内涵、理论基础、相互关系等，缺乏系统梳理与概括；对于中国特色社会主义文化自信生成机制的理论框架，缺乏明晰的构建与阐述。四是缺乏比较性。我们研究的是中国特色社会主义文化自信问题，但其研究必须要与改革开放前中国文化自信的发展历史进行比较,与其他国家和民族的文化自信问题进行比较,从而学习和借鉴中外文化自信的经验和教训。五是研究缺乏实证性。对于什么是文化自信,中国特色社会主义文化自信在人们的生活中怎么表现出来,各种主体对于中国特色社会主义文化生成和坚持自信的方式与程度等都缺乏实证的调查和可量化的数据。现有的研究成果偏重理论分析和阐述,缺乏客观的标准和依据,抽象论之,大而化之,模糊处之,不易理解和把握,说服力不强。六是缺乏对策性。对于当前中国特色社会主义文化自信面临的机遇和挑战,以及应对挑战、培育和提升文化自信的对策的研究,现有成果往往陷入从理论到理论的抽象论述,缺乏针对性和可操作性。

二、关于本书

(一)基本框架

本书包括导论部分和正文十章。导论主要阐明了该论题的国内外研究现状、基本框架与研究方法。第一章论述了中国特色社会主义文化自信的本质要义,梳理了科学内涵、主要特征、主要关系和重大意义。第二章进行了理论溯源。从马克思恩格斯的相关文化思想、列宁的文化自信思想、毛泽东的文化自信思想、中国特色社会主义时期的文化自信思想四个方面进行了分析。第三章梳理了十八大以来习近平总书记关于文化自信的重要论述,从文化自信的主要来源、地位作用和总体要求等方面进行了展开。第四章构建了文化自信的主体内容,涉及生成机制、矛盾关系、主要目标和责任主体等方面。第五章从全球化、市场化和网络化三个方面分析了中国特色社会主义文化自信面临的机遇和挑战。第六章、第七章分别从中国自身,苏联、美国等其他国家两个方面探讨了文化自信的经验教训,为中国特色社会主义文化自信提供了可资借鉴的素材。第八章围绕文化自信主要来源的三个方面——中华优秀传统文化、革命文化和社会主义先进文化展开论述。第九章集中阐述了文化自信的精神内核——社会主义核心价值观自信。第十章从提高中国特色社会主义文化的生产力、凝聚力、包容力、防御力、影响力和参与力六个方面进行了论述，旨在为推进中国特色社会主义文化自信创新发展提供参考路径。

（二）研究方法

本论题的研究，采用了多种研究方法。其中，主要有定性研究方法、比较研究方法、跨学科研究方法等几种。

定性研究方法，就是通过归纳、分析、概括等方法，对本论题进行"质"的分析，从而达到认识本质、把握规律的目的。如对马克思恩格斯的相关文化思想、列宁的文化自信思想、毛泽东的文化自信思想和中国特色社会主义时期的文化自信思想等四个方面的文化自信思想的概括，对国内外文化自信的经验教训的归纳，对中国特色社会主义文化自信的生成机制的构建等。

比较研究方法。坚持历史与现实、国内与国外研究相结合进行比较研究的方法。既关注中国特色社会主义文化发展的现状，又参照中国传统文化以及"五四"运动以来中国文化发展演变的历史；既立足于中国特色社会主义文化自信研究，又学习借鉴其他国家的经验教训。以中国特色社会主义文化发展状况为背景，以中国特色社会主义文化自信为中心进行研究。

跨学科研究方法。中国特色社会主义文化自信这个论题，涉及多个学科，应当运用多学科的理论和方法进行综合研究。本书试图站在社会科学发展的前沿，对本论题进行马克思主义理论、文化学、哲学、教育学、历史学、社会学、传播学、国际政治学等跨学科的交叉研究。

第一章

复兴之本
——文化自信的本质要义

———

明确中国特色社会主义文化自信的科学内涵,把握其主要特征,厘清主要相关的外部关系,认识研究该问题的重大意义,是我们分析和研究中国特色社会主义文化自信问题的基本前提。

一、把握科学内涵

在对中国特色社会主义文化自信这一论题进行深入研究之前,需要对文中涉及的一些主要概念作一个基本界定。

(一)文化自信

《易经》有云:观乎人文,以化成天下。"文化"一词最早来源于此。文化起源于劳动,是人类在长期演进过程中对世界进行认识和改造的成果。文化,可以从广义和狭义两方面来理解。广义的文化,是指人类自产生以来所创造的所有财富的总和,包括物质财富和精神财富。一般来说，主要包括三个方面的内容。一是物质文化，指的是人类创造的所有物质财富，如吃的粮食、穿的衣物等。二是制度性文化，指人类在长期的生存和发展过程中，形成的一系列对人具有约束和限定作用的行为规范，如风俗习惯、法律法规等。三是观念性文化，指人类在长期社会生活中所产生的思想观念和意识形态，如哲学、政治、道德、宗教等。狭义的文化，往往是指人类自产生以来所创造的精神财富的总和。我们通常讲文化，指的是狭义的文化，本书所指的文化自信，也是取其狭义。

从字源上看，"自"就是"自己、己身"，"信"就是"信从、信任"，自信，简单来说，就是自己相信自己。在英语中，"self-confidence"指的就是主体信赖自己的一种情绪或自觉。自信是一个多维度的概念，它包含自我认同、情感体验、态度与评价等方面。一般来说，自信，就是指一定主体对于自身的能力、价值等作出的肯定和确认，以及客观、积极的认知与评价。自信是外力强加不了的，它是一种发自内心、充满热情地对自身的尊敬、信任和坚守。同时，它又离不开与其他主体的比较，只有在与异己的比较中，才能对自己进行正确的认知，才能真正发现自身的特质和优势，也才能激发自身在诸变量作用下形成价值判断、获得创造能力。作为一种相对稳定的心理状态，自信是人们心理活动的重要品格、自我意识的重要组成，在主体发展中具有重要意义。只有具备自信，人们才能保持心理健康，搞好人际交往，满足自我需要，进行社会创造。

文化自信，就是指一定的文化主体对自身文化价值的总体认可和充分肯定，对自身文化生命力的自豪感和坚定信念。它与文化认知、文化能力和文化价值等密切相关。从结构要素上讲，文化自信，主要包括主体、客体和主客体关系三个方面。一是主体。文化自信的主体，可以分为个人主体、集团主体和社会主体。个人主体，就是现实存在的相对独立的个人；集团主体，就是按照一定的思想文化、意识形态、价值观念等组织起来的群体,如企业、学校等;社会主体,就是以共同思想体系、价值观为基础而联系起来的人们的总体,包括一定社会的全体公民,如国家、民族等。"五四"新文化运动时期,涌现出了很多大师,如梁启超、王国维、鲁迅、胡适等,他们学贯中西、别立新宗,显示出创立新文化的宏大气象。这一方面体现了他们作为民族文化精英的主体自信;另一方面,通过他们的创作展现出的新文化被知识界普遍认同,知识界乃至广大民众对新文化产生了很大的自信,这又体现了集团主体乃至社会主体的文化自信。而在前面谈到的云杉同志所给的定义中,文化自信的主体,则强调的是社会主体,即国家、民族和政党。二是客体。文化自信的客体可能是各种类型的文化,比如中国传统文化、中国特色社会主义文化等。"五四"新文化运动时期,人们对新文化创造表现出很大的自信,这里说的自信的客体就是新文化。当前,我们强调文化自信,比照三个自信,应该强调的是对中国特色社会主义文化的自信。这里,中国特色社会主义文化就是自信的客体。三是主客体关系。这一关系主要表现为三个方面:实践关系、认识关系和价值关系。文化自信的实践关系,就是主体基于对文化的认识和自身需要,运用一定中介,遵循文化发展规律,实现对文化的改造以及被改造的关系。文化自信的认识关系,就是主体与文化之间的反映与被反映的关系。主体认识文化,并根据需要对文化进行选择和加工,形成了对文化的反映和把握。文化自信的价值关系,就是主体对文化的自信需求以及文化满足主体这一需求的关系。这三层关系密切联系,有机统一。实践关系是其中的最基本方面,价值关系则是其中的最高层次,它是主体进行文化实践和认识活动的内在尺度、目的和动力。

（二）中国特色社会主义文化

中国特色社会主义文化,是马克思主义文化理论的基本原则和中国实际相结合的产物,它既体现了社会主义的基本性质,又具有鲜明的中国特色。它是一代又一代中国共产党人立足实际努力探索的结果,它将随着改革开放和现代化建设的实践不断创新、丰富和发展。

中国特色社会主义文化形成和发展的历程,体现了我党高度的文化自觉。毛泽东同志的文化理念和实践为中国特色社会主义文化的形成与发展作了初步探索、奠定了坚实基础,邓小平同志关于建设社会主义精神文明的思想标志着这一理论的初步形成,江泽民同志对建设有中国特色社会主义文化理论的系统阐述是这一理论的进一步发展,胡锦涛同志关于社会主义核心价值体系和建设和谐社会的深刻论述丰富和发展了这一理论,习近平总书记在十八大以来关于实现中华民族伟大复兴的中国梦、增强国家文化软实力等重要论述必将书写这一理论的新篇章。

中国特色社会主义文化来源多样,主要包括:"五四"运动以前悠久的传统文化,马克思主义文化,外来文化(主要是西方文化),改革开放以来的新文化等。当然,中国特色社会主义文化绝不是这些文化的简单相加和粗糙糅和,而是古为今用、洋为中用,批判继承、推陈出新,有机整合、提炼新质,创造转型、创新发展。

中国特色社会主义文化内涵丰富。党的十五大报告对"建设有中国特色社会主义的文化"作了简明概括,之后历经十六大、十七大、十七届六中全会、十八大、十九大等重要会议,内容进一步丰富,综合起来可以表述为:中国特色社会主义文化源于中华民族五千多年文明历史所孕育的中华优秀传统文化,熔铸于党领导人民在革命、建设、改革中创造的革命文化和社会主义先进文化,植根于中国特色社会主义伟大实践。发展中国特色社会主义文化,就是以马克思主义为指导，坚守中华文化立场，立足当代中国现实，结合当今时代条件，发展面向现代化、面向世界、面向未来的，民族的科学的大众的社会主义文化，推动社会主义精神文明和物质文明协调发展。要坚持为人民服务、为社会主义服务，坚持百花齐放、百家争鸣，坚持创造性转化、创新性发展，不断铸就中华文化新辉煌。

（三）中国特色社会主义文化自信

从基本内涵上讲，中国特色社会主义文化自信，就是指主体对中国特色社会主义文化价值的充分肯定，对中国特色社会主义文化能力的坚定信念。中国特色社会主义文化自信，是对中国特色社会主义文化的高度自觉，是建设社会主义文化强国、实现文化发展繁荣的前提和基础。文化的核心是价值，文化自信的核心是价值观自信，中国特色社会主义文化的核心是社会主义核心价值观，那么，中国特色社会主义文化自信的核心就是社会主义核心价值观自信。

从结构要素上讲，相应地包括主体、客体和关系三个方面。一是主体。中国特色社会主义文化自信的主体，往大了说，可以是中华人民共和国、中华民族、中国共产党等；往小了说，可以是每一个公民。二是客体。中国特色社会主义文化自信的客体，只能是中国特色社会主义文化，它既不同于封建主义、资本主义的文化，也与社会主义的一般文化有所区别。它虽然离不开中国传统文化、外来优秀文化等内容，但它是对这些文化的有机整合和创造性发展。三是关系。在中国特色社会主义文化自信主客体关系的三个方面中，实践关系，是指主体围绕文化自信建设目标，改造、建设中国特色社会主义文化的关系；认识关系，是指主体与中国特色社会主义文化之间产生的反映和被反映的关系；价值关系，是指中国特色社会主义文化这一客体满足主体自信的需要，从而产生了有用性和效益的关系。三个关系中，实践关系是基础，认识关系是桥梁，价值关系是目的。价值关系渗透于前两个关系之中，是其中最重要、最核心的关系，处于最高层次。

二、了解主要特征

中国特色社会主义文化自信呈现出一些鲜明的特征，如民族性、时代性、辩证性、可塑性、人民性等。

（一）民族性

从主体来看，不论是国家、民族、政党，还是区域、集体、个人，都由中华民族统摄，都具有中华民族的属性。从客体来看，中国特色社会主义文化本身是由处于共同地域，拥有共同习俗、共同心理的中华民族这一群体创造的文化，具有鲜明的本民族文化的形式和风格，反映了中华民族共有的精神状态，蕴含着中国文化传统的本质内涵和精神要旨。

从主客体发生作用的结果来看，文化自信之所以产生，离不开对中华传统文化的自信、坚持和继承；表现在处理与外来文化的关系时，就是要强调民族文化主体性；体现在自信主体的言行中，最主要的就是坚持以爱国主义为核心的民族精神。

（二）时代性

首先，从世界来看，这是一个全球化浪潮滚滚的时代。当今世界，伴随着政治多极化、经济全球化的深入发展，文化全球化、文化多元化趋势明显，多种思想文化交流交融交锋日益频繁，各民族文化通过交相融合、不断突破各自的地域界限而走向全球，不断对外来文化作出评判和取舍。在此背景下，中国文化与整个世界的联系日益紧密,互动更加频繁。中国特色社会主义文化自信,是在日益激烈的国际竞争中谋求一席之地的需要,是抵御西方文化霸权、文化侵蚀和文化演变的需要,是维护国家文化安全、推动国家文化发展的需要,是增强国家文化软实力、提升国际影响力的需要。

其次,从中国来看,这是一个深化改革和全面建设的时代。一方面,在中国共产党领导下,中国人民经过 40 年的改革开放和社会主义现代化建设,取得了举世瞩目的伟大成就,中国特色社会主义文化自信,正是建立在这一伟大成就的坚实基础之上。另一方面,全球化、市场化、网络化的迅猛发展在带来诸多机遇的同时,也给中国特色社会主义文化发展带来了挑战和考验,给中国特色社会主义各项建设带来了冲击和阻碍,要促进包括中国特色社会主义文化在内的中国特色社会主义各项事业发展进步,必须坚定中国特色社会主义文化自信。

再次,从当下来看,这是一个全党全社会为实现中华民族伟大复兴的中国梦而努力奋斗的时代。以习近平同志为核心的党中央,高瞻远瞩,确定了“两个一百年”的奋斗目标,提出了实现中华民族伟大复兴的中国梦。十八届三中全会作出了关于全面深化改革的战略部署;十八届五中全会确立了“五大发展理念”这一新的思想,吹响了“百年功业、决战小康”的前进号角;十九大确立了习近平新时代中国特色社会主义思想这一我党必须长期坚持的指导思想,作出了从 2020 年到本世纪中叶新时代中国特色社会主义发展“两个阶段”的战略安排。中国特色社会主义文化能够为实现这些战略目标提供精神动力、智力支持和价值支撑,我们必须坚定这一自信。

(三)辩证性

普遍性与特殊性的统一。其普遍性在于,它是一定主体对文化价值的肯定和能力的信任,具有文化自信的一般特征。其特殊性在于,它的主体一定是中华民族统摄下的社会、集团和个人。它的客体是中国特色社会主义文化,而不是封建文化、资本主义文化或者别的什么文化。

主体性与多样性的统一。这表现在两个方面:从国内来看,就是要在中国特色社会主义文化主导下包容多样,在包容多样中凸出主导。从国际来说,就是在对外文化交流中,既要坚持以中国特色社会主义文化为主体,增强对中国特色社会主义文化的自豪感,又要看到多样文化之于世界的价值和意义。

稳定性与开放性的统一。中国特色社会主义文化自信,需要经历一个长期孕育、不断积淀的过程。它一旦形成,就具有为人们所了解和认同的相对稳定性,人们在相当长时期内就会坚守和秉持。同时,这一自信绝不是盲目的自信,不是妄自尊大。在进一步深化改革和扩大开放的过程中,它将始终保持开阔的胸襟,注重吸收人类文明的一切优秀成果,在不断扬弃、不断创新中提升自身水平和质量。

(四)可塑性

文化自信既是历史的和相对稳定的,也是动态的和开放的,是处于不断建构之中的。文化自信不是封闭的、静止的,必须要在传承的基础之上,注重当下的建设。

主体具有可塑性。中国特色社会主义文化自信的主体是个体或者群体的人,自信不是人天生就有的,也不是一成不变的。它是通过不断学习、不断思考、不断比较而逐渐发展和建构起来的。当经济社会条件、地理人文环境等外部因素发生变化,或者个人身体、心理等自身因素发生变化时,人的心理状态、自信程度都有可能随之改变。

客体具有可塑性。中国特色社会主义文化自信的客体是中国特色社会主义文化,中国特色社会主义文化本身不是一成不变的,也不是完美无缺的,它将随着实践的发展不断发展。整合中国特色社会主义文化,提高其生命力、凝聚力和影响力,发挥其特点和优势,本身就是一个不断塑造的过程。

关系具有可塑性。主体和客体的可塑性决定了中国特色社会主义文化自信实现的可塑性。通过教育、引导、熏陶等途径,展现中国特色社会主义文化的巨大力量和强大魅力,使人们自觉不自觉地肯定、接受中国特色社会主义文化,从而塑造和实现对中国特色社会主义文化的自信。

(五)人民性

人民是文化自信的承担者。文化自信是人民的自信,表现为人民对自身所具备的文化素养和建设能力,以及对创造出来的文化成果的坚定信念。在当代中国,人民的文化自信于内主要表现为对中国特色社会主义道路、理论、制度的坚持与发展,对文化创新的自觉与热情;于外则表现为"海纳百川"的宽阔胸襟和包容姿态,体现在积极"走出去"等具体行动上。文化自信归根结底要通过人民来呈现,一旦离开人民,文化自信将不复存在。

增强文化自信需要依靠人民。文化自信要依靠人民,体现为文化自信离不开广大人民群众的创新实践,文化自信的建构需要从人民群众的日常生活中获得素材,要以人民为文化自信建设如何、程度如何的评判者。文化自信基于人民对中华优秀传统文化的继承与发展,得益于人民对一切外来有益文化的吸收和借鉴,取决于人民对社会主义先进文化的认同与建设。这些都离不开人民的自觉选择与建设。

坚持文化自信,就要让文化建设成果惠及最广大人民。近些年来,随着人民物质生活水平的大幅提高,人民对文化生活的要求,对文化消费的质量、品位等的要求也在不断提升。为了给人民提供更多更好的文化成果，让人民群众享受到更多更好的精神食粮，真正做到文化建设成果由人民共享，就要创新思路，扎实推进公共文化服务体系建设，保障人民群众的基本文化权益。要坚持以人民为中心的创作导向，深入群众生活，了解他们的喜怒哀乐，从人民群众的伟大实践和丰富多彩的生活中汲取创作营养，生产和创作出大量脍炙人口的优秀作品。

三、辨析主要关系

文化自信，经常会和一些相关词语放在一起进行论述。分析梳理这些主要关系，十分必要。

（一）文化自卑、文化自负与文化自信

文化自卑是指一定的主体看不起自身文化，怀疑、漠视乃至否定自身文化的价值。这容易导致两种心态：一是卑躬屈膝、崇洋媚外，幻想通过照搬照抄、全盘西化来改造中国；二是死守传统、自我封闭，对外来文化全盘排斥。"五四"之后的相当长一段时期，很多国人秉持的就是一种文化自卑的心态。与文化自卑相反，文化自负则指的是对自身文化抱有自以为是、自我满足和妄自尊大的态度。这容易导致文化保守主义、文化民族主义和文化霸权主义。自视"天朝"的思想，中央之国的情结，"华夏为尊，夷狄为卑"的心态，就是文化自负的表现。文化自卑、文化自负都具有片面性，抱有这两种心态，都不利于与他文化的交往以及自身文化的发展。真正的文化自信不是阿Q式的自尊自大又自卑自弃，不应文过饰非、讳疾忌医，不是出现失误后的自我掩饰，而是对于事物本来面目的实事求是和坦然以对。它不以自身厚重的文化底蕴而沾沾自喜，也不因自己的暂

时落后而妄自菲薄。它不讳言曾经经历的苦难、出现的挫折和走过的弯路,也不回避现存的一些弊端。

在当前世界各国、各民族文化交流、交往、交融日益频繁的背景下,我们必须克服文化自卑和自负的心态,确立文化自信,树立对自身文化以及与他文化关系的科学认识和正确把握。只有这样,才能正确认识和对待多元文化的挑战,有效应对外来文化的冲击,不断扩大自身文化影响,促使自身文化不断发展壮大。

(二)文化自觉、文化自强与文化自信

文化自觉的概念早在 20 世纪初就有人提出,而引起人们的广泛关注则是在 20 世纪末之后。1997 年,费孝通先生在北京大学举办的社会文化人类学高级研讨班上指出:"文化自觉只是指生活在一定文化中的人对其文化有'自知之明',明白它的来历,形成过程,所具有的特色和它发展的趋向,不带任何'文化回归'的意思。"自此之后,文化自觉的概念受到普遍认可和接受。在他 80 岁生日的一次谈话中,进而把这种文化自觉的运行历程描述为"各美其美,美人之美,美美与共,天下大同"。一般说来,文化自觉,就是指民族、国家、政党等主体在文化上的觉悟和觉醒,主要表现为深刻认识文化建设的地位和作用,正确把握文化发展的关系和规律,主动担当文化发展的责任。

文化自强,就是指立足自身实际,结合时代要求,走具有自己鲜明特色的文化发展道路;就是指牢牢把握文化发展的主动权,提升文化的凝聚力、影响力、创造力和竞争力,向着建设社会主义文化强国的宏伟目标阔步前进。

总的来说,文化自觉主要是指认识文化的视角,文化自信主要是指对待文化的态度,文化自强主要是指发展文化的思路,三者联系密切,有机统一。其中,文化自觉是文化自信和文化自强的前提,文

化自信是指高度的文化自觉,文化自强是文化自觉和文化自信的最终目的。只有坚持文化自觉,才能做到文化自信,才能走向文化自强,才能实现建设社会主义文化强国的宏伟目标。

(三)道路自信、理论自信、制度自信与文化自信

中国特色社会主义道路、中国特色社会主义理论体系和中国特色社会主义制度,三者统一于中国特色社会主义伟大实践,共同组成中国特色社会主义这面伟大旗帜。在中国特色社会主义伟大旗帜指引下,我们取得了举世瞩目的伟大成就。因此,党的十八大报告强调,全党要坚定中国特色社会主义的道路自信、理论自信和制度自信。道路自信,就是坚定走中国特色社会主义道路的自信。这条道路是科学社会主义基本原则与中国基本国情和当今时代特征相结合的产物,是中国共产党领导全国人民经过几代人的奋斗和牺牲开创的,是社会主义现代化的实现途径,是创造人民美好生活的必由之路。这条道路,以中国共产党的领导为前提,以社会主义初级阶段基本国情为立足点,以"一个中心,两个基本点"的基本路线为遵循,以包括社会主义先进文化建设在内的"五位一体"总体布局为基本内容,以促进人的全面发展、实现共同富裕和社会主义现代化为发展目标。这条道路正确而清晰,走在这条道路上,我们越走越宽广,我们坚定而自信。理论自信,就是坚定对中国特色社会主义理论体系的自信。这个理论体系,它的时代背景是和平与发展,在其指引下,以改革开放为界,我们开辟了中国特色社会主义新时期。这个理论体系具有系统性,它内容丰富,包含了经济、政治、文化、社会等多方面内容,是指导党和人民沿着中国特色社会主义道路实现中华民族伟大复兴的行动指南。这一理论体系具有普遍适用性,坚持和丰富这一理论体系,我们无比自信。制度自信,就是坚定对中国特色社会主义制度的自信。中国特色社会主义制度,包括

根本制度、基本制度和具体制度三个层面。这三个层面的关系是，根本政治制度决定基本政治、经济制度，基本政治、经济制度决定具体制度，而三个层面的制度都取决于"人民民主专政"的国体，从而确保人民当家做主。文化体制是中国特色社会主义具体制度的重要内容。40年改革开放的实践证明，中国特色社会主义制度具有巨大的优越性和强大的生命力，是中国特色社会主义伟大事业前进和发展的根本保障。坚持和完善这一制度，我们充满自信。

文化自信，当前就是要强调对中国特色社会主义文化的自信。道路自信、理论自信、制度自信与文化自信的关系非常密切。

一是文化自信是道路自信、理论自信、制度自信的题中应有之义。习近平总书记在文艺工作座谈会上的讲话中指出，增强文化自信，"是坚定道路自信、理论自信、制度自信的题中应有之义"。中国特色社会主义道路，包括社会主义先进文化建设在内的"五位一体"是其总体布局。中国特色社会主义理论体系，涵盖了经济、政治、文化、社会等多方面内容。中国特色社会主义制度，文化体制是其具体制度的重要组成。道路、理论体系和制度建设中蕴含着文化，中国特色社会主义文化发展道路、中国特色社会主义文化理论体系和中国特色社会主义文化体制就是中国特色社会主义道路、理论体系和制度建设在文化领域的具体体现。坚定"三个自信"，本身蕴含了对中国特色社会主义文化的自信。中国特色社会主义文化始终贯穿于道路选择、理论发展和制度完善之中，并对中国特色社会主义建设实践起灵魂性的决定和指导作用。中国特色社会主义文化自信，作为当代中国最具凝聚力、感召力的精神力量，来自党和人民对中国特色社会主义建设取得伟大成就的自觉认知，对道路探索的理性审视，对理论体系的深刻认识，对制度体系的真挚情感，对价值目标的不懈追求。人们选择、创新和发展中国特色社会主义道路、理论体系和制度的过程，就是中国特色社会主义文化"人化"和"化人"的过程。

二是文化自信是道路自信、理论自信、制度自信的根本所在。一个民族的历史与文化是一个民族安身立命的基础。习近平总书记强调，"中国特色社会主义植根于中华文化沃土"①，"是在对中华民族5000多年悠久文明的传承中走出来的"②，"最根本的还有一个文化自信"③。习近平总书记在全国宣传思想工作会议上指出："独特的文化传统，独特的历史命运，独特的基本国情，注定了我们必然要走适合自己特点的发展道路。"可以看出，中国特色社会主义道路、理论体系和制度的选择、创新和发展，都离不开对中华优秀传统文化的继承和发展，都建立在中国特色社会主义文化的基础之上。中华优秀传统文化是我们民族的"根"和"魂"，我们党之所以能够带领人民成功探索、形成和发展中国特色社会主义，最根本的就在于我们不断推动马克思主义与中华文化和中国实际相结合，使得马克思主义具有中国气派和中国风格。中华文化深厚的底蕴，中华民族独特的文化精神，中国特色社会主义文化的不断创新发展，是我们坚持和发展中国特色社会主义道路、理论体系和制度的根本。因此，文化自信是"三个自信"的根基、血脉和源泉，文化自信为"三个自信"提供智力支持、价值支撑和精神动力。没有文化自信，"三个自信"也就成了无源之水、无本之木。习近平总书记指出："一个国家、一个民族的强盛，总是以文化兴盛为支撑的，中华民族伟大复兴需要以中华文化发展繁荣为条件。"④文化即灵魂，即血脉。人无魂

---

① 习近平：《胸怀大局把握大势着眼大事 努力把宣传思想工作做得更好》，《人民日报》2013年8月21日。

② 习近平：《在第十二届全国人民代表大会第一次会议上的讲话》，《人民日报》2013年3月18日。

③ 戚义明：《文化自信壮行复兴路——学习十八大以来习近平同志关于继承弘扬中华文化的重要论述》，《瞭望》2014年第23期。

④ 习近平：《认真贯彻党的十八届三中全会精神 汇聚起全面深化改革的强大正能量》，《光明日报》2013年11月29日。

即死,国无魂则亡。甲午战争是对晚清以洋务运动为主要标志的改革的检验。洋务运动是只改器物,不改理念、文化的改革,是半截子改革。甲午之败源于清朝改革之失,大清帝国的失败是文化的失败。只有道路选择、理论创新、制度建设始终深深扎根于先进文化的深厚土壤,才能真正根深叶茂,凝聚力量,才能克服万难,实现梦想。"三个自信"是改革开放40年来我们取得伟大成就的根本要求,我们要分析和挖掘道路、理论体系和制度之所以成功的深层文化底蕴,对道路、理论体系和制度所蕴含的文化新质进行提炼和升华,将"三个自信"转化为文化自信,用中国特色社会主义文化的最新成果塑造人们的世界观、人生观和价值观,引导和鼓舞人们在建设中国特色社会主义的光辉大道上作出更大的成就。

三是以文化自信助推和引领道路自信、理论自信、制度自信。文化自信,作为当代中国最具凝聚力感召力的精神力量,来自党和人民对中国特色社会主义建设取得伟大成就的自觉认知,对道路探索的理性审视,对理论体系的深刻认识,对制度体系的真挚情感,对价值目标的不懈追求。"三个自信"需要文化自信的支撑、引领与推动。文化自信能够使道路自信更有行动自觉,理论自信更有理性认知,制度自信更有坚强保障。要将文化自信始终贯穿于道路拓展、理论发展和制度完善之中,发挥其对中国特色社会主义建设实践灵魂性的引领与推动作用。党的十八届五中全会提出了"创新、协调、绿色、开放、共享"五大发展理念,这既是对当代中国发展道路、发展理论的重大贡献,也是对中华优秀传统文化的继承与创新,体现了我们党高度的文化自觉和自信。建设和发展中国特色社会主义,协调推进"五位一体"总体布局和"四个全面"战略布局,五大发展理念既是价值层面的思想引领,又是实践层面的行动指南。我们必须借助文化的力量讲好中国故事,传播好中国声音,阐释好中国特色,让人们在潜移默化中感悟中国道路、理论体系和制度的真谛。文化自信的核心是价值观自信,中国特色社会主义文化自信的核心就是社会主义核心价值观自信。习近平总书记指出:"一个国家的文化软实力,从根本上说,取决于其核心价值观的生命力、凝聚力、感召力。"①社会主义核心价值观凝结着社会主义先进文化的精髓,是中国特色社会主义道路、理论体系和制度的价值表达。我们要在全社会牢固树立社会主义核心价值观,使之像空气一样无所不在、无时不有,增强文化自信和价值观自信,引领全体人民一起努力、不懈奋斗,在建设中国特色社会主义的光辉大道上作出更大的成就,实现中华民族伟大复兴的中国梦,让中华民族以更加坚定的"四个自信"屹立于世界民族之林。

(四)文化自信与价值观自信

价值是指某一客体对主体的积极意义,也就是某一客体满足主体需要的属性和功能。价值观建立在人们对各种具体事物的价值形成认识的基础上,它是一定主体对客观事物的意义、重要性的总体评价和看法。它既表现为人们的价值追求和价值目标,又表现为人们评价事物的价值尺度和价值标准,对人们的言行具有重要的驱动、制约和引导作用。人们按照主次、轻重对这些评价和看法进行排序,就构成了价值观体系。核心价值观是在一个价值观体系中具有决定作用、居于核心地位的部分,它支撑和影响着所有价值判断。

张岱年指出:"文化的核心在于价值观,道德的理论基础也在于价值观。"文化的核心是由一套价值系统构成的,一定的精神面貌和性格品质规定着这一主体对待自己和他人的根本态度。文化是价值观的表现和反映,价值观是文化的核心和灵魂。价值观自信,是文化自信的核心和灵魂。

---

① 习近平:《把培育和弘扬社会主义核心价值观作为凝魂聚气强基固本的基础工程》,《人民日报》2014 年 2 月 26 日。

文化自信建立在中国特色社会主义现代化建设的基础上，体现在不忘本来、吸收外来、着眼将来的过程中。作为文化自信核心的价值观自信，同样也离不开对中华传统文化的批判继承，离不开对外来有益文化的学习借鉴，离不开对中国特色社会主义文化的创新发展，体现在这三者辩证统一的过程中。文化自信以文化自觉为前提，价值观自信以价值观自觉为前提。批判继承中华传统文化，核心就是要梳理凝练其核心价值观，如天人合一、自强不息、以人为本等都是其中的代表；学习借鉴外来文化，核心就是要以我们的价值观为主，开放吸收外来的优秀价值观念；创新发展中国特色社会主义文化，核心就是要培育和践行社会主义核心价值观，促使中华文化价值趋于发展和完善。

（五）文化自信与文化他信

文化自信，如前所述，是指一定主体对自身文化价值的充分肯定，对自身文化生命力的坚定信念。文化他信，则是指其他国家、民族、政党、个人等主体对我们的文化抱有肯定、尊崇和坚信的态度。总的来说，文化自信与文化他信之间密切联系，有机统一。一方面，只有文化自信才有文化他信，文化自信是建立在强大的实力基础之上的，没有文化自信很难说会有文化他信；另一方面，文化他信会进一步增强文化自信。我们拥有优秀的文化，并不代表就能够得到其他国家的承认，我们不能局限于岿然独存和孤芳自赏，还要看其他国家是否认可我们的文化，有没有"他信"。

要正确认识和处理好两者之间的关系。做到文化自信，需要具备主体条件、客体条件和关系条件，即对中国特色社会主义文化的认知自觉、能力提升和价值培育。做到文化他信，也离不开这些条件。拿其中的能力提升来说，实现文化自信，需要中国特色社会主义文化具备和提高生产力、凝聚力、包容力、防御力、影响力和参与力,特别是提高影响力和参与力,是做到文化自信与文化他信的重要内容。这就要求我们要树立良好的国家形象、精选优化传播内容、广拓交流渠道、提高传播能力、增强国际话语权。今天,"人类只有一个地球,各国共处一个世界",要共同应对人类面临的危机,就要注重挖掘和提炼中华优秀传统文化的核心理念,坚持和平、合作、和谐、共赢,致力于推动世界的和平、发展与安全,打造人类命运共同体。这样,中华文化才能既有自信也有他信,在他信中更有自信。

（六）文化自信与社会实践

文化自信离不开社会实践,两者关系密切。一方面,社会实践是文化产生、发展的基础,也是文化自信的基础和源泉,文化自信的程度取决于社会实践的推进程度与成熟程度。社会实践包括经济、政治等方面建设的实践,如全球化、市场化以及网络化的发展,如经济社会转型等。成功的社会实践会增强文化主体的自信,失败的社会实践则会削弱文化主体的自信。另一方面,文化自信对社会实践具有反作用,文化自信的程度影响社会实践的发展。文化自信为社会实践提供精神动力、智力支持和价值支撑,相反,文化不自信则会迟滞社会实践的进程。改革开放以来中国特色社会主义建设所走过的光辉历程生动地体现了这一点。

四、认识重大意义

文化自信是中华民族的优良传统。在鸦片战争以前,中华民族对自己的文化高度自信。文化自信成为一个问题,是鸦片战争以降的事。近些年来,随着我国综合国力的显著增强,我们的文化自信逐步恢复。在全国上下为实现中华民族伟大复兴中国梦而努力奋斗的新时期,提出中国特色社会主义文化自信问题,有着鲜明的历史背景和极为重要的意义。

（一）中国特色社会主义新时期文化理论创新的深切呼唤

改革开放 40 年来，中国的社会面貌发生了翻天覆地的变化，社会主义现代化建设取得了举世瞩目的成就。然而，中国社会的发展并不是全面的、均衡的、高质量的。文化建设和发展虽然也取得了较大进步，但是与经济和社会发展相比，还存在不小差距。当前，推动文化发展繁荣，既具备许多有利条件，也面临不少问题。在此背景下，面对文化日益成为当今综合国力竞争重要因素的新情况，胡锦涛同志在庆祝中国共产党成立 90 周年大会上的讲话中指出："我们必须以高度的文化自觉和文化自信，着眼于提高民族素质和塑造高尚人格，以更大力度推进文化改革发展，在中国特色社会主义伟大实践中进行文化创造，让人民共享文化发展成果。"这里，他强调的文化自信是对社会主义先进文化的自信，指出要高扬这一马克思主义政党思想精神上的旗帜，大力推动社会主义文化的发展繁荣。十七届六中全会审议通过的《中共中央关于深化文化体制改革、推动社会主义文化大发展大繁荣若干重大问题的决定》指出："坚持中国特色社会主义文化发展道路，深化文化体制改革，推动社会主义文化大发展大繁荣，必须培养高度的文化自觉和文化自信。"这里，将"培养高度的文化自觉和文化自信"提升到"坚持中国特色社会主义文化发展道路""建设社会主义文化强国"必要前提的高度进行论述，是十七届六中全会提出的一个重大战略思想。十八大报告对此作了进一步强调，提出要"树立高度的文化自觉和文化自信，向着建设社会主义文化强国宏伟目标阔步前进"。

十八大以来，习近平总书记围绕当代中国文化建设发展问题，作出了一系列重要论述。这些重要论述，囊括了文化建设的重大意义、主要关系、发展途径等方方面面，为新时期文化建设和发展确立了科学的理论指导。习近平总书记指出，要讲清楚中华优秀传统文化的历史渊源、发展脉络、基本走向，讲清楚中华文化的独特创造、价值理念、鲜明特色，增强文化自信和价值观自信①。在 2014 年两会上他强调："我们要坚持道路自信、理论自信、制度自信，最根本的还有一个文化自信。"②在 2014 年底视察澳门大学时又指出："建立制度自信、理论自信、道路自信，还有文化自信。文化自信是基础。"③2016 年 5 月 17 日在哲学社会科学工作座谈会上的讲话中指出："我们说要坚定中国特色社会主义道路自信、理论自信、制度自信，说到底是要坚定文化自信。文化自信是更基本、更深沉、更持久的力量。"④在庆祝中国共产党成立 95 周年大会上的讲话中，他强调，"全党要坚定道路自信、理论自信、制度自信、文化自信"，"文化自信，是更基础、更广泛、更深厚的自信。在 5000 多年文明发展中孕育的中华优秀传统文化，在党和人民伟大斗争中孕育的革命文化和社会主义先进文化，积淀着中华民族最深层的精神追求，代表着中华民族独特的精神标识"。2017 年 1 月在十八届中央纪委七次全会上发表重要讲话时强调指出，要依靠文化自信坚定理想信念。领导干部要不忘初心、坚守正道，必须坚定文化自信。习近平总书记在十九大报告中继续强调，要坚定道路自信、理论自信、制度自信、文化自信。总书记这些重要论述中强调的文化的内涵和外延，既包括了中华优秀传统文化、革命文化，更是指中华文化独特创造的当代体现——中国特色社会主义文化。总书记对"四个自信"的表述

---

① 习近平：《把培育和弘扬社会主义核心价值观作为凝魂聚气强基固本的基础工程》，《人民日报》2014 年 2 月 26 日。

② 戚义明：《文化自信壮行复兴路——学习十八大以来习近平同志关于继承弘扬中华文化的重要论述》，《瞭望》2014 年第 23 期。

③ 《习近平体验射击 讲文化公开课》，http://news.cntv.cn/2014/12/21/ARTI141912760-5529941.shtml。

④ 习近平：《在哲学社会科学工作座谈会上的讲话》，《光明日报》2016 年 5 月 19 日。

是从党和国家发展的战略高度,从中国5000多年文明史中进行总结提炼和升华的,这"四个自信"充分昭示了当代中国人的文化自觉和信心,充实了中国特色社会主义的新内涵,是指导我们现在和今后一个时期加强文化建设的有力指引和理论依据。

新时期,中国特色社会主义文化自信面临难得机遇,也面临严峻挑战。把握中国特色社会主义文化自信的科学内涵和生成机制,梳理马克思主义经典作家的文化自信思想,认清当前中国特色社会主义文化自信方面存在的问题及原因,从而抓住机遇,应对挑战,实现和提升中国特色社会主义文化自信,是值得我们研究的重大现实问题。

(二)改革开放以来中国特色社会主义取得伟大成就的必然诉求

习近平总书记在庆祝中国共产党成立95周年大会上的讲话中明确指出:"全党同志必须牢记,我们要建设的是中国特色社会主义,而不是其他什么主义。历史没有终结,也不可能被终结。中国特色社会主义是不是好,要看事实,要看中国人民的判断,而不是看那些戴着有色眼镜的人的主观臆断。中国共产党人和中国人民完全有信心为人类对美好社会制度的探索提供中国方案。"

中国特色社会主义是党和人民历尽千辛万苦、付出巨大代价取得的根本成就。社会主义在中国生根发芽,是历史的选择,人民的选择,时代的选择。"一个国家实行什么样的主义,关键要看这个主义能否解决这个国家面临的历史性课题。"①鸦片战争以后,中国逐步沦为半殖民地半封建社会,当时,我们面临的最大历史性课题,就

---

① 中共中央宣传部:《习近平总书记系列重要讲话读本(2016年版)》,学习出版社、人民出版社2016年版,第28页。

是争取民族独立、人民解放。为了解决这个历史性课题，无数仁人志士进行了千辛万苦的探索和不屈不挠的斗争。从太平天国运动到洋务运动，从戊戌变法到辛亥革命，都没有完成救亡图存的历史使命，铩羽而归。历史证明，唯有中国共产党的领导和中国特色社会主义道路，才彻底扭转了中华民族的命运。中国特色社会主义，承载着几代中国共产党人的理想和探索，寄托着无数仁人志士的夙愿和期盼，凝聚着亿万人民的奋斗和牺牲。曾经，经济基础一穷二白；曾经，国家命运濒临绝境；曾经，世界社会主义运动遭受严重挫折；曾经，"中国威胁论""中国崩溃论"不绝于耳……在各种前所未有的挑战和考验面前，我们党从50多名党员、力量微薄的小党，发展成为拥有8900多万名党员、执政60多年的执政党；中国从一穷二白的贫穷国家，发展成为世界第二大经济体。实践证明，中国特色社会主义是近代以来中国社会发展的必然选择，是当代中国发展进步的根本方向；只有社会主义才能救中国，只有中国特色社会主义才能发展中国。中国特色社会主义引领我们开辟未来，通向光明之路。现阶段，建设中国特色社会主义的主要任务，就是到2020年全面建成小康社会、实现第一个百年奋斗目标，为进而实现第二个百年奋斗目标打下坚实基础。坚持和发展中国特色社会主义，全面建成小康社会，实现中华民族伟大复兴的中国梦，离不开中国特色社会主义道路这一发展路径的牵引，离不开中国特色社会主义理论体系这一科学理论的指导，离不开中国特色社会主义制度这一行动规范的保障，离不开中国特色社会主义文化这一强大力量的激励。我们必须增强对中国特色社会主义的政治认同、理论认同、情感认同，真正把中国特色社会主义作为伟大旗帜来高举、作为正确道路来坚持、作为科学理论来运用、作为共同理想来追求。坚持和发展中国特色社会主义，是一项长期的艰巨的历史任务，必须准备进行具有许多新的历史特点的伟大斗争。我们一定要毫不动摇坚持、与时俱进发展中国特色社会主义,不断丰富中国特色社会主义的实践特色、理论特色、民族特色、时代特色。

改革开放 40 年来,我国取得了举世瞩目的伟大成就,社会面貌发生了翻天覆地的变化。经济、政治、文化、军事等各项事业飞速发展,综合国力显著增强,人民生活明显改善,国际地位日益提升。数据显示,改革开放以来,中国经济总量跃升至世界第二位,共计 7 亿多人口摆脱了贫困,对全球减贫贡献率逾 70%;国内生产总值占世界比重从 1.8% 上升为 15% 左右,对世界经济增长的贡献率超过30%……特别是近几年来,中国应对重大自然灾害万众一心、及时高效;虽受国际金融危机冲击依然挺立,"风景独好"!从国内来说,中国处于历史上最好的时期;从国际来说,中国表现突出,优势明显。短短 40 年,中国走完了发达国家几百年的发展历程,新中国成立之初"一辆汽车、一架飞机、一辆坦克、一辆拖拉机都不能造"的遗憾化作历史云烟;留下来的,是人民群众实实在在的幸福感与获得感。

这些伟大成就,连习惯于戴着有色眼镜看人的西方国家执政当局、新闻媒体和学者,都不得不给予认可。美国斯坦福大学教授弗朗西斯·福山,在苏东剧变时提出"历史终结论",认为历史终结了,共产主义失败了,自由主义胜利了!该理论提出后曾风靡整个西方世界,《历史的终结与最后的人》一书还被《纽约时报》评为年度最佳畅销书。而这些年,福山改口了!2009 年 9 月,福山在接受日本《中央公论》采访时表示,近年来中国的发展表明,西方民主可能并非人类历史进化的终点。2010 年 12 月,在接受《21 世纪经济报道》采访时,他说:"这些年中国作为大国所进行的外交努力和承担的国际责任,让任何人都不能忽视中国的发展。"2011 年 1 月 17 日,英国《金融时报》网站发表福山《美国民主没什么可教给中国的》一文指出,"美国人以宪法的制衡原则为豪……这种体制确保了个人自由和私营部门充满生机,但现在却变得两极分化、思想僵化"。与此相反,"中国的政治体制最重要的优点就是能够迅速做出众多复杂的决定,而且决策的结果还不错,至少在经济政策方面如此"。他还在美国《外交》2011年5月发表文章指出,"美国版本的资本主义即使没有完全丧失信誉,最起码不再占据主导地位"。

从20多年前的唯我独尊,到近些年来的放下身段,是什么让一个国际知名学者不顾自己昔日的辉煌,修正了自己的理论呢?是什么让他转而称赞"中国模式""中国经验"呢?那就是在中国特色社会主义旗帜引领下取得的巨大成就。中国特色社会主义道路、理论体系、制度和文化,是取得成就的根本保障。伟大成就的取得固然有很多原因,但文化因素绝对不容忽视,我们不能仅仅满足于所取得的成就,更要分析和挖掘其深层的文化根基。

取得伟大成就,并不意味着就必然有文化自信了。拿利比亚大撤侨来说,利比亚发生内乱之后,中国政府用了不到20天时间撤了35000多人,这一方面表明中国国力确实增强了,展示了强大的危机应对能力,体现了中国政府坚持以人为本的理念,但另一方面也凸显了中国海外利益拓展过程中存在的文化硬伤!为什么一乱起来就对华人打砸抢烧呢?其中主要原因之一就是中国文化没有较好地融入当地,没有得到较好认同,文化的影响力相对弱小。总之,国家硬实力不等于软实力,要将硬实力自信转化为软实力自信,尤其是转化为文化自信。可以说,对道路、理论体系和制度的自信有待进一步升华和凝炼为文化自信。

(三)中国特色社会主义文化作为先进文化的深刻感召

中国特色社会主义文化这一先进文化,具有明显的特点和优势。一是具有民族性,它植根于中国大地,是中华民族的创造,是民族精神的集中体现;二是具有科学性,它坚持以马克思主义为指导,符合人类文明发展进步潮流;三是具有群众性,它坚持以人为本、人民至上,是由群众创造并面向群众、服务群众的文化;四是具有时代性,在和平与发展的主题下,它随着全球化、市场化、网络化的不断发展而与时俱进;五是具有实践性,它来源于党领导人民进行的改革开放和社会主义现代化建设的实践,并指导这一实践;六是具有开放性,它注重弘扬优秀传统文化,学习和借鉴外来文化,坚持面向现代化、面向世界、面向未来。

与封建主义文化、资本主义文化具有腐朽、没落的一面相比,中国特色社会主义文化是富有朝气、蓬勃向上、具有美好发展前景的先进文化。中国特色社会主义文化超越了资本主义文化工业化发展带来的局限,致力于破解人类发展面临的诸多困境。它有利于激发人的潜能与活力、促进人的全面发展,有利于推动经济社会全面进步,有利于团结起来共同应对各种风险和挑战,有利于促进全球共同发展、构建和谐世界,等等。在中国特色社会主义文化支撑和引领下,我们已经取得并将继续取得中国特色社会主义建设的伟大成就,不断创造新的辉煌。

(四)解决新时期文化发展面临的主要矛盾和问题的思想基础

当前,推动文化繁荣发展、建设文化强国,面临着全球化、市场化、网络化等多方面的挑战与考验。党的十七届六中全会把文化发展面临的矛盾和问题归纳为八个主要方面:一些地方和单位对文化建设的重要性、必要性、紧迫性认识不够,文化在推动全民族文明素质提升中的作用亟待加强;一些领域道德失范、诚信缺失,一些社会成员人生观、价值观扭曲,用社会主义核心价值体系引领社会思潮极为紧迫,巩固全党全国各族人民团结奋斗的共同思想道德基础任务繁重;舆论引导能力需要提高,网络建设和管理亟待加强和改进;有影响的精品力作还不够多,文化产品创作生产引导力度需要加大;公共文化服务体系不健全,城乡、区域间文化发展不平衡;文化产业规模不大、结构不合理,束缚文化生产力发展的体制机制问题尚未根本解决;文化走出去较为薄弱,中华文化国际影响力需要进一步增强;文化人才队伍建设亟须加强。这八个方面的矛盾和问题,可以概括为以下四个主要方面:

一是主流价值有待进一步彰显。改革开放40年来,我们逐步形成了一系列与时代发展要求相契合的新的价值观念,如以人为本、公平正义、民主和谐等。这其中就蕴含着当代中国的主流价值。但是这些主流价值并未得到充分彰显,影响力有待进一步强化。如部分高校社科、思政等专业萎缩、生源缺乏,传统主流媒体被边缘化等。同时,由于我国处于社会转型期,各种思潮相互碰撞相互激荡,价值观念多元并存相互交织。有学者提出,当代中国主要存在八种社会思潮,分别是中国特色社会主义思想、老左派思潮、新左派思潮、自由主义思潮、民主社会主义思潮、民族主义思潮、新儒家思潮和民粹主义思潮。有权威网站调查显示,这几种社会思潮中,除了我们所大力倡导的不断创新发展的中国特色社会主义思想之外,其他这些社会思潮,如自由主义思潮、民主社会主义思潮等,在一定范围内有其关注度和影响力,都是需要我们注重反思和批判的。比如,拜金主义、功利主义、享乐主义等自由主义思想泛滥,一些领域道德失范、诚信缺失。体现在经济领域,市场交易成本很高;体现在网络,谣言满天飞;体现在高校,学术成果造假严重。诸如此类的思潮多元并存,正确与错误、积极与消极、进步与落后鱼龙混杂,一些非马克思主义、反马克思主义思潮在一定范围内依然大行其道。这就使得主流价值观受到较大冲击、有待进一步彰显。

二是文化事业和文化产业不够发达。近些年来,我国文化事业和文化产业发展取得巨大成就,但横向比起来,依然欠发达。从文化事业方面来讲,公共文化服务体系不健全、不均衡,特别是城乡之间、区域之间差距很大。从文化产业方面来讲,规模不大、结构不合理,缺乏精品力作。拿我国文化产业 GDP 贡献率来说,虽然这两年逐步增加到 4% 左右,但是跟美、英等发达国家相比,依然差距很大。

三是外来文化对我侵蚀严重。当今世界,各国、各民族间不同的文化不断交流碰撞、竞争较量,某些国家高举所谓"普世价值"的大旗,企图把自己的文化强加于人,不遗余力地发动"价值观战争",对别国的文化和价值观进行诋毁、渗透与打压,中国则成为近年来他们推行这一战略的主要目标。这种文化上的侵蚀,往往并不是大张旗鼓地、赤裸裸地,而是"温文尔雅"、潜移默化地。如体现在吃穿住行用中,体现在节日文化中。拿美国来说,就企图通过推行"三片"(即大片、薯片、芯片)战略、"政治文化转基因"战略,对我国搞文化和价值观渗透。

四是文化"走出去"影响力有待进一步提高。一方面,中国文化贸易在世界文化市场所占份额较低,远远低于美欧国家,甚至连日韩都不如。数据显示,全国 500 多家出版社的收入总和,不及德国贝塔斯曼集团一家的年收入;全世界每 100 本图书中的 85 本、每 100 小时音像制品中的 74 小时由发达国家流向不发达国家;美国生产的电影数量占全球的 10%,却占用了全世界一半的观影时间。另一方面,走出去的文化总体上层次不是很高,核心价值彰显不够。近些年来,我国文化走出去的内容主要集中在器物和行为文化方面。戏曲、武术等,基本属于平面维度的文化。即使是一些在国际上获得较高评价的中国电影,其主题和基本内容虽然是中国文化和价值观,但远远没能反映真实的面貌。

放眼全球,经济全球化、政治多极化不断发展,文化多元化趋势明显,文化在各国交流与竞争中的地位日益凸出。当前中国,正处于以习近平新时代中国特色社会主义思想为指导,贯彻落实"四个全面"(即全面建成小康社会,全面深化改革,全面依法治国,全面从严治党)的关键时期,文化越来越成为凝聚民族意志和激发创造活力的重要源泉,越来越成为经济社会发展的重要支撑。民主革命的先驱孙中山先生在《建国方略·自序》中就指出:"吾心信其可行,则移山填海之难,终有成功之日;吾心信其不可行,则反掌折枝之易,亦无收效之期也。"春秋时期的《墨子·亲士》中也记载了"虽杂庸民,终无怨心,彼有自信者也"的情形。可以说,先贤们均强调了自信的重要意义。坚定中国特色社会主义文化自信,是促进中国特色社会主义文化繁荣发展的思想基础。从国内来说,主导和引领多元文化发展,共铸人民精神家园,离不开文化自信;促进文化繁荣发展,丰富群众文化生活,离不开文化自信。从国际来说,抵御外来文化侵蚀和演变,维护国家文化安全,离不开文化自信;推动文化"走出去",提升国际影响力,离不开文化自信。要真懂、真行中国特色社会主义文化,必须首先要真信。要实现中国特色社会主义文化的自觉和自强,必须坚持中国特色社会主义文化自信。

(五)实现中华民族伟大复兴中国梦的价值支撑和精神动力

以习近平同志为核心的党中央高瞻远瞩,提出了实现中华民族伟大复兴的中国梦,在2020年全面建成小康社会,到本世纪中叶,把我国建设成为富强、民主、文明、和谐、美丽的社会主义现代化强国的宏伟目标。文化是一个民族长期延续、经久不断的根本特质,是衡量一个国家和民族经济社会发展的重要尺度,它对经济社会发展的影响潜移默化、润物无声。

首先,文化发展有利于提高经济发展水平和质量。中国特色社会主义文化对生产力以及社会发展所起的推动作用主要体现在两个方面：一、文化直接与经济相结合，通过文化产业发展直接带动、融入和促进经济发展；二、通过文化事业的引导、保障和服务，为文化产业发展以及整个经济发展提供良好环境和氛围。"二战"后特别是冷战结束后，世界经济的发展表明，文化对经济发展的作用日益凸显。当前，世界各主要国家为了提升经济竞争力，都注重发展文化产业。文化产业是典型的绿色、低碳产业。近些年来，我国更加注重文化产业的发展，努力挖掘和利用优秀文化传统中的丰富资源，大力鼓励文化领域的创意、创新和创造，不断打造市场竞争力强的文化企业和品牌，文化产业产值连年高速增长，日益成为我国经济发展的重要组成，经济结构和产业结构得到进一步优化，经济发展方式逐步转变，经济发展水平和质量不断提高。

其次，文化发展有利于促进社会全面发展和进步。中国特色社会主义文化既是中国特色社会主义社会全面发展和进步的重要内容，又是中国特色社会主义社会全面发展和进步的重要支撑。它有利于全体公民正确认识和处理人与人、人与社会、人与自然之间的关系，为构建社会主义和谐社会以及社会主义社会全面发展和进步提供思想基础、智力支持、精神支撑和文化氛围。中国特色社会主义社会必然是一个各方面共同发展和进步的社会，我们要建设的社会主义现代化强国必定是一个各方面全面协调可持续发展的国家。近些年国际国内现代化建设的实践都表明，生产力的发展、GDP 的增长、物质生活的改善只是社会发展和进步的一部分，既不是唯一目标，更不是终极目标。如果过度追求经济增长速度，一味地追求 GDP 的数量，必然会导致社会的畸形发展。苏东剧变以及近些年来"颜色革命"的事例也证明，文化软实力关乎国家兴亡、民族兴衰、政党安危。联合国教科文组织在《文化政策促进发展行动计划》中指出："发展最终应以文化概念来定义，文化的繁荣是发展的最高目标。"从一定角度来说，文化应该是一国社会发展战略的轴心，其他各方面的发展都应该围绕这个轴心来谋划、布局和展开。黑格尔在《历史哲学》中指出："世界历史自身本质上是民族精神或国家精神的辩证法。"鲁迅先生也说过："唯有民魂是值得宝贵的，唯有他发扬起来，中国才有真进步。"丘吉尔有句名言："我宁可失去一个印度，也不愿失去一位莎士比亚。"丘吉尔并非真的愿意放弃英国当年的殖民地印度，而是借此强调对本国文化的珍惜。可以说，文化不仅是推动社会发展的重要力量，更是社会文明进步的重要目标，文化的发展是发展的最高阶段。十八届三中全会《决定》吹响了深化文化改革、促进文化发展的号角。相信随着我们党在文化认识上的不断飞跃，随着文化强国建设的不断深入，我国社会的全面发展和进步必将迈向新阶段。

最后，文化发展有利于提升人的思想素养和水平，促进人的全面发展。文化发展与人的发展密不可分，文化发展既是人的发展的前提和基础，又是人的发展的目的和归宿。科学、先进的文化能够引导、化育和促进人的发展进步，而腐朽落后的文化则会阻碍和束缚人的发展进步。中国特色社会主义文化作为一种先进的、科学的、开放的、前进的文化，作为一种以人为本、人民至上，群众创造、服务群众的文化，代表着人类文化的前进方向，符合广大人民群众的利益诉求，能够满足人们不断增长的思想文化需要。它有利于引导人们确立科学正确的发展方向，营造良好的社会氛围，从而在全社会形成积极健康的人文环境。具体来说，从人的能力发展上讲，有利于锻造和改善人的思维方式，增强人的认识能力和创造能力。从人的个性发展上讲，有利于挖掘和激发人的精神力量，在吃、穿、住、行、用、休闲娱乐、学习创作等方面张扬人的个性，体现人的主体性和自主性。从人的社会关系发展上讲，有利于促进人的全球化、普遍化和网络化的社会交往，不断丰富和全面发展人的社会关系。

中华民族伟大复兴的中国梦，既是强国富民的中国梦，又是文化复兴的中国梦。中国特色社会主义文化是中华民族伟大复兴中国梦的重要组成部分,中华民族伟大复兴中国梦的实现,离不开中国特色社会主义文化的繁荣发展,离不开中国特色社会主义文化自信。这是历史发展规律的必然要求,更是中华儿女的共同期待。中国特色社会主义文化自信,将有利于我们汇聚万众力量、鼓舞精神斗志、克服艰难险阻、不断创造辉煌,为建设和发展中国特色社会主义、实现中华民族伟大复兴中国梦,提供价值支撑和精神动力。

第二章

理论溯源
——文化自信思想的历史考察

————

从马克思、恩格斯到列宁，从毛泽东到习近平，对文化自信问题或直接或间接地都有过一些论述。他们的相关思想，是我们分析、梳理和坚定中国特色社会主义文化自信的理论源头。

一、马克思恩格斯的相关文化思想

马克思、恩格斯对文化理论没有作过完整、系统的论述，也没有直接阐述过"文化自信"问题。但是，马克思、恩格斯一踏上历史舞台，就充满了文化自信。马克思、恩格斯本身就是大学者、大思想家，他们在与论敌的论战中，总能够占据上风、揭示真理。尽管当时无产阶级不占统治地位，革命队伍非常弱小，但马克思、恩格斯作为无产阶级文化代言人、无产阶级精神领袖，展现了强烈的文化自信。同时，在不少马克思主义文献中，马克思主义文化思想、文化观或者说文化哲学不断地被提及和阐述，这些关于文化的最基本的理论，展现了马克思、恩格斯的文化自信，是马克思主义的重要组成部分，是繁荣、发展中国特色社会主义文化的思想源头,是我们系统探讨中国特色社会主义文化自信问题的理论基础。

(一)揭示了文化与政治、经济的辩证关系

马克思主义的社会结构理论认为,社会存在和社会意识构成社会,影响社会稳定与发展的因素很多,包括从经济基础到上层建筑的诸多方面。在《1844年经济学哲学手稿》《德意志意识形态》等诸多文献中,马克思恩格斯论述了唯物史观的基本原理,阐明了生产力和生产关系、经济基础和上层建筑等方面的相互关系。辩证系统地梳理这些关系,能够为研究中国特色社会主义文化自信奠定外部关系分析的基础。

首先,生产力对生产关系、经济基础对上层建筑、物质生活对精神生活具有决定作用。在1859年《〈政治经济学批判〉序言》中,马克思指出:"人们在自己生活的社会生产中发生一定的、必然的、不以他们的意志为转移的关系,即同他们的物质生产力的一定发展阶段相适应的生产关系。这些生产关系的总和构成社会的经济结构,即有法律的和政治的上层建筑树立其上并有一定的社会意识形式与之相适应的现实基础。物质生活的生产方式制约着整个社会生活、政治生活和精神生活的过程。"[1]在这里,马克思把作为完整社会系统的社会形态区分为三个层面——生产力、生产关系(经济基础)和上层建筑,又把上层建筑区分为两个部分——法律的和政治的以及社会意识形式即观念的,揭示了生产力对生产关系、经济基础对上层建筑、物质生活对精神生活的决定作用。马克思虽然在这里没有提到"文化"的概念,但是精神生活、社会意识形式实际上指的就是文化。"观念的东西不外是移入人的头脑并在人的头脑中改造过

---

① 《马克思恩格斯文集》第2卷,人民出版社2009年版,第591—592页。

的物质的东西而已"①，社会存在决定社会意识，观念的东西，或者说社会意识，是客观世界的反映。物质交往是交往的最初形式，随着交往的进一步扩大，作为社会的精神活动与思维方式的文化交往就出现了。在人类历史长河中，如果划出文化发展曲线的中轴线，"就会发现，所考察的时期越长，所考察的范围越广，这个轴线就越是接近经济发展的轴线，就越是同后者平行而进"②。文化交往，产生于经济与政治交往的过程，一定主体的文化及文化自信是一定社会的经济和政治在观念形态上的反映，有着一定的物质和实践基础。

其次，作为上层建筑、精神生活和意识形态的文化，对经济基础有着巨大的反作用。马克思指出："批判的武器当然不能代替武器的批判，物质力量只能用物质力量来摧毁；但是理论一经掌握群众，也会变成物质力量。"③恩格斯指出："政治、法、哲学、宗教、文学、艺术等等的发展是以经济发展为基础的。但是，它们又都互相作用并对经济基础发生作用。"④可以看出，社会意识对客观世界、上层建筑对经济基础、文化对经济和政治有着巨大的反作用。社会意识不仅能够反映客观世界，而且能够改造它。如果社会意识正确反映客观实际，就可以指导人们通过实践能动地加以改造。相反，人们就会做出错误的行动，从而阻碍社会的发展。文化发展以经济和政治的发展为基础，同时又为其提供动力与支持。生产力落后，文化缺乏繁荣发展的物质基础，就难以谈得上先进。文化落后，生产力也就难以保持较好发展，甚至受破坏、走弯路。

再次，文化发展有它的相对独立性。在承认经济基础对文化的决定和制约作用的同时，必须看到，经济和政治对文化的决定作用和基础地位是最终意义和抽象意义上的。经济和政治对文化的最

---

① 《马克思恩格斯文集》第5卷，人民出版社2009年版，第22页。
② 《马克思恩格斯文集》第10卷，人民出版社2009年版，第669页。
③ 《马克思恩格斯文集》第1卷，人民出版社2009年版，第11页。
④ 《马克思恩格斯文集》第10卷，人民出版社2009年版，第668页。

终决定意义并不能够否认在某些时期某些阶段文化的决定作用。文化绝不简单的就是经济和政治的派生物和附属品,文化发展有着相对的独立性。马克思指出,"关于艺术,大家知道,它的一定的繁盛时期绝不是同社会的一般发展成比例的,因而也绝不是同仿佛是社会组织的骨骼的物质基础的一般发展成比例的"①。恩格斯也指出,"经济上落后的国家(如 18 世纪的法国和后来的德国)在哲学上却仍然能够演奏第一小提琴"②。拿这里恩格斯讲的德国来说,马克思在《〈黑格尔法哲学批判〉导言》一文中详细分析了 19 世纪三四十年代德国社会的经济、政治和文化状况后提出:在经济上,德国是一个生产力落后的农业国家,与英法两国相比,发展水平存在巨大差距;在政治上,德国是一个封建专制的国家;而在文化上,"德国人在思想中、在哲学中经历了自己的未来的历史。我们是当代的哲学同时代人,而不是当代的历史同时代人"。在 18、19 世纪,德国先后涌现了像康德、费希特、谢林、黑格尔和费尔巴哈这样伟大的思想家,产生了德国古典哲学。也就是说,像这一时期的德国那样,虽然经济政治落后,但文化发展超前,这是其独特之处。认识到文化发展的超越性,我们就要走出庸俗唯生产力论的误区,改变"一条腿长、一条腿短"的局面,致力于推动文化的繁荣发展。

最后,文化观念与经济基础等因素对人类历史发展共同发挥作用,它们之间是有机统一、不容割裂的。恩格斯指出:"整个伟大的发展过程是在相互作用的形式中进行的……这里没有任何绝对的东西,一切都是相对的。"③可以看出,在有机的社会系统中,各种要素都具有重要的地位,经济基础虽然居于主导,但是经济基础并不是独立地发挥作用,它离不开系统内部其他要素的作用和影响。我

① 《马克思恩格斯文集》第 8 卷,人民出版社 2009 年版,第 34 页。
② 《马克思恩格斯文集》第 10 卷,人民出版社 2009 年版,第 599—600 页。
③ 《马克思恩格斯文集》第 10 卷,人民出版社 2009 年版,第 597 页。

们不能过分强调经济基础的决定作用,而忽视上层建筑,特别是文化的作用。经济基础与上层建筑、文化与经济社会发展之间的相互作用,是一个统一的过程,而不是两个过程。经济基础对上层建筑的决定作用,绝不是一种外在的、单向的、机械的决定作用;上层建筑对经济基础的反作用,也绝不是一种消极的、惰性的、派生的反作用;它们之间是一种内在的、多维的、交互的关系,是一种相互联系、相互促进、相互推动的关系。

（二）科学定位了文化发展的历史性和时代性

马克思、恩格斯不仅注重从社会结构中来分析和把握文化,也注重考察文化发展的历史和时代条件。马克思指出:"要研究精神生产和物质生产之间的联系,首先必须把这种物质生产本身不是当作一般范畴来考察,而是从一定的历史的形式来考察。"①恩格斯也指出:"每一历史时代的经济生产以及必然由此产生的社会结构,是该时代政治的和精神的历史的基础。"②可以看出,文化发展受到其所处的历史和时代的制约,具有历史性和时代性。任何一个时期的文化都具有一定的时空背景,都不是空中楼阁。人类社会发展至今,伴随五种社会形态的演进,相应形成了五种文化形态。一定社会的文化总是与一定社会的经济和政治相适应,不同历史时期的生产方式影响和制约着文化的发展。因此,我们在研究文化时,要注重考察它的具体社会经济形态,明确其所处的历史阶段,分析其发生发展的历史背景。随着经济、政治条件的变化,文化只有与时俱进,才能不断推动社会进步。认识到这一点,我们在推进文化建设时,就必须立足现有的时代条件,制定切实可行的发展战略。

---

① 《马克思恩格斯全集》第 33 卷,人民出版社 2004 年版,第 346 页。
② 《马克思恩格斯文集》第 2 卷,人民出版社 2009 年版,第 9 页。

（三）科学分析了"世界历史"趋势下的民族文化

马克思和恩格斯在 1848 年《共产党宣言》中指出："过去那种地方的和民族的自给自足和闭关自守状态，被各民族的各方面的互相往来和各方面的互相依赖所代替了。物质的生产是如此，精神的生产也是如此。各民族的精神产品成了公共的财产。民族的片面性和局限性日益成为不可能，于是由许多种民族的和地方的文学形成了一种世界的文学。"①这里，马克思和恩格斯就"世界历史"和全球化发展趋势作出了科学预见，指出了世界文化的普遍交融是资本主义生产方式全球扩张的必然结果，认为随着科学技术的发展，世界市场的形成，资本主义在全球的扩张，历史将向世界历史转变，全球化趋势将逐步显现。马克思特别强调了技术在加速全球化进程中的作用，认为以铁路、轮船等为代表的现代工业，将大大缩短印度等东方国度和西方之间的距离，将把西方国家的先进设备、文化知识等，传送到所有经过的地方，依靠这种普遍交往的工具，为新世界创造物质基础。

同时也要看到，这种"世界的文学"，绝不是指单一的文学，绝不意味着各民族文化的消失，以及建立在这一基础之上的全世界文化的统一。这种"世界的文学"，不排除有其"普遍"的成分，但更多指的是各民族文化摒弃狭隘、交相融合、互鉴互补，在进一步创新发展基础上形成的多样性文化，它依然是由许多民族的和地方的文化共同组成。西方文化不是唯一的标准，各民族文化都有其存在的价值和意义。世界上没有十全十美的文化，也没有一无是处的文化。任何以自身文化为标准去衡量其他文化，从而判断其他文化优劣的思想和行为都是不可取的。文化来源于实践，发展于交往。一种文化是否具有普遍适用性，要靠交往的实践来检验。马克思恩格斯指

---

① 《马克思恩格斯文集》第 2 卷，人民出版社 2009 年版，第 35 页。

出，"一个人的发展取决于和他直接或间接进行交往的其他一切人的发展"①，只有在普遍交往中保持应有的文化自信，"单个人才能摆脱种种民族局限和地域局限而同整个世界的生产（也同精神的生产）发生实际联系，才能获得利用全球的这种全面的生产（人们的创造）的能力"②。这说明，人的发展离不开交往实践，离不开对他人的学习与借鉴。文化的发展也是如此。各民族的文化都是在长期的历史发展过程中创造出来的，在当前全球化的进程中，要继承和弘扬自身民族文化，离不开与外来文化的交流与沟通。如果一种文化拒斥"世界历史"，自我封闭而缺乏开放性和交往的积极态度，那它就没有比较和鉴别，就难以创新和发展。

（四）阐明了人类历史发展道路的多样性

马克思晚年通过对东方社会历史和文化特殊性的认识，指出人类历史的进步方式具有多维性，人类社会的发展道路具有多样性，为研究中国特色社会主义文化自信的价值和意义奠定了理论基础。

马克思提出，人类社会的发展途径具有多样性。在《科瓦列夫斯基〈公社土地占有制，其解体的原因、进程和结果〉一书摘要》中，马克思提出要注重分析印度古代社会土地公有制的特殊性。在《给维·伊·查苏利奇的复信草稿》中，马克思驳斥了关于所有原始公社建立形式同一的论调，阐明了人类文明模式、文化发展多元多样的思想。

跨越资本主义卡夫丁峡谷的思想同样是马克思晚年重大的文化理论成就。马克思提出，俄国"可以不通过资本主义制度的卡夫丁峡谷，而占有资本主义制度所创造的一切积极的成果"③。马克思认

---

① 《马克思恩格斯选集》第1卷，人民出版社1995年版，第89页。
② 《马克思恩格斯文集》第1卷，人民出版社2009年版，第541—542页。
③ 《马克思恩格斯文集》第3卷，人民出版社2009年版，第587页。

为,并非所有国家都要走西欧资本主义的一般发展道路,俄国在各方面条件具备的前提下,可以避免遭受资本主义制度所带来的灾难和波折。东方各国由于一直保持着亚细亚生产方式,具有农村公社、土地公有和专制国家等不同于西方的特征,可以走出一条独特的发展道路。

二、列宁的文化自信思想

列宁继承和发展了马克思的唯物史观,在领导俄国社会主义革命和建设的过程中,非常重视文化建设,不断构建文化理论,这为我们研究中国特色社会主义文化自信进一步奠定了理论基础。

(一)推进文化建设的战略举措

1.推进文化与政治、经济的协调发展

开展文化建设,在十月革命胜利后各方面都比较落后的俄国,具有必要性和紧迫性。要奠定经济社会发展的物质基础,创造良好的社会政治条件,真正实现人民当家做主,培养共产主义思想道德,都离不开文化建设。列宁指出,提高劳动生产率,搞好农村合作社,改革国家机构,克服官僚主义,发展社会主义民主等,都需要文化水平的提高。列宁认为,文化建设的落后,制约着政治建设、经济建设等方面的发展,阻碍着整个社会主义建设。他把能否提高人民群众的文化水平看作"或者是断送苏维埃政权所取得的一切政治成果,或者是为这些成果奠定经济基础"的"最迫切的任务之一"[①]。在此背景下,列宁提出了文化与政治、经济协调发展的总体构想。总的来说,列宁强调要加强文化建设,使其走在经济社会发展的前列,促进

---

① 《列宁专题文集·论社会主义》,人民出版社2009年版,第263页。

其与政治、经济的发展相协调。

2.发展科学、教育和文化事业,提高国民文化水平

作为后起的资本主义国家,与西欧各国相比,俄国的文化教育水平相当低下。在十月革命前夕,统计数据显示,俄国 3/4 的成人不能读写,农村文盲率达到 80%。针对文化落后这一严峻现状,列宁指出:"我们现在还要进行多么繁重的工作,才能在我国无产阶级所取得的成就的基础上真正达到稍高的文化水平。"①十月革命胜利后,改变国家文化落后的严峻局面,大幅提高人民文化水平,建立社会主义新文化,成为摆在布尔什维克面前的一个重大任务。列宁提出要加强国民教育,他认为,建成共产主义,需要人民群众在文化上有一个大幅的提高,"必须取得全部科学、技术、知识和艺术"②。为此,列宁推出了诸多举措。1919 年,签署了扫盲法令;1921 年,在《新经济政策和政治教育委员会的任务》中,强调要大大提高文化水平;1923 年,在《日记摘录》中,从增加教育部门经费、提高教师地位、精简教育行政部门编制等方面,就办好国民教育的途径做了明确规定。这些措施在短短几年间就取得了较好的效果,到 1925 年,俄国 9 岁以上识字人数的比例已由十月革命前的 27% 增加到 51%,特别是在工人中基本解决了文盲问题。列宁强调,加强文化建设、提高文化水平的根本目的是改造旧意识、建立新思想,为人们的思想行为提供价值引导,为巩固革命成果、完成革命任务奠定基础。

3.重视共产主义思想教育,培育和造就新人

建设共产主义离不开一大批新人。列宁强调,要肃清封建主义、资本主义错误思想的残余,注重通过思想教育,从世界观、价值观、阶级感情等方面来树立和形成共产主义道德规范,并把它看作是建成社会主义、实现共产主义的重要保证。列宁指出:"现代历史的全

---

① 《列宁专题文集·论社会主义》,人民出版社 2009 年版,第 344 页。
② 《列宁全集》第 36 卷,人民出版社 1985 年版,第 48 页。

部经验,特别是《共产党宣言》发表后半个多世纪以来世界各国无产
阶级的革命斗争,都无可争辩地证明,只有马克思主义的世界观才
正确地反映了革命无产阶级的利益、观点和文化。"①马克思主义是
经过无产阶级革命斗争实践检验的真理,是无产阶级进行理论武装
的锐利武器,也是广大劳动人民获得解放的有力武器。要树立共产
主义理想信念,真正成为共产主义者,必须注重学习马克思主义。
加强共产主义思想教育、培育和造就新人这一任务具有长期性和艰
巨性。要在资本主义社会的土壤上进行文化建设,同劳动者身上存
在的、遗留的一切缺点作斗争,需要全党全社会的共同努力。为此,
列宁指出,要发挥好共青团组织、新闻出版界、学校和教育工作者等
有关各方的作用。新闻出版要注重维护党的权威,要把学校讲台建
设成为马克思主义、唯物主义的教育阵地,要在全社会提倡科学和
无神论,要繁荣、发展社会主义文艺创作,要特别注重搞好青年的共
产主义道德教育。

(二)无产阶级社会主义文化与人类文明成果之间的关系

列宁提出的"无产阶级文化"概念是一大创造。他指出:"马克
思主义这一革命无产阶级的思想体系赢得了世界历史性的意义,是
因为它并没有抛弃资产阶级时代最宝贵的成就,相反却吸收和改造
了两千多年来人类思想和文化发展中一切有价值的东西。只有在
这个基础上,按照这个方向,……才能认为是发展真正的无产阶级
文化。"②这告诉我们,任何文化都不是从天上掉下来的,无产阶级文
化也是如此,具有历史传承性。无产阶级文化是对人类全部历史所

---

① 《列宁专题文集·论社会主义》,人民出版社 2009 年版,第 167 页。
② 《列宁专题文集·论社会主义》,人民出版社 2009 年版,第 167 页。

创造的文化的批判、继承、改造和发展。在社会主义基本制度建立后，要体现其相对于资本主义的优越性，离不开对资本主义文明成果的批判继承，离不开对其人才、技术和经验等方面的学习和继承。实现中国特色社会主义文化自信，既要继承传统文化，又要借鉴外来文化。只有以我为主，在吸收人类全部文化精华的基础上，才能建设好中国特色社会主义文化，才能实现和提升中国特色社会主义文化自信。

（三）关于民族文化的"两种文化"理论

从文本意义上来说，列宁对"民族文化"是持否定态度的。1909年，路标派提出，"俄国民主派"在"全世界无产者"的名义下，背叛了俄罗斯国家和民族文化，列宁对此进行了批判。他在《路标派和民族主义》中，批判了路标派对"俄国民主派"的指责，认为其言论是反革命叛变行为，目的是为了挑起民族斗争，转移人们的注意力。在随后撰写的《关于民族问题的批判意见》等一系列文章中，列宁深入研究了民族文化问题，提出了"两种文化"理论。

在"两种文化"理论中，列宁论述了文化的民族性和阶级性。他认为，在阶级社会，一个统一的民族实际上已经分裂成为对抗的两个不同的阶级——作为"被剥削劳动"的无产阶级和"占统治地位"的资产阶级。相应的，民族文化也分裂为两种对抗的不同的文化——无产阶级的"民主主义的和全世界工人运动的各民族共同的文化"和以资产阶级为代表和主导的"地主、神父、资产阶级的文化"，虽然它们都是本"民族文化"的一部分，但各自有着不同的思想体系。这里，列宁揭示了文化的阶级属性。他指出，由于这时的民族文化由资产阶级所代表和主导，无产阶级的文化虽然也有"民族"的形式，也需要民族的语言，但为了与"同族的"资产阶级进行论战，无产阶级只有而且必须反对资产阶级主导的"民族文化"。

可以看出,列宁并没有否认民族文化的现实存在,而是强调在尖锐对抗的阶级斗争背景下,民族文化成为被割裂的而不是一个统一的存在。出于现实斗争的考虑,列宁否定和批判了以"路标派"为代表的资产阶级自由派的"民族文化"口号,揭开了这一口号的虚伪面纱,揭示了这一口号的实质要义。列宁否定资产阶级所持有的占主导地位的"民族文化",其目的是为了防止这一口号分裂工人,削弱民主派,侵蚀全世界工人阶级的团结和利益。

三、毛泽东的文化自信思想

毛泽东的文化理论形成并发展于新民主主义革命、社会主义革命和建设的过程中。它是毛泽东思想的重要组成部分,继承和发展了马克思、恩格斯和列宁的文化理论,实现了马克思主义文化理论与中国革命和建设实践的有机结合。在毛泽东文化理论中,始终包含和贯穿着强烈的文化自信,这为我们研究中国特色社会主义文化自信提供了重要的思想资源。

(一)中国文明在世界文明中占据重要地位

毛泽东认为:"世界文明分东西两流,东方文明在世界文明内,要占个半壁的地位。然东方文明可以说是中国文明。"①可以看出,在当时的历史背景下,毛泽东既没有像有些人那样主张"中国本位"、宣扬文化保守,也没有像有些人那样认为"中国事事不如人",鼓吹全盘西化。他在认真研究、分析比较中西文化之后指出,东西文明在世界文明中都占据重要地位,中国文明的地位举足轻重,国人应当深入研究,再与西方文化进行比较。也正因为如此,毛泽东

---

① 中央文献研究室:《毛泽东传(一)》,中央文献出版社 2011 年版,第 47 页。

在接受马克思主义之后,始终坚持将马克思主义与中国传统文化的智慧和中国的具体国情相结合,以解决中国根本问题为出发点,形成了具有中国特质、中国作风、中国气派、为中国老百姓所喜闻乐见的马克思主义,从而取得了革命和建设的伟大成就。

(二)深刻了解中国传统文化

毛泽东深受中华民族灿烂文化的熏陶,对中国传统文化有着深刻了解。他酷爱阅读,深入研读中国经典著作,终生不倦。从先秦诸子到明清思想,从二十四史到《资治通鉴》,从《昭明文选》到《韩昌黎全集》,毛泽东所读的中国典籍遍及经史子集。毛泽东的论著和诗文辞章,展现了他在传统文化方面的深厚底蕴,让我们感受到了他对中国传统文化的透彻认知。正是基于这一透彻认知,毛泽东始终深信,博大悠久的中国传统文化根本不会消亡,更不会被他文化所取代;也正是基于此,毛泽东才精准把握了中国传统文化的精髓,融合领悟了中国传统文化的智慧,从而对中国传统文化产生自信、自豪之情。

(三)辩证看待传统文化与外来文化

毛泽东指出,在中国传统文化中,既有民主的精华,又有封建性的糟粕,优秀与腐朽并存。因此,在对待传统文化的态度上,我们既不能走向复古主义,也不能走向虚无主义。科学的态度应该是,从中汲取有益的营养,而摒弃一切腐朽的东西,即"取其精华、弃其糟粕"。对待外来文化也是如此,要经过我们的"口腔咀嚼和胃肠运动",既不能生吞活剥、全盘照搬,也不能不分优劣、盲目抵制,而要批判地加以吸收。

对待传统文化与外来文化"取其精华、弃其糟粕"的目的,是为了"古为今用、洋为中用"。"古为今用",就是强调要学习古人,并立足和着眼于现在的活人。毛泽东强调:"我们必须继承一切优秀的文学艺术遗产,批判地吸收其中一切有益的东西,作为我们从此时此地的人民生活中的文学艺术原料创造作品时候的借鉴。"①中华民族在数千年的历史发展过程中,创造了悠久而灿烂的文化,我们必须尊重、传承这些文化,而不能割断、丢弃这些文化。这是发展民族新文化、提高民族自信心的必要条件和思想根基。"洋为中用"就是着眼于中国今天的发展而学习外国有益的东西。毛泽东指出,我们要学习世界上所有国家和民族的优点,政治、经济、科技、文学、艺术等所有有益的东西都要学,以作为中国新文化发展的借鉴。

(四)社会主义文化建设意义重大

毛泽东并没有一般地、抽象地阐释文化的概念和内涵,而是把文化放在与经济、政治的关系中来理解,揭示文化与经济、政治之间的辩证关系。毛泽东指出:"一定的文化(当作观念形态的文化)是一定社会的政治和经济的反映,又给予伟大影响和作用于一定社会的政治和经济。"②这里,毛泽东既揭示了经济、政治对文化所具有的决定作用,也指出了文化所具有的影响和指导作用,阐明了文化与政治、经济关系的基本观点。

社会主义制度确立以后,毛泽东深刻阐述了社会主义文化建设在现代化建设中的重要地位,指出了文化建设是社会主义现代化建设的重要组成和本质内容。新中国刚成立不久,他就指出:"随着经济建设的高潮的到来,不可避免地将要出现一个文化建设的高潮。中国人被人认为不文明的时代已经过去了,我们将以一个具有高度

---

① 《毛泽东选集》第3卷,人民出版社1991年版,第860页。

② 《毛泽东选集》第2卷,人民出版社1991年版,第663—664页。

文化的民族出现于世界。"①这里,毛泽东不仅揭示了社会主义文化建设与经济建设的辩证关系,更重要的是强调了社会主义文化对整个世界的重要意义,体现了毛泽东对社会主义现代化建设、社会主义文化以及中国发展前景高度的文化自信。

(五)坚持"百花齐放、百家争鸣"的方针不会削弱马克思主义的指导地位

1942 年 5 月,在延安文艺座谈会上的讲话中,毛泽东就提出要允许各种艺术品的自由竞争。1956 年 4 月,在中央政治局扩大会议上的讲话中,毛泽东提出,在艺术问题上应该百花齐放,在学术问题上应该百家争鸣,这就是"百花齐放、百家争鸣"②。也就是说,要解决艺术和科学中存在的问题,必须采取艺术和科学的方式方法,要允许不同学派、不同风格的存在与发展,而不应该通过行政的方法简单地强制推行或禁止,那样只会有害于艺术和科学的发展。有些人认为,坚持这一方针,可能会削弱马克思主义在思想文化领域的指导地位,影响党和国家的政治稳定和团结统一。对此,毛泽东非常自信地指出,真善美的东西的存在和发展离不开同假恶丑的东西的比较和斗争,马克思主义是科学真理,党和政府一切为了人民,它们不怕批评,也批评不倒。实行这一方针,不会削弱,只会加强马克思主义的指导地位,以及中国共产党的领导地位。

四、中国特色社会主义时期的文化自信思想

改革开放后,中国进入中国特色社会主义建设时期。中国特色

---

① 《毛泽东文集》第 5 卷,人民出版社 1996 年版,第 345 页。
② 《毛泽东文集》第 7 卷,人民出版社 1999 年版,第 54 页。

社会主义理论体系是马克思主义中国化的第二次历史性飞跃,是对马克思列宁主义、毛泽东思想的继承和发展,一脉相承又与时俱进。中国特色社会主义文化理论是中国特色社会主义理论体系的重要组成部分,它是对马克思列宁主义和毛泽东文化理论的继承和发展,它形成和发展于改革开放和社会主义现代化建设的伟大实践中。邓小平理论中强调以发展高度的社会主义精神文明为核心的文化建设思想,"三个代表"重要思想中强调坚持社会主义先进文化前进方向的文化建设理论,科学发展观中强调推动社会主义文化大发展大繁荣的文化发展战略,习近平新时代中国特色社会主义思想中关于文化建设的一系列重要论述,都是中国特色社会主义文化理论体系的主要内容。其中,关于中国特色社会主义文化的重要地位和作用,坚持文化领域的对外开放,对待传统文化与外来文化的科学态度,一元主导与多元并存的正确认识,推动中华文化走向世界等重要论述,都是这一时期有代表性的文化自信思想。

(一)文化的重要地位和作用

邓小平同志强调了社会主义精神文明的重要意义。他指出:"没有这种精神文明,没有共产主义思想,没有共产主义道德,怎么能建设社会主义?"[①]这里,他把社会主义精神文明看作是社会主义制度先进性、优越性的重要体现,是实现社会主义现代化的重要保证。他强调,物质文明与精神文明这两个方面都必须抓好、抓实,贯穿始终。如果精神文明没有抓好,物质文明建设也必将受破坏、走弯路,从而影响到整个社会主义建设的成功。

江泽民同志阐述了社会主义文化的战略地位。他指出,有中国特色社会主义的文化,是衡量一国综合国力强弱的重要标志,是凝

---

① 《邓小平文选》第2卷,人民出版社1994年版,第367页。

聚和激励广大人民群众的重要力量，在国家软实力中的地位、作用更加突出。文化与经济政治的融合是否密切，直接影响到一国的综合国力，关系到一国的凝聚力和生命力。如果一个国家没有自己的文化，没有民族精神，那它就没有精神支柱，没有灵魂，没有活力，也就难以立足于国际社会。

胡锦涛同志阐明了社会主义文化大发展大繁荣的重要地位。他认为，在综合国力国际竞争日趋激烈的时代，要掌握发展主动权，就必须占据文化发展制高点。随着人类社会进入 21 世纪，世界面貌和中国面貌都发生了巨大变化，中国改革开放和社会主义现代化建设取得巨大成就的同时，面临的矛盾和问题也呈现出新特征，要在竞争激烈的世界文化之林中占有一席之地，中国必须坚持高度的文化自觉、自信，在传承的基础上不断推动文化创新。

习近平总书记从实现中华民族伟大复兴中国梦的战略高度强调了推进当代中国文化新发展的重要意义。他指出："一个国家、一个民族的强盛，总是以文化兴盛为支撑的，中华民族伟大复兴需要以中华文化发展繁荣为条件。"[①]中华文化积淀着中华民族最深沉的精神追求，是中华民族的精神家园，是中华民族安身立命的基础，是中华民族不断发展壮大的丰厚滋养。文化自信和文化兴盛能够凝聚民族意志，激发精神力量，支撑民族复兴。中华文化的发展繁荣，是我们最深厚的文化软实力，是中华民族伟大复兴的重要组成部分，是实现国家复兴民族强盛的力量源泉。习近平总书记把"中国梦"的价值感召提升到文化治理高度，作为国家治理体系和治理能力现代化的重要组成部分。

---

① 习近平：《认真贯彻党的十八届三中全会精神 汇聚起全面深化改革的强大正能量》，《光明日报》2013 年 11 月 29 日。

（二）坚持文化领域的对外开放

党的十一届三中全会以来,中国坚持对外开放,打开了社会主义文化建设的新视野。坚持文化领域的对外开放,体现了我们对自身文化的信心,以及进一步发展和完善中国特色社会主义文化的诉求。

邓小平注重从"世界历史"全球化发展的进程中来考量中国文化的生存和发展问题,开启了中国特色社会主义文化建设的新阶段。他多次强调,当今的世界是开放的世界,中国的发展必须要向世界开放。而且,这一开放不能只体现在经济上,"对外文化交流也要长期发展"①。江泽民指出,要长期坚持对外开放的基本国策,顺应全球化的发展趋势,更加积极地走向世界,不断完善对外开放格局,文化是其中不可缺少的重要组成部分。

在2001年加入WTO之后,我国对外开放的广度和深度进一步拓展,与国际市场全面接轨,文化之间的交流与碰撞更加频繁。胡锦涛强调,要加强对外文化交流,学习借鉴各国有益成果,求同存异,促进世界文明共同发展进步。十七届六中全会《决定》就坚持文化领域的改革开放,推进体制机制的创新,提高文化开放水平等方面进行了专门论述。十八大报告进一步强调指出,要扩大文化领域对外开放,积极吸收借鉴国外优秀文化成果。

习近平总书记从推动文化"走出去"的一面强调了文化领域的对外开放对提高国家文化软实力的重要意义,并提出了"文明因交流而多彩,文明因互鉴而丰富"的中国版文明观。② 兼容并蓄、博采众长的自信在于积极对待外来文化。在21世纪的今天,几千年来人类积累的一切理性知识和实践知识依然是人类创造性前进的重

---

① 《邓小平文选》第3卷,人民出版社1993年版,第43页。
② 习近平:《在纪念孔子诞辰2565周年国际学术研讨会暨国际儒学联合会第五届会员大会开幕会上的讲话》,《人民日报》2014年9月25日。

要基础。习近平总书记强调，"只有不断发掘和利用人类创造的一切优秀思想文化和丰富知识，我们才能更好认识世界、认识社会、认识自己，才能更好开创人类社会的未来"①。越是自信的国家和民族，越有勇气和底气去客观看待、积极接受外来文化的有益成分，这是中华民族文化自信的底气所在。

文化共生、为我所用，自信在于广泛吸纳有益滋养。包容文化差异，辩证取舍外来文化，是中华文明的鲜明品格，也是中华民族文化自信的从容气度。构建中国特色哲学社会科学，同样需坚持取长补短，择善而从，"在比较、对照、批判、吸收、升华的基础上，使民族性更加符合当代中国和当今世界的发展要求"②，做到洋为中用、文化共生，在不断汲取各种文明养分中发展中国特色哲学社会科学。可见，坚持对外开放，不仅是推动中国经济飞速发展的强大动力，也是促进中国文化发展繁荣的源头活水。

（三）对待传统文化与外来文化的科学态度

在对待传统文化与外来文化的态度问题上，毛泽东提出了"取其精华、弃其糟粕""古为今用、洋为中用"的指导方针。在中国特色社会主义新时期，对待传统文化与外来文化，党的几代领导人都有过重要论述，总的来说，可以概括为"古为今用、推陈出新"和"洋为中用、博采众长"。"古为今用、推陈出新"，就是在全面分析和梳理传统文化的基础上，立足于当今时代，摈弃其糟粕性的内容，发扬其优秀的部分，实现传统文化的与时俱进和创新发展。"洋为中用、博采众长"，就是从我国社会主义初级阶段的基本国情出发，着眼于坚持和发展中国特色社会主义文化，对外来文化辩证取舍，将各国文

---

① 习近平：《在纪念孔子诞辰 2565 周年国际学术研讨会暨国际儒学联合会第五届会员大会开幕会上的讲话》，《人民日报》2014 年 9 月 25 日。
② 习近平：《在哲学社会科学工作座谈会上的讲话》，《光明日报》2016 年 5 月 19 日。

化的精华"拿来"为我所用。

对待传统文化，习近平总书记强调："要加强对中华优秀传统文化的挖掘和阐发，努力实现中华传统美德的创造性转化、创新性发展，把跨越时空、超越国度、富有永恒魅力、具有当代价值的文化精神弘扬起来。"①习近平总书记坚持马克思主义文化观，明确表达了对待中国传统文化的科学态度，就是要处理好批判继承和创新发展的关系，去粗取精、去伪存真、辩证扬弃、推陈出新，实现优秀传统文化的创造性转化和创新性发展，使中华民族最基本最优秀的文化基因在当代社会得以发扬光大。他强调，要通过宣传教育，"增强做中国人的骨气和底气"。"骨气"与"底气"密不可分，相互支撑，相互转化。有"骨气"才能百折不挠、奋发图强，有"底气"方可自尊自信、从容不迫。"骨气"与"底气"都离不开优秀传统文化的滋养。

对待外来文化，党的几代领导人都强调，必须注重批判和鉴别，学习借鉴其有益成果，坚决抵制其腐朽落后思想。邓小平指出，"我们要向资本主义发达国家学习先进的科学、技术、经营管理方法以及其他一切对我们有益的知识和文化"，但同时强调，"一定要用马克思主义对它们的思想内容和表现方法进行分析、鉴别和批判"②，要注重警惕、批判和抵制资产阶级腐朽思想，削弱其对国内思想文化的影响。"绝不允许把我们学习资本主义社会的某些技术和某些管理的经验，变成了崇拜资本主义外国，受资本主义腐蚀，丧失社会主义中国的民族自豪感和民族自信心"③。十七届六中全会《决定》指出，坚持以我为主、为我所用，积极吸收借鉴国外优秀文化成果。习近平总书记对如何对待外来文化作出了重要论述。他指出，我们在传承自身文化的同时，要睁眼看世界，全面客观认识外来文化，虚

---

① 习近平：《完善和发展中国特色社会主义制度 推进国家治理体系和治理能力现代化》，《人民日报》2014年2月18日。
② 《邓小平文选》第3卷，人民出版社1993年版，第44页。
③ 《邓小平文选》第2卷，人民出版社1993年版，第262页。

心学习借鉴外来文化的一切有益成果。同时强调，"我们不能数典忘祖，不能照抄照搬别国的发展模式，也绝不会接受任何外国颐指气使的说教"①。这些论述，骨气与底气贯穿其中，开放与从容流溢其间，表达了中国作为一个文明古国、文化大国高度的文化自信。

（四）一元主导与多元并存的正确认识

在中国特色社会主义新时期，党的几代领导人继承和发展了毛泽东同志提出的"百花齐放、百家争鸣"的基本方针，就繁荣发展中国特色社会主义文化要处理好一元主导与多元并存的关系作出了进一步论述。针对改革开放之初有人提出"百花齐放、百家争鸣"的方针可能不利于安定团结的大局，邓小平指出，两者是完全一致的，坚持这一方针，离不开批评和自我批评，离不开民主的说理的态度。习近平总书记强调，"要坚持'百花齐放、百家争鸣'的方针""坚持为人民服务、为社会主义服务这个根本方向"②，这就进一步强调了坚持"二为"方向和"双百"方针的有机统一。做到这两者的统一，就能够处理好一元主导与多元并存的关系，就能够坚持弘扬主旋律、提倡多样化。一元主导，就是坚持以马克思主义为指导，坚持发展社会主义文化。当前，坚持一元主导，最重要最核心的就是培育和弘扬社会主义核心价值观，使其广泛融入丰富的社会生活，内化为人们的自觉追求，外化为人们的日常行动。多元并存，并非是无所拣择甚至来者不拒。提倡的文化，必须是先进的、健康的、有益的；提倡的多样，是多样的形式、风格和派别。目的是为了使中国特色社会主义文化在取长补短中与其他文化共同进步，在相互竞争中

① 习近平：《在纪念毛泽东同志诞辰 120 周年座谈会上的讲话》，《人民日报》2013 年 12 月 27 日。
② 习近平：《坚持以人民为中心的创作导向 创作更多无愧于时代的优秀作品》，《人民日报》2014 年 10 月 16 日。

保持活力,在多样化的发展中实现一元主导。而对消极落后的文化,则要注重改造;对错误腐朽的文化,则要坚决抵制。

(五)推动中华文化走向世界

改革开放 40 年来,特别是加入 WTO 以来的 10 多年,我们在文化"引进来"和"走出去"方面都取得了巨大成就,但是两者还不平衡,入超依然严重。可以说,国际文化格局西强我弱,我国文化整体实力和国际影响力与我国国际地位还不相称,与我国深厚的文化底蕴还不相称。进一步推动文化"走出去",增强国际影响力的要求非常紧迫。十七届六中全会《决定》专门就"推动中华文化走向世界"展开了论述,党的十八届三中全会《决定》和《中华人民共和国国民经济和社会发展第十三个五年规划纲要》也分别在"提高文化开放水平"部分专门就这一问题作出了论述。

习近平总书记强调,要"努力传播当代中国价值观念""努力展示中华文化独特魅力""注重塑造我国的国家形象""努力提高国际话语权"[①]。这既是提高国家文化软实力的重要途径,也是推动中华文化走向世界的重要着力点,为推动文化"走出去"指明了方向。当代中国价值观念,就是中国特色社会主义价值观念。改革开放 40 年的实践证明,中国特色社会主义是指引我们克服困难、取得成功的伟大旗帜,道路、理论体系和制度是取得成就的根本表现。我们要分析和挖掘道路、理论体系和制度之所以成功的深层底蕴,提炼和阐释道路、理论体系和制度之所以成功的文化新质,把这些当代中国的价值观念传播出去。要重点塑造和展示我国文明、开放、和谐和包容的形象;要积极构建中国特色话语体系,不断拓展对外传播平台和载体,加强国际传播能力建设;要大力倡导中国意识,展现

---

① 习近平:《建设社会主义文化强国 着力提高国家文化软实力》,《人民日报》2014 年 1 月 1 日。

中国精神,传播中国价值;要让 14 亿中国人都成为传播中国特色社会主义价值观念的主体,使之贯穿于国际交流和传播的方方面面。

自信同样在于贡献中国智慧、中国方案。我们既要学习世界各民族的优秀文化,又要把中国实践总结好,为世界性问题提供解决思路和办法。当今中国正以开放的胸怀和世界的眼光,打造人类命运共同体,以高度的理论自信建构融通中外的话语体系,提炼中国经验、提供中国方案,充分展现了中华民族的文化自信和中国特色哲学社会科学的底气。

第三章

战略创新

——十八大以来习近平总书记关于文化自信的重要论述

————

　　党的十八大以来,习近平总书记多次围绕"文化自信"做出重要论述。这些重要论述,涉及文化自信的主要来源,文化自信的地位作用,文化自信的总体要求等方面。

一、文化自信的主要来源

　　习近平总书记在庆祝中国共产党成立 95 周年大会上的讲话中指出:"在 5000 多年文明发展中孕育的中华优秀传统文化,在党和人民伟大斗争中孕育的革命文化和社会主义先进文化,积淀着中华民族最深层的精神追求,代表着中华民族独特的精神标识。"在十八届中央纪委七次全会上,习近平总书记发表重要讲话指出:"没有中华优秀传统文化、革命文化、社会主义先进文化的底蕴和滋养,信仰信念就难以深沉而执着。"这深刻指明了,中华优秀传统文化、革命文化和社会主义先进文化,是中国共产党人文化自信的主要来源。中国特色社会主义文化是我们党和人民在继承中华优秀传统文化、培育革命文化和建设社会主义先进文化的历史进程中,进行文化建设、文化积累和文化提升的历史性成果。

(一)中华优秀传统文化

5000年的中华优秀传统文化,探究天人之道,注重高尚品格的锤炼,追求世界大同,我们为之充满自信与自豪。中华民族在繁衍生息过程中,形成了自己独特的世界观、人生观、价值观、审美观和思想体系。讲仁爱、重民本、守诚信、崇正义、尚和合、求大同、自强不息、刚健有为等,是中华优秀传统文化的核心内容。博大精深的中华优秀传统文化,蕴含着深厚的政治伦理,积淀为中华民族的文化基因。"天下兴亡,匹夫有责"的爱国精神;"先天下之忧而忧,后天下之乐而乐"的忧患意识;"民为贵,君为轻"的人本理念;"修身、齐家、治国、平天下"的价值追求,都是值得我们挖掘和汲取的宝贵资源。习近平总书记指出:"我国今天的国家治理体系,是在我国历史传承、文化传统、经济社会发展的基础上长期发展、渐进改进、内生性演化的结果。"[①]中华优秀传统文化,"可以为治国理政提供有益启示,也可以为道德建设提供有益启发"[②],这些文化基因渗入血液、沁人心扉,成为中国共产党人的价值取向和理想追求。共产党人的理想信念,深深扎根于中华优秀传统文化的深厚土壤中。

中华优秀传统文化是中国特色社会主义文化的来源和根本。中华优秀传统文化是我们民族的"根"和"魂",是海内外中华儿女构

---

① 习近平:《完善和发展中国特色社会主义制度 推进国家治理体系和治理能力现代化》,《人民日报》2014年2月17日。

② 习近平:《在纪念孔子诞辰2565周年国际学术研讨会暨国际儒学联合会第五届会员大会开幕会上的讲话》,《人民日报》2014年9月25日。

建中华民族共有精神家园、进行文化整合、完成价值认同的最大公约数和精神纽带。坚定文化自信，建设社会主义文化强国，离不开对中华优秀传统文化的传承与弘扬。中国特色社会主义文化自信植根于 5000 多年文明发展孕育的中华优秀传统文化沃土中。世世代代的中华儿女在坚守和传承的同时，又不断与时俱进，发展了独具特色、博大精深的中华优秀传统文化，培育了中华民族共同的情感、价值以及共同理想。一个民族的历史与文化是一个民族安身立命的基础。抛弃历史、背叛传统是谈不上文化自信，也建设不了文化强国的。习近平总书记指出："要讲清楚中华优秀传统文化的历史渊源、发展脉络、基本走向，讲清楚中华文化的独特创造、价值理念、鲜明特色，增强文化自信和价值观自信。"①习近平总书记坚持马克思主义文化观，明确表达了对待中国传统文化的科学态度，就是要处理好批判继承和创新发展的关系，去粗取精，去伪存真，辩证扬弃，推陈出新，实现优秀传统文化的创造性转化和创新性发展，在创造创新中不断丰富和拓展，使中华优秀传统文化焕发出新的蓬勃生机，使中华民族最基本最优秀的文化基因在当代社会得以发扬光大。

中华民族之所以在世界有地位、有影响，不是靠穷兵黩武，不是靠对外扩张，而是靠中华文化的强大感召力和吸引力。英国现当代著名历史学家汤因比认为，人类的希望在东方，而中国文明将为未来世界转型和 21 世纪人类社会提供无尽的文化宝藏和思想资源。鲁迅先生在谈到如何对待中国传统文化时曾指出，"弗失固有之血脉"。费孝通先生也说过，每个民族都存在着如何去认识民族自身文化的问题。习近平总书记在 2016 年 5 月 17 日哲学社会科学工作座谈会上的讲话中强调指出："中华民族有着深厚文化传统，形成了

---

① 习近平：《把培育和弘扬社会主义核心价值观作为凝魂聚气强基固本的基础工程》，《人民日报》2014 年 2 月 26 日。

富有特色的思想体系,体现了中国人几千年来积累的知识智慧和理想思辨。这是我国的独特优势。"中华文化渗透到中国人的骨髓里,是文化的 DNA。习近平总书记指出:"无论哪一个国家、哪一个民族,如果不珍惜自己的思想文化,丢掉了思想文化这个灵魂,这个国家、这个民族是立不起来的"①,"对历史文化特别是先人传承下来的价值理念和道德规范,要坚持古为今用、推陈出新,有鉴别地加以对待,有扬弃地予以继承,努力用中华民族创造的一切精神财富来以文化人、以文育人"②。这些论述都深刻地表明,中华文明延续着国家和民族的精神血脉,既需要薪火相传、代代守护,也需要与时俱进、推陈出新。

习近平总书记将自己的思想根植于中华优秀传统文化中。习近平总书记对中华传统文化具有高度的自觉自信意识,能够在熟知的基础上达到对其历程、本质和精髓的准确把握,并能将其熟练地运用于广泛的社会实践之中,赋予其时代意义。在国内外的多次讲话中,习近平总书记引经据典、信手拈来,展现着对中国文化的自信。在上海合作组织成员国元首理事会第十六次会议上的讲话中,习近平总书记引用了《管子·正世》中的"利莫大于治,害莫大于乱",旨在强调上海合作组织在维护地区和平中的作用。在庆祝中国共产党成立 95 周年大会上的讲话中,习近平总书记引用了屈原《离骚》中的"路漫漫其修远兮,吾将上下而求索",用以激励全党同志。诸如此类的例子不胜枚举,无一例外地展现着习近平总书记的文化自信和思想魅力。

习近平总书记强调用科学的、唯物辩证的态度对待中华优秀传

---

① 习近平:《在纪念孔子诞辰 2565 周年国际学术研讨会暨国际儒学联合会第五届会员大会开幕会上的讲话》,《人民日报》2014 年 9 月 25 日。

② 习近平:《把培育和弘扬社会主义核心价值观作为凝魂聚气强基固本的基础工程》,《人民日报》2014 年 2 月 26 日。

统文化,他指出:"不忘历史才能开辟未来,善于继承才能善于创新。"①中华优秀传统文化是我们民族的"根"和"魂",如果抛弃传统、丢掉根本,就等于割断了自己的精神命脉。要坚持马克思主义的方法,采取马克思主义的态度,坚持古为今用、推陈出新,有鉴别地加以对待,有扬弃地予以继承,既不能片面地讲厚古薄今,也不能片面地讲厚今薄古。这使中国传统文化在面对现代化进程的转换中,既能超越自身,又不至于抛弃自身;在面对西方文化中心论和文化历史虚无主义的冲撞中,既能固守民族根本,又能紧跟时代精神而不断创新。

习近平总书记提出了弘扬中华优秀传统文化的新要求。在对优秀传统文化的弘扬上,他从内容和形式两个方面对其提出了新的要求。在内容上,"要认真汲取中华优秀传统文化的思想精华和道德精髓,大力弘扬以爱国主义为核心的民族精神和以改革创新为核心的时代精神,深入挖掘和阐发中华优秀传统文化讲仁爱、重民本、守诚信、崇正义、尚和合、求大同的时代价值"②;在形式上,"要使中华民族最基本的文化基因与当代文化相适应、与现代社会相协调,以人们喜闻乐见、具有广泛参与性的方式推广开来"③。这为传统文化在现代化转换中得以重塑和弘扬指明了正确的方向,使优秀传统文化能够与社会主义文化强国战略的时代要求相结合,在中国特色社会主义实践中,不断获得创新和发展。

① 习近平:《在纪念孔子诞辰 2565 周年国际学术研讨会暨国际儒学联合会第五届会员大会开幕会上的讲话》,《人民日报》2014 年 9 月 25 日。
② 习近平:《把培育和弘扬社会主义核心价值观作为凝魂聚气强基固本的基础工程》,《人民日报》2014 年 2 月 26 日。
③ 习近平:《建设社会主义文化强国 着力提高国家文化软实力》,《人民日报》2014 年 1 月 1 日。

（二）革命文化

革命文化，主要是指"五四"以来的革命传统，特别是以毛泽东、周恩来、刘少奇、朱德、邓小平、陈云等老一辈革命家为代表的中国共产党人在长期的革命斗争中形成的红色文化。它是中国共产党人带领广大人民群众共同创造而形成的以革命理论、革命经验和革命精神为核心的文化，是中国革命取得胜利的文化支撑和精神动力，是中国共产党人的精神家园。我们党90多年波澜壮阔、跌宕起伏的历史就是一部不断革命、不断斗争的发展史。从红船精神、井冈山精神、苏区精神、长征精神到延安精神和西柏坡精神，这一系列革命文化，是富有时代特征、民族特色的宝贵财富，激励、支撑着一代又一代共产党人领导人民矢志不移、不断前行，为我们在新的历史条件下传承创新奠定了坚实基础。

习近平总书记在不同场合多次阐述过革命文化。在浙江工作时，习近平就曾阐释红船精神的深刻内涵，即"开天辟地、敢为人先的首创精神，坚定理想、百折不挠的奋斗精神，立党为公、忠诚为民的奉献精神"，并明确指出红船精神为"中国革命精神之源"。在中国共产党领导下，中国人民在波澜壮阔的实践中还形成了井冈山精神、长征精神、延安精神、西柏坡精神等，这些都是中华文明在特定历史时空下的具体展现。

中国革命文化是马克思主义中国化的重要文化成果，是中国革命胜利的文化支撑和强大精神动力，是中国特色社会主义文化建设的优质基因，也必然成为我们文化自信的重要内容。革命文化，是一种改天换地、不畏艰险、勇于牺牲、敢于担当的文化，具有鲜明的政治立场、崇高的价值取向、深厚的群众基础、无私的奉献精神。中国共产党人植根于中国革命斗争实践，所创造的以马克思主义信仰和共产主义理想为灵魂的革命文化，不但彻底改变了封建专制的旧文化，而且引领和推动革命实践不断发展，是中国革命胜利的重要保障。革命文化在中华文化发展中具有承上启下、承前启后的功能，我们要深刻认识其时代性和科学性，理直气壮地向文化发展中的"去思想化""去价值化""去主流化"等各种错误倾向亮剑，彻底改变"以洋为尊""以洋为美""唯洋是从"等不正常文化现象，强健文化自信的主心骨。通过弘扬革命文化，彰显时代精神，锤炼民族品格，为中华民族的伟大复兴注入强大精神动力。

（三）社会主义先进文化

社会主义先进文化，是以马克思主义为指导，以社会主义核心价值观为灵魂，面向现代化、面向世界、面向未来的，民族的科学的大众的社会主义文化。社会主义先进文化是中华优秀传统文化、革命文化结合当代中国社会主义建设伟大实践而形成的新文化，它以全新的面貌向世人展示中华文明的新形象。中国共产党自成立之日起，就积极倡导和发展社会主义先进文化。社会主义先进文化，与社会主义市场经济、社会主义民主政治、社会主义和谐社会、社会主义生态文明等共同构成当代中国社会主义的基本内容，代表着文化前进的方向，其内核是作为指导思想的马克思列宁主义、毛泽东思想、邓小平理论、"三个代表"重要思想、科学发展观、习近平新时代中国特色社会主义思想。在当下中国各种形态的文化中，社会主义先进文化处于统领地位，发挥引领作用，自然应该成为文化自信的重要内容。

社会主义先进文化是对中华优秀传统文化和革命文化的继承和发展，是我党在领导人民进行社会主义建设和改革开放实践中的文化创造。社会主义先进文化具有无可比拟的优越性和先进性，是马克思主义政党精神上的旗帜，为当代中国发展提供精神动力与智力支持。今天，党和人民在改革开放进程中总结出来的社会主义核心价值观，以及创造性地提出的中国梦、"五大发展理念"、建设人类命运共同体理念等社会主义先进文化,丰富了人类文化的宝库,令世人感受到中华文化的厚重底蕴和巨大潜能。通过弘扬社会主义先进文化,培育社会主义核心价值观,弘扬以爱国主义为核心的民族精神和以改革创新为核心的时代精神,必将为实现中华民族伟大复兴汇聚强大精神力量。

二、文化自信的地位作用

习近平总书记在多种场合反复强调了文化自信的重要作用,这些论述主要是和道路自信、理论自信和制度自信这"三个自信"放在一起进行阐述并强调的。

(一)最根本的还有一个文化自信

2014年3月7日全国"两会"期间,在参加贵州代表团审议时,习近平总书记指出,"体现一个国家综合实力最核心的、最高层的,还是文化软实力,这事关一个民族精气神的凝聚。我们要坚持道路自信、理论自信、制度自信,最根本的还有一个文化自信"①。这个论断从战略高度对文化自信与道路自信、理论自信、制度自信这"三个自信"的关系进行了总结概括。文化自信是"三个自信"的根基、血脉和源泉,能够为"三个自信"提供智力支持、价值支撑和精神动力。文化自信能够支撑、引领与推动"三个自信",能够使道路自信更有行动自觉,理论自信更有理性认知,制度自信更有坚强保障。因此,我们要分析和挖掘道路、理论体系和制度之所以成功的深层文化底蕴,对道路、理论体系和制度所蕴含的文化新质进行提炼和升华,将

① 戚义明:《文化自信壮行复兴路——学习十八大以来习近平同志关于继承弘扬中华文化的重要论述》,《瞭望》2014年第23期。

"三个自信"转化为文化自信,以文化自信助推和引领"三个自信"。

(二)更基本、更深沉、更持久的力量

2016 年 5 月 17 日,习近平总书记在哲学社会科学工作座谈会上的讲话中强调:"我们说要坚定中国特色社会主义道路自信、理论自信、制度自信,说到底是要坚定文化自信。文化自信是更基本、更深沉、更持久的力量。历史和现实都表明,一个抛弃了或者背叛了自己历史文化的民族,不仅不可能发展起来,而且很可能上演一场历史悲剧。"习近平总书记在十九大报告中强调:"文化自信是一个国家、一个民族发展中更基本、更深沉、更持久的力量。"

文化自信是"道路自信、理论自信、制度自信"的根基和源泉,为"道路自信、理论自信、制度自信"提供价值支撑和精神动力。习近平总书记指出:"一个国家、一个民族的强盛,总是以文化兴盛为支撑的,中华民族伟大复兴需要以中华文化发展繁荣为条件。"[①]文化是一个民族长期延续、经久不断的根本特质,是衡量一个国家和民族经济社会发展的重要尺度,它对经济社会发展的影响潜移默化、润物无声。中华民族伟大复兴中国梦的实现,离不开中国特色社会主义文化的繁荣发展,离不开对中国特色社会主义文化的自信。中国特色社会主义道路、理论体系和制度的选择、创新和发展,都离不开对中华优秀传统文化的继承和发展,都建立在中国特色社会主义文化的基础之上。只有道路选择、理论创新、制度建设始终深深扎根于先进文化的深厚土壤中,才能真正根深叶茂,凝聚力量,才能克服万难,实现梦想。

---

① 习近平:《认真贯彻党的十八届三中全会精神 汇聚起全面深化改革的强大正能量》,《光明日报》2013 年 11 月 29 日。

（三）更基础、更广泛、更深厚的自信

2014年12月20日，习近平总书记在和澳门大学学生座谈时指出："建立制度自信、理论自信、道路自信，还有文化自信。文化自信是基础。"在庆祝中国共产党成立95周年大会上的讲话中，习近平总书记又进一步强调指出，"全党要坚定道路自信、理论自信、制度自信、文化自信"，并强调"文化自信是更基础、更广泛、更深厚的自信"。习近平总书记这一重要论述，首次将文化自信与道路自信、理论自信、制度自信并列，提出"四个自信"，并进一步强调文化自信的重要意义，彰显了对文化自信的高度重视，也表明了中国特色社会主义文化的建设和发展更趋成熟，为我们坚持中国特色社会主义道路自信、理论自信、制度自信奠定了坚实基础。

文化自信是更基础的自信，其"基础"体现在中华民族5000多年艰难求索、不断进步的历史根基，体现在博大精深、源远流长的中华民族优秀思想文化的传统基底，体现在56个民族团结统一、共同奋斗的民族基石。

文化自信是更广泛的自信，其"广泛"体现在中华民族优秀传统文化、革命文化和社会主义先进文化广泛地融入道路、理论、制度之中，广泛地融入经济社会发展各个领域之中，广泛地融入人民群众日常生产生活之中。说文化自信更广泛，是因为文化自信渗透于道路自信、理论自信、制度自信之中，关系到中国特色社会主义文化能否走向广大人民群众的日常生活世界，从而产生无处不在、无时不有的影响。

文化自信是更深厚的自信，其"深厚"体现在"中华民族有着深厚文化传统，形成了富有特色的思想体系，体现了中国人几千年来积累的知识智慧和理性思辨"[1]。说文化自信更深厚，是指文化自信

---

① 习近平：《在哲学社会科学工作座谈会上的讲话》，《光明日报》2016年5月19日。

一旦树立起来,将融入人的精神基因中,具有稳定性和长期性,关系到中华文明的传承,影响深远。

三、文化自信的总体要求

习近平总书记在阐明了文化自信的主要来源及其重要地位作用的基础上,多次对建设、发展和提升文化自信提出了要求,包括要建立、增强、坚定文化自信,坚持中国特色社会主义文化自信,依靠文化自信坚定理想信念等。学习、理解和贯彻这些总体要求,要注重把握两个方面:一、建立、增强、坚定、坚持文化自信是相统一的同一个过程,是并行不悖的。坚定、坚持文化自信,不是封闭的、静止的,而是开放的、动态的;坚定、坚持文化自信,离不开建立、增强和提升文化自信。二、这些总体要求强调了我们要建设、发展和提升的文化自信主要是中国特色社会主义文化自信,中国特色社会主义文化是自信的客体。这与文化自信的三大主要来源是统一的。中国特色社会主义文化是我们党和人民在继承中华优秀传统文化、培育革命文化和建设社会主义先进文化的历史进程中,进行文化建设、文化创造的创新成果。

(一)建立文化自信

2014年12月20日,习近平总书记在和澳门大学学生座谈时指出:"建立制度自信、理论自信、道路自信,还有文化自信。"这里,强调的是建立文化自信。建立文化自信,是基于改革开放40年来我们取得的伟大成就,是"三个自信"的合理延伸,是针对社会上某些人存在的文化上的不自信,以及历史虚无主义、文化虚无主义而言的。

（二）增强文化自信

习近平总书记在论述"增强文化自信"时，并不一定是单独提出的，而是和文化自觉、价值观自信等相关问题一起提出来的。

2014年2月24日，习近平总书记在中共中央政治局就培育和弘扬社会主义核心价值观、弘扬中华传统美德进行第十三次集体学习时指出，要讲清楚中华优秀传统文化的历史渊源、发展脉络、基本走向，讲清楚中华文化的独特创造、价值理念、鲜明特色，增强文化自信和价值观自信。①

2014年10月15日，习近平总书记在文艺工作座谈会上的讲话中指出，"增强文化自觉和文化自信，是坚定道路自信、理论自信、制度自信的题中应有之义"，并提出"要从建设社会主义文化强国的高度，增强文化自觉和文化自信"。②

习近平总书记在十九大报告中强调："全党要更加自觉地增强道路自信、理论自信、制度自信、文化自信，既不走封闭僵化的老路，也不走改旗易帜的邪路，保持政治定力，坚持实干兴邦，始终坚持和发展中国特色社会主义。"

（三）坚定文化自信

2016年5月17日，在哲学社会科学工作座谈会上的讲话中，习近平总书记表示："我们说要坚定中国特色社会主义道路自信、理论自信、制度自信，说到底是要坚定文化自信。文化自信是最基本、最深沉、最持久的力量。"要引导党员特别是领导干部"坚定中国特色社会主义道路自信、理论自信、制度自信、文化自信"。这里，提出了坚定文化自信，以及坚定中国特色社会主义文化自信的重要命题。

---

① 习近平：《把培育和弘扬社会主义核心价值观作为凝魂聚气强基固本的基础工程》，《人民日报》2014年2月26日。
② 习近平：《在文艺工作座谈会上的讲话》，《人民日报》2015年10月15日。

在庆祝中国共产党成立 95 周年大会上的讲话中,习近平总书记表示:"全党要坚定道路自信、理论自信、制度自信、文化自信。"

2017 年 1 月,习近平总书记在十八届中央纪委七次全会上发表重要讲话强调指出,要依靠文化自信坚定理想信念。领导干部要不忘初心、坚守正道,必须坚定文化自信。没有中华优秀传统文化、革命文化、社会主义先进文化的培育和滋养,信仰信念就难以深沉而执着。

习近平总书记在十九大报告中强调,"没有高度的文化自信,没有文化的繁荣兴盛,就没有中华民族伟大复兴",要"坚定文化自信,推动社会主义文化繁荣兴盛"。

(四)坚持中国特色社会主义文化自信

习近平总书记在庆祝中国共产党成立 95 周年大会上的讲话中指出:"坚持不忘初心、继续前进,就要坚持中国特色社会主义道路自信、理论自信、制度自信、文化自信,坚持党的基本路线不动摇,不断把中国特色社会主义伟大事业推向前进。"这里,明确提出了中国特色社会主义文化自信的命题。

提出坚持中国特色社会主义文化自信,彰显了中国特色社会主义的文化依据。习近平总书记在庆祝中国共产党成立 95 周年大会上的讲话中指出:"中国特色社会主义不是从天上掉下来的,是党和人民历尽千辛万苦、付出巨大代价取得的根本成就。中国特色社会主义,既是我们必须不断推进的伟大事业,又是我们开辟未来的根本保证。"这就表明,坚持和发展中国特色社会主义,是历史的选择、人民的选择,也是中国共产党人始终不懈进行文化建设、文化创造和文化选择的总体性成果,是中华文化的历史连续性、空间广延性和价值普遍性在当代中国充满生机活力的现实展现与意义拓展。这一重要论述,反映了习近平总书记对当代中国共产党人和中国人民提出的坚守并担当中国特色社会主义的文化使命、文化权利和文化责任的历史要求，本质上是在贯通历史、当下与未来的文化创造的长时段历史尺度上，对中国特色社会主义文化依据的深刻呈现。

提出坚持中国特色社会主义文化自信，阐明了中国特色社会主义的文化本质。从文化自信的角度来诠释中国特色社会主义的总体性和根基性，是党的十八大以来习近平总书记的一大理论创新。我们只有把握了中国特色社会主义文化自信的本质，才能获得对中国特色社会主义道路自信、理论自信和制度自信更基础、更广泛、更深厚的力量之源。这一对中国特色社会主义的总体性把握，正是阐明中国特色社会主义科学内涵的逻辑起点和理论制高点。

提出坚持中国特色社会主义文化自信，展现了中国特色社会主义的文化价值。习近平总书记在庆祝中国共产党成立95周年大会上的讲话中指出："中国共产党之所以叫共产党，就是因为从成立之日起我们党就把共产主义确立为远大理想。我们党之所以能够经受一次次挫折而又一次次奋起，归根到底是因为我们党有远大理想和崇高追求。"这就表明，中国共产党是有理想和追求的政党，中国特色社会主义是有理想和文化魅力的伟大事业。由于把文化自信确立为中国特色社会主义的本质维度和更基础、更广泛、更深厚的力量源泉，实际上也就从理想建构的高度展现了中国特色社会主义永恒的文化魅力。

（五）依靠文化自信坚定理想信念

习近平总书记在十八届中央纪委七次全会上指出，"修身立德是为政之基，从不敢、不能到不想，要靠铸牢理想信念这个共产党人的魂"，"要依靠文化自信坚定理想信念"。共产主义远大理想和中国特色社会主义共同理想，是中国共产党人的精神支柱和政治灵魂。坚定的理想信念来源于文化自信，文化自信支撑和催生坚定的理想信念。要涵养文化、正心修身,在坚持文化自信中坚定理想信念,为加强和规范党内政治生活、营造良好政治生态奠定思想基础。

一是要依靠文化自信补理想信念之钙。

理想信念是共产党人精神上的"钙"。习近平总书记指出,没有理想信念,或理想信念不坚定,精神上就会"缺钙",就会得"软骨病"①。理想信念与一个国家、一个民族、一个政党,乃至每一个人的生存发展和前途命运都息息相关。一个国家、一个民族、一个政党,没有坚定的理想信念,就会是一盘散沙,就难以在世界上站稳脚跟。一个人如果没有坚定的理想信念,就没有灵魂,犹如行尸走肉。理想信念上"缺钙"、不坚定,从最本质、最深层次的意义上来讲,缺少的就是文化自信。只有坚持文化自信,才能排毒杀菌、自我净化,才能补钙壮骨、强身健体。

历久弥新,不忘传统有底气。中国共产党从诞生之始,就把推动社会历史发展进步、实现共产主义作为矢志不渝的理想信念,就对自己的文化葆有高度的自信。这一自信,犹如高擎的火炬,照亮了本是一团漆黑的旧中国,赢得了仁人志士以及亿万人民的追随。共产党人通过理想信念的感召,通过抛头颅洒热血的力行,通过对理论与实践关系的深刻把握,引领人民取得了革命和建设事业的一个又一个胜利。文化自信是中国革命和建设事业不断前进的精神动力,坚持文化自信,坚定理想信念,要不忘本来,赓续血脉,扎实根基,浴火重生。

直面问题,固本开新强骨气。党的十八大以来,以习近平同志为核心的党中央身体力行、率先垂范,坚定推进全面从严治党,多措并举净化党内政治生态,党内政治生活展现出新气象。同时,我们也要清醒地看到,党面临的"四大考验""四种危险"是长期的、复杂

---

① 中共中央宣传部:《习近平总书记系列重要讲话读本(2016年版)》,学习出版社、人民出版社2016年版,第106页。

的、严峻的，党内仍然存在一些突出矛盾和问题。特别是在极少数高级干部中发生的严重违纪违法案件，暴露出他们理想信念不坚定、对党不忠诚等方面的严重问题。这些人之所以腐化堕落、滑向深渊，与他们丧失文化自信密不可分。当今时代，各种思潮相互碰撞相互激荡，价值观念多元并存相互交织，特别是西方敌对势力对我搞"文化冷战""和平演变""颜色革命"，妄图对我党我军拔根去魂。在此背景下，面对公和私、义和利、是和非、正和邪、苦和乐，如何做出选择，能否坚定立场，考验的是共产党员的理想信念，拷问的是有无文化自信。文化自信是解决新时期坚定理想信念所面临的主要矛盾和问题的思想基础，坚持文化自信，坚定理想信念，要朝气蓬勃，着眼未来，敢破敢立，开拓进取。

二是要依靠文化自信发理想信念之力。

习近平总书记指出，长征胜利启示我们"心中有信仰，脚下有力量"①。长征中，党和红军几经挫折而不断奋起，历尽苦难而淬火成钢，归根到底在于远大理想和革命信念始终闪耀着火热的光芒。坚定的理想信念，具有闯关夺隘、攻坚克难的强大力量。凝聚和展现这一强大力量，离不开文化自信。在新的长征路上，我们党要带领人民实现"两个一百年"的奋斗目标，还有无数的"雪山""草地"要过。要坚持文化自信，坚定理想信念，使全党万众一心、众志成城，团结统一、不懈奋斗，为实现中华民族伟大复兴的中国梦作出应有贡献。

加强思想教育。"欲事立，须是心立。"加强思想教育和理论武装，是党内政治生活的首要任务，是保证全党步调一致的前提。理论上清醒，政治上才能坚定。毛主席曾回忆，他早年读过的《共产党宣言》等3本共产主义书籍，深深铭刻在他的心中，建立起他对马克思主义的信仰。"到了1920年夏天，在理论上，而且在某种程度的

---

① 习近平：《在纪念红军长征胜利80周年大会上的讲话》，《人民日报》2016年10月22日。

行动上,我已成为一个马克思主义者了,而且从此我也认为自己是一个马克思主义者了。"①党的科学理论是崇高理想信念的基石。只有认真学习科学理论,深刻理解科学理论,才能建立文化自信,才能坚定理想信念。全党必须深入学习马克思列宁主义、毛泽东思想、邓小平理论、"三个代表"重要思想、科学发展观,深入学习习近平新时代中国特色社会主义思想,不断提高马克思主义思想觉悟和理论水平,保持对远大理想和奋斗目标的清醒认知和执着追求。要把理想信念教育作为思想政治建设的战略任务,贯穿到全面从严治党全过程,融入加强和规范党内政治生活各方面,让理想信念之光照亮奋斗之路,开创美好未来。

抓好领导干部这个关键少数。新形势下加强和规范党内政治生活,重点是各级领导机关和领导干部。领导干部必须加强自律、慎独慎微,以身作则、以上率下,以实际行动让党员和群众感受到理想信念的强大力量。要锻造忠诚品格,始终在思想上、政治上、行动上同党中央保持高度一致,坚决维护核心、维护权威;矢志敬业奉献,尽职尽责干好本职工作,以一流业绩为理想大厦添砖加瓦;严格自律,尤其是要严格遵照《准则》和《条例》的要求,同特权思想和特权现象作斗争,在选人用人上把好方向、守住原则,注意防范被利益集团"围猎",自觉主动接受监督;严守纪律规矩,强化"四个意识",经受各种考验,永葆共产党人的政治本色。

塑造先进纯洁的党内政治文化。党内政治文化是党内政治生活的灵魂。加强和规范党内政治生活,营造良好政治生态,必须加强党内政治文化建设,营造先进纯洁的党内政治文化。中国共产党始终代表先进文化的前进方向,加强党内政治文化建设,当代中国共产党人就能充满自信。坚持文化自信,坚定理想信念,要从党内政治文化这一更深层次切入,通过教育塑造、导向引领、严格管理、制

---

① ［美］埃德加·斯诺:《西行漫记》,生活·读书·新知三联书店1979年版,第131页。

度约束等手段，引导党员干部端正思想、强化认同，经受考验、提升自信，展现坚定理想信念的"洪荒之力"，使我们党永葆生机、始终成为坚强有力的领导核心。要倡导和弘扬忠诚老实、光明坦荡、公道正派、实事求是、艰苦奋斗、清正廉洁等价值观，旗帜鲜明抵制和反对关系学、厚黑学、官场术、"潜规则"等庸俗腐朽的政治文化，不断塑造先进纯洁的党内政治文化。

第四章

认知自觉
——文化自信的主体建构

————

建设、增强和提升文化自信,必须要构建文化自信的主体内容。文化自信的生成机制、矛盾关系、主要目标、责任主体等,是其主体构建必须要把握的内容。

一、文化自信的生成机制

中国特色社会主义文化自信的生成,离不开主体、客体和主客体关系方面达到一定的条件,即主体条件、客体条件和关系条件。主体条件,就是国家、民族、个人等主体对中国特色社会主义文化有自信的需要,以及为满足这一需要而产生的对中国特色社会主义文化的认知自觉。客体条件,就是中国特色社会主义文化这一客体具有让主体可信的能力和属性。关系条件,就是国家、民族、个人等主体与中国特色社会主义文化这一客体围绕自信活动通过交互作用而产生的实践关系、认识关系和价值关系,其中最重要、最核心的是价值关系,即中国特色社会主义文化价值的彰显,以及在此基础上主体对中国特色社会主义文化自信的实现。

（一）对中国特色社会主义文化认知的自觉

文化认知，是对一种文化的地位作用、文化发展的矛盾关系、文化自信的使命责任等方面的认识、感悟和总结。对中国特色社会主义文化认知的自觉，就是一定主体对中国特色社会主义文化在这些方面积极主动的把握，这既是中国特色社会主义文化自信的主体条件，也是中国特色社会主义文化自信的必要前提。

1.对中国特色社会主义文化地位作用的认识

正确认识中国特色社会主义文化的地位作用，是中国特色社会主义文化认知和文化自信的基本前提。

全面正确地认识和把握其地位和作用，应当注重立足于以下几个视角。一是经济的视角。当前，从国际来看，经济全球化逐步推进，国家间竞争更加激烈，经济、科技的竞争是各国综合国力竞争的关键。从国内来说，全面深化改革、实现中华民族伟大复兴的中国梦，经济建设是一大中心任务。而促进经济发展，文化成为日益重要的因素，它可以直接或间接作用于经济发展。要明确中国特色社会主义文化对经济发展所起的作用，就要看其能否促进社会生产力发展。二是社会的视角。整个社会系统是由包括经济、政治、文化在内的一系列因素构成的，全球化、市场化、网络化的迅猛发展，对中国特色社会主义社会建设来说，机遇与挑战并存。要明确中国特色社会主义文化与中国特色社会主义其他各项建设之间的关系，明确其在全面建成小康社会进程中的地位和作用，就要看其能否推动社会全面进步。三是人的发展的视角。文化本质上就是"人化"和"化人"两者相统一的过程，人的自由而全面的发展是文化发展的出发点和落脚点。要明确中国特色社会主义文化在人的发展中的地位和作用，就要看其是否有利于人的发展。

2.对中国特色社会主义文化发展矛盾关系的把握

当前,随着文化领域改革的深入推进,促进文化发展繁荣面临的矛盾和问题也日益凸显。党的十七届六中全会把文化发展面临的矛盾和问题归纳为八个方面,这些矛盾和问题是当前我国文化改革发展所面临的挑战和障碍的具体体现,进一步分析它们的深层原因,梳理和把握中国特色社会主义文化发展矛盾关系的规律,尤为必要。

当前中国特色社会主义文化发展存在着多种矛盾关系,有些表现为内在的关系,有些表现为外在的关系。一是内在关系方面。从历史与现实的角度看,主要表现为文化传统化与文化现代化的关系。从主导与大众的角度看,主要表现为指导思想一元化与文化发展多样性的关系、主流文化与非主流文化的关系。从政府与市场的角度看,主要表现为文化意识形态属性与商品属性的关系。二是外在关系方面。从要素与系统的角度看,主要表现为文化发展与经济发展、政治发展、社会发展和人的发展等方面的关系。从国内与国际的角度看,主要表现为文化民族化与全球化的关系,对内主导文化与对外传播文化的关系等。梳理和把握这些矛盾关系,是分析和解决这些问题的前提。

3.对中国特色社会主义文化自信使命责任的担当

这一使命责任的担当,主要包括两个层面的含义。一是谁来担当,即担当的主体有哪些;二是主要担当哪些方面的责任。

文化自信具有强烈的主体特征,不同的主体,在中国特色社会主义文化发展和文化自信中所扮演的角色、所担当的责任是有区别的。只有明确各个主体的角色和责任,才能唤起这些主体的认知自觉意识,才能促使其向实践自觉转化,最终实现文化自信。根据各个主体的不同社会角色,对中国特色社会主义文化自信责任的担当可以分为党和政府的责任担当、知识分子群体(特别是广大思想文化工作者)的责任担当和广大人民群众的责任担当,等等。文化自信的生成和实现,需要这三大主体真正肩负起应有的责任。

把握文化发展规律,解决文化矛盾关系,实现文化自信,使命重要,责任重大。当代中国主要存在四大文化——中华传统文化,外来文化(主要是西方文化),传统模式的社会主义文化,改革开放以来的新文化。它们之间发生着日益频繁的交流和碰撞。实现文化自信,关键是不忘本来、吸收外来、着眼将来。其中,不忘本来、继承和弘扬中华优秀传统文化是根本。要做到对中国特色社会主义文化的自信,我们就要在认知自觉的基础上,提升文化能力,培育文化价值。

(二)中国特色社会主义文化具备可信的能力

文化能力是一种文化所具备的生产力、凝聚力、包容力、防御力、影响力等方面的总称。中国特色社会主义文化要满足主体自信的需要,必须具备这些方面的能力。这既是中国特色社会主义文化自信的客体条件,也是中国特色社会主义文化自信的重要基础。

1.文化生产力

文化生产力是指在社会文化活动中生产产品和提供服务的能力。文化是文化生产力这一概念的核心,是文化生产力的基础、来源、本质和首要部分,在文化生产力的形成和发展中居于主导地位,起着决定作用。一般来说,文化生产力这一概念包括主体、客体和中介等要素。文化生产主体是劳动者要素,主要是指熟悉文化政策、具备文化知识、掌握文化技能的人才。文化生产客体是对象要素,包括可以作为文化生产原料和条件的自然资源和社会资源。前者如绘画颜料、自然景观等,后者如科学知识、文化作品等。文化生产中介是资料或者手段要素,包括思想性手段和物质性条件。前者如文化精神、思维方式、工艺美术等,后者如资金技术、演出设备、信息网络等。当然,文化生产力概念不能简单地等同于传统的生产力概念,它与文化体制、文化产业、文化产品等要素密切相关。它既是物质生产,又是精神生产;既是直接的生产力,又是间接的生产力。当前,我国文化生产力意识比较淡薄,水平不高,增长乏力。制约文化生产力发展的深层次矛盾比较突出,文化生产关系难以适应生产力发展的要求,主要表现在陈旧僵化的文化体制机制,缺乏活力的文化生产力诸要素结构,欠发达的文化产业等方面。

文化生产力的高低,决定着文化能否满足人民群众日益增长的精神文化需求,能否促进人的全面发展。提高文化生产力,有利于人民群众享受基本的文化权益。改革开放40年来,我国经济迅速发展,广大人民群众在物质生活水平大幅提高的同时,精神文化需求也不断增长。统计数据显示,我国恩格尔系数近年来呈不断下降的趋势。与此相对应的是,人民群众文化消费需求更加明显,结构多元、多样。要解决文化产品和服务的供需矛盾,就要注重解放和发展文化生产力。只有文化生产力提高了,才能激发文化生产的活力、提供优质丰富的文化产品和服务,才能满足人民群众的精神文化需求、提高人民群众的文化素养,最终实现人的全面发展。

文化生产力的高低,直接影响着我国经济社会发展的速度、质量和效益。近年来,随着我国逐步建立健全和完善社会主义市场经济体制,文化产业和文化事业发展都取得了不小成就。文化与经济、政治、科技之间的相互交融日益紧密,渗透到经济社会发展的方方面面;文化给市场经济注入了新活力,成为经济发展和社会进步的助推器;文化产业作为极具发展潜力的朝阳产业,对经济增长的贡献率逐年增长,成为新的经济增长点。提高文化生产力,是当前我国转方式、调结构的重要抓手,是促进经济社会发展、全面建成小康社会的重要内容。

文化生产力的高低,决定着文化软实力的强弱,影响着综合国力的强弱。当今世界,经济发展突飞猛进,文化的作用日益突出,文化生产力已成为整个生产力发展的重要组成部分,在国家文化软实力中居于核心地位,决定着国家文化软实力的强弱,从而直接影响着综合国力的强弱。可以说,哪个国家的文化生产力高,哪个国家的创新力和竞争力就高,哪个国家就占据了文化发展的制高点,就能够在文化软实力和综合国力的竞争中赢得主动权。世界上主要国家都认识到了文化生产力发展的重要地位与作用,并注重采取措施提高自身文化生产力。我国文化历史悠久、资源丰富,应着重发展文化生产力,逐步提升综合国力,为世界文明繁荣发展作出贡献。

2.文化凝聚力

文化凝聚力是指特定文化所具有的对于国家、民族,乃至全体公民在文化精神上的吸引力、感召力,是特定文化维系国家、民族的理想信念、思想观念的力量。文化凝聚力作用的发挥,主要表现为两个方面。一方面,一种文化通过其所持有的共同理想信念、价值观念等文化特质,来统摄和感召全体社会成员为了共同的目标而团结奋进。这些文化特质,经历了长期磨砺和沉淀,对所有社会成员都有深远影响。如中华民族的"落叶归根"思想。近代以来,无数海外中华儿女、仁人志士,历经艰辛、几经周折,回到祖国,为了国家和民族的建设事业奋斗终生。"西安事变"的发起者张学良,在晚年之所以辗转移居异国他乡,主要原因之一就是为了能够有机会回到自己的家乡看看,最后未能成行,成为他的一大遗憾。另一方面,一种文化通过道德的力量,对人们的言行进行评价、规范和引导,从而凝聚民族情感,增强民族认同。道德作为人们需要普遍遵守的行为规范,是一种文化所持有的共同理想信念、价值观念的重要外在表现。道德力量的发挥虽然是一种无形的软约束,主要靠人们自觉去遵守,但是它的作用和影响却是巨大而深远的。一种文化是否具有强大的凝聚力,与这一文化是否具有科学性、先进性、人民性、时代性等密不可分。

文化只有具备凝聚力,才能汇聚共识。当今世界,经济全球化、文化多样化趋势明显,各种思想文化交流交融交锋日益凸显;当代中国,正处于深化改革和全面发展的关键时期,多元文化思想普遍存在并相互碰撞;当前社会,文化信息环境鱼龙混杂、良莠并存,人们的价值观念趋于多元化。文化只有具备凝聚力,才能对人们产生凝神聚力、凝心聚气的作用,统摄和感召全民的思想和行动。

文化只有具备凝聚力,才能推动社会前进。当前,文化越来越成为民族凝聚力的源泉,越来越成为综合国力竞争的重要因素。只有发挥中国特色社会主义文化的凝聚力,才能把全国各族人民以及海外华人的意志与力量凝聚起来,推动中国特色社会主义文化创新发展,团结一致共同建设和发展中国特色社会主义,为强国梦提供强有力的精神动力和智力支持,实现中华民族的伟大复兴。

文化只有具备凝聚力,才能抵御侵蚀。面对西方推行的文化霸权,面对各种错误思潮的冲击,面对前进道路上的各种挑战,中国特色社会主义文化只有具备较强的凝聚力,才能站稳脚跟,才能有效防范和抵御,而不是迷失方向、丢掉自我。

3.文化包容力

文化包容力,指一种文化所具有的对不同文化的学习、吸纳和包容的能力。不同的文化,在思维方式、风俗习惯、价值追求等方面存在较大差异。文化包容力,表现在处理与他文化的关系时,能够学习先进,包容多样,求同存异,和平共处。这里的包容,包括了对多种文化、多种学者、多种学派和多种思想的包容。文化的生命离不开包容,一种优秀的文化应该是一种具有很强包容力的文化。

文艺能否创新,关键在于能否营造良好的创作氛围。习近平总书记在文艺工作座谈会上的重要讲话中指出,"要坚持百花齐放、百家争鸣的方针,发扬学术民主、艺术民主,营造积极健康、宽松和谐的氛围，提倡不同观点和学派充分讨论，提倡体裁、题材、形式、手段充分发展，推动观念、内容、风格、流派切磋互鉴"。文艺是一种相对特殊的文化形态，文艺创作最富有自由自觉特质，是最需要自由自觉精神的创造性活动。文艺创作一方面要求外部环境的自由，另一方面则取决于创作主体内在精神的自由。因此，如何增强文化自觉意识、增强文艺创作本身的自觉性，显得尤为重要。因为在文艺创作活动中，自由自觉始终是相互关联的，没有自觉就谈不上自由。非自觉的盲目的创作活动不会是自由的。

文化具备包容力，才能扩大交流。包容力强的文化，经历了长期的发展演变，能够保持开放的态度，较好地适应对外文化交流。相反，包容力弱的文化，容易陷入封闭、偏执和保守，难以适应与外来文化的交往。历史上，张骞出使西域，广泛交流，亲密来往；凯撒大帝披上中国绸袍，都城长安出现罗马魔术，都离不开文化包容。现如今，经济全球化、文化多元化深入发展，南南合作、南北对话势头良好，外国文化传入中国，中国文化走向世界，更离不开文化包容。

文化具备包容力，才能创新发展。一种文化只有具有较强的包容性，才能扩大开放、增进对外交流，也才能在开放和交流的过程中，把自身放在更宽广的舞台上，以更宽阔的视野与其他文化进行比较，分析、发现自己的优劣，从而结合现实情况和时代需要，实现自我扬弃和创新发展。汉武帝时，虽然独尊儒术，但此儒术已经把"百家思想"熔于一炉，已非彼儒术也。大唐盛世，中国文化取长补短、荟萃各族而成就斐然、色彩斑斓。中国特色社会主义文化只有在开放和包容的条件下，才能实现对传统文化的批判继承、对外来文化的学习借鉴，才能对这些文化进行有机整合，才能在中国特色社会主义伟大实践中实现创新发展。

文化具备包容力，才能和平相处。自有人类社会以来，不同国家、民族在文化上就存在矛盾，如何寻求共识、化干戈为玉帛，成为国际社会长期以来难以解决的问题。鲁迅有诗曰:"渡尽劫波兄弟在,相逢一笑泯恩仇。"其中也可以从文化包容的含义去理解。《论语》中提倡施"仁",呼吁"爱人",体现的就是一种包容的态度。罗素指出:"参差多样,对幸福来讲是命脉。"也就是王小波所转述的"参差多态乃是幸福本源",强调的就是多样包容的必要性。文化多样性是世界文化的本来面目,也是全球化背景下文化发展的现实状况和总体趋势。一种文化只有具备包容力,这一文化才能接纳异己、充满活力,世界文化才能丰富多彩、争奇斗艳。

4.文化防御力

防御,简单来说,就是防守、抵御,指的是被动的或者有准备的防守。防御本来是一个军事学术语,与进攻一起作为作战双方的两种状态。一般来说,进攻对作战起决定性作用,但有时候防御也能够起到决定性作用。防御依战争规模和力量投入等可分为战略、战役和战术防御。在文化全球化背景下,面对文化霸权和文化殖民,文化上处于弱势地位的国家也存在文化防御问题。文化防御是相对于文化进攻而言的,目的是保护自身文化安全。文化防御力,指的就是某一种文化防守抵御外来文化进攻和侵蚀,保护自身文化相对独立纯洁,保持自身文化血脉得以延续的能力。文化防御依防御规格和力量投入等标准可分为战略防御、制度防御和机制防御等层面。

文化具备防御力,才能避免和减少外来腐朽思想文化的侵蚀。在文化全球化背景下,文化层面的侵略比经济、科技、军事等方面的侵略更为隐蔽,也更具危害性。以美国为首的西方文化,有其消极腐朽的一面,如拜金主义、享乐主义、极端个人主义等价值观念和生活方式。在这些错误观念的影响下,一些人信奉金钱万能,片面追求享乐,个人利益至上,致使社会道德沦丧、个体精神空虚。面对这些文化的冲击,早在改革开放之初,邓小平就明确提出:"要批判和反对崇拜资本主义、主张资产阶级自由化的倾向，批判和反对资产阶级损人利己、唯利是图、'一切向钱看'的腐朽思想，批判和反对无政府主义、极端个人主义。"①中国特色社会主义文化只有具备防御力，才能批判地吸取外来文化成果，才能抵制和摒弃资本主义文化中包含的错误腐朽内容。

文化具备防御力，才能促使自身文化健康发展。文化只有具备防御力，才能有效应对全球化、市场化、网络化等带来的冲击与挑战，维护国家文化主权与安全；才能发扬自己的优良传统，坚持自己的文化精神，守住自身的文化血脉，保持自身文化的主体地位；也才能立足实际，取长补短，与时俱进，创新发展，而不是在侵蚀中奴化，在冲击中没落，在挑战中倒下。

5.文化影响力

文化影响力，指一种文化所具有的吸引他文化、输出自文化和改变他文化的能力，反映了一国通过文化交流对国际社会所产生影响的深度和广度。国家文化形象在文化外交中的控制力，国际话语权的掌握程度，文化交流的内容、手段和效果等，都是影响文化影响力大小的重要因素。

文化具备影响力，有利于进一步深化改革开放。当前，我国处于深化改革和扩大开放的关键时期和攻坚时期，党的十九大更是吹响了进一步全面深化改革的号角。深化改革开放，是破除阻碍我国经济社会发展过程中面临的种种障碍、推动经济社会全面发展的内部呼唤，更是全球化背景下国际竞争日趋激烈的外在驱动。文化具备影响力，才能聚集众志，破除障碍，进一步推动全方位的交流以及改革开放的深化。

文化具备影响力，有利于推动文化"走出去"。一方面，文化只有具备较强的国际影响力，受到国际社会以及东道主国的欢迎，才

---

① 《邓小平文选》第2卷，人民出版社1994年版，第368—369页。

能进一步"走出去"。另一方面,要推动文化"走出去",这一文化必须具备较强的国际影响力。

文化具备影响力,有利于提高国际地位。一国国际地位的提高,既离不开硬实力的提高,也离不开软实力的提高。文化影响力的增强,直接带动和提升政治制度、外交政策等作用和效能的发挥,也成为经济、科技、军事等领域发展的催化剂和增长器,从而有利于综合国力的增长,有利于国际地位的提高。

(三)中国特色社会主义文化价值的彰显

在中国特色社会主义文化自信主客体关系的三个方面中,价值关系最为重要,居于核心。生成和实现中国特色社会主义文化自信,必须要彰显中国特色社会主义文化价值。文化价值是指一种文化对一定主体所具有的有用性和意义,实际上就是一种主客体满足与被满足的价值关系。主体对中国特色社会主义文化作出积极和肯定的价值评价,进行信任和尊崇的价值选择;中国特色社会主义文化满足了主体需要,产生了积极的肯定的意义。这样,文化价值得以彰显,文化自信得以实现。这既是中国特色社会主义文化自信的关系条件,也是其关键所在。

1.对中国特色社会主义文化价值的信念

中国特色社会主义文化的价值是一种客观存在,具有客观性。信念,即"自己认为可以确信的看法",是有关人生和社会的基本信条或奋斗目标。信仰引导和统率着信念,是信念的最高形式。信念是信仰的具体化,它支撑和发展着信仰,是可以实现的信仰。对中国特色社会主义文化价值的信念,指文化主体对中国特色社会主义文化的价值给予的确信和认可。它是我们对马克思主义以及中国特色社会主义的信仰在文化领域的具体化,受信仰统率、引导和影响,并支撑、丰富和发展着马克思主义和中国特色社会主义信仰。

对文化价值的信念，通过三个途径在代际间得到传承。一是遗传。人的精神、性格、品德等方面的东西，受父母的影响而一定程度上在自身体现出来。二是家庭和社会环境。家庭的结构关系、经济能力、文化水平，居住地的发展程度、社会文化环境等要素，都影响着主体对文化价值的信念。最小的文化主体——个人，在出生之后，只要参与家庭和社会生活，都会一定程度获得文化价值的信念。三是学校教育。人们所在的各等级学校的基础设施、师资力量、教学水平、文化环境等因素，都影响着主体对文化价值信念的获得。这三个要素互相联系，共同影响着主体对文化价值的信念。就现代社会来说，学校教育在其中起着更为重要的作用。

对中国特色社会主义文化价值的信念，有着重要功能。一是塑造文化精神。文化主体，不管是宏观的，还是微观的，都有具体的组成。而每一个个体的人既是生物人，又是文化人。不同的文化价值信念孕育着不同的文化身份，凝聚着不同的文化精神。儒家文化倡导人进入现世、承担责任，"先天下之忧而忧，后天下之乐而乐""天下兴亡，匹夫有责"，这些都是儒家文化价值信念的精神体现。对中国特色社会主义文化价值的信念，将引导和影响主体自觉培育中国特色社会主义文化精神。二是提供精神动力。对文化价值的信念，是人们克服困难、不断前进的精神动力。邓小平指出："过去我们党无论怎样弱小，无论遇到什么困难，一直有强大的战斗力，因为我们有马克思主义和共产主义的信念。"①"五四"运动之后，中国虽然仍然积贫积弱、备受侵略，但"科学""民主"文化的传播，特别是后来新民主主义文化的发展，实现了中国传统文化的转型，让人们看到了中国未来发展的美好前景，赢得了仁人志士以及亿万人民的追随。广大共产党人对新文化有着坚定的信仰、信念和信心，这一自信，犹如高擎的火炬，引领人们取得了革命和建设事业的一个又一

---

① 《邓小平文选》第3卷，人民出版社1993年版，第144页。

个胜利。可以说,对马克思主义和共产主义坚定的信念信心,是中国革命和建设事业不断前进的精神动力,是中国人民克服困难、勇往直前的精神支柱。三是引导文化行为。主体对文化价值的信念,必然指引和调控着自身文化行为。不同的文化价值信念,必然会有不同的文化行为表现。正是有了对建设和发展中国特色社会主义、实现民族伟大复兴的坚定信念,党的几代主要领导人,鞠躬尽瘁,深化改革,把中国特色社会主义事业不断推向前进;正是有了为人民服务的坚定信念,郭明义、李素丽、徐虎、丛飞等新时期的模范人物,才能在各自普通的岗位上取得辉煌成就。当前,对中国特色社会主义文化价值的信念,核心就是引领人们践行社会主义核心价值观。

2.对中国特色社会主义文化态度的信任

态度,是主体对待客体的稳定的评价和心理倾向,由认知、情感和意向三个方面的要素构成。信任,既包含了"信",又包含了"任"。"信"指的是诚信,体现了情感的维度;而"任"则指的是责任和可依赖性,体现了认知和计算的维度。一般来说,信任是指主体持有的对客体的认知、动机和情感方面的心理状态,体现了主体对客体的信任和依赖。态度与价值之间,是主观与客观、意识与存在的一种复杂对应关系。价值是态度的基础,态度反映价值并对价值产生反作用。文化态度,主要包括文化认知、文化情感和文化意向三个方面的因素。文化认知,是指主体对一种文化理性的了解与评价,包括认识、相信等。情感,在《现代汉语词典》中的解释有两个:一是对外界刺激肯定或否定的心理反应,二是感情。文化情感,是指主体对一种文化的情感体验,如,是喜欢还是厌恶,是尊敬还是蔑视等。文化意向,是指主体对一种文化准备作出反应的意志取向,如是顺从还是叛逆,接近还是避开,崇尚还是敌视等。

文化态度上的信任,相应地表现在三个方面,就是文化认知信任、文化情感信任和文化意向信任。文化认知信任,就是指对一种文化的信任是建立在理性的基础之上的，表现为对一种文化能力、文化发展历史、文化发展经验、文化建设前景等方面的信任。文化情感信任，就是指对一种文化的信任是建立在情感支持、归属和认同的基础之上。相对于文化认知信任而言，文化情感信任是建立在文化对主体的吸引以及主体对文化的认同基础之上，表现为基于文化优势和特征、文化价值观、文化规范等方面的信任。文化意向信任，指的是主体对文化的反应倾向和行为的准备状态，是主体在一定条件下准备采取一定行动的倾向和动机。文化意向信任，往往是有意识的、较为稳定的和持久的。三者共同发挥作用，决定文化态度信任。其中，文化认知信任侧重理性的信任，文化情感信任侧重感性的信任，文化意向信任是文化认知信任、文化情感信任向文化行为转化的中间状态。三个方面的信任中，文化情感信任占据主导地位，决定文化认知信任和文化意向信任，从而决定着文化态度信任。

文化态度上的信任，与主体的目标、知识、经验等方面的因素密切相关，主要通过家庭教育、学校教育和社会生活等途径获得。最小的主体——人，出生之后在家庭中获得的文化态度是比较具体和狭窄的。随着社会交往的扩大，学校学习中知识面的扩展，社会阅历的丰富和各种经验的积累，个人理想和人生目标的逐步确立，特别是进入青年期之后，个人态度趋于稳定和成熟。这其中对文化态度的信任发挥着重要的作用。除了与文化价值信念一样，能够塑造文化精神、提供精神动力、引导文化行为之外，还能够增强主体的文化归属感，提高主体的文化忠诚度。一旦主体建立起对某种文化的态度信任，那么这一主体就会把这一文化看作自己的心灵之家和修养之所，在这一文化氛围中，主体就能够感受到身份认同和心理安全，否则，将会感到孤立无援和痛苦。

对中国特色社会主义文化态度的信任，是坚定对中国特色社会主义文化价值的自信的反映。对中国特色社会主义文化认知的信任,建立在对中国特色社会主义文化发展历程、地位作用、矛盾关系、责任担当等方面的理性认识、分析和总结的基础之上,表现为对中国特色社会主义文化能力、发展经验、建设前景等方面的信任。对中国特色社会主义文化情感的信任,建立在对中国特色社会主义文化情感归属和认同的基础之上,表现为对中国特色社会主义文化优势和特征、价值观和核心价值观等方面的信任。对中国特色社会主义文化意向的信任,建立在对中国特色社会主义文化认知信任和情感信任的基础之上,表现为对中国特色社会主义文化的崇尚和愿意建设、维护的意图和动机。对中国特色社会主义文化态度的信任有着重要的功能,要发挥这一功能,离不开家庭、学校、社会、党和政府、公民个人等各方发挥应有的作用。在获得这一信任的道路上,各方都有大量的工作要做。

3.对中国特色社会主义文化发展的信心

对中国特色社会主义文化发展的信心,是坚持中国特色社会主义文化价值信念和文化态度信任的出发点和落脚点。信心,是指相信某一理想、目标等必定可以达到的心理。在信念、信任、信心三者之间的关系中,信念引领着现实的前进方向,信心是我们达成目标和愿望的出发点,而信任则是连接信念和信心的纽带和桥梁。坚定对中国特色社会主义文化价值的信念,增强对中国特色社会主义文化态度的信任,都离不开对中国特色社会主义文化发展繁荣的坚强信心。

对中国特色社会主义文化发展的信心,来自中国革命和建设事业经验教训的深刻启示。毛泽东指出:"我说我们这个国家是完全有希望的……我们坚持社会主义,我们是完全有信心的"[1],"我们有充分的信心,克服一切艰难困苦,将我国建设成为一个伟大的社会

①　《毛泽东选集》第5卷,人民出版社1977年版,第495页。

主义共和国。我们正在前进。我们正在做我们的前人从来没有做过的极其光荣伟大的事业。我们的目的一定要达到。我们的目的一定能够达到。"①这都体现了毛泽东同志对坚持和发展社会主义、建设伟大的社会主义国家的坚定信心。历史上,我们能够取得一个又一个胜利,离不开这样一种不屈不挠、不怕万难、永不放弃、誓夺胜利的坚强信心。今天,我们建设和发展中国特色社会主义文化,必须弘扬这一优良传统,始终保持蓬勃向上、一往无前、积极进取、夺取胜利的坚强信心。只有这样,我们才能够凝心聚力,凝神聚气,兴国强国,实现"中国梦"。

二、文化自信的矛盾关系

把握中国特色社会主义文化发展面临的主要矛盾和关系,是解决好这些矛盾、处理好这些关系的前提,是生成和实现文化自信的关键。

(一)文化传统化与文化现代化

文化传统化是指一种文化在发展过程中继承和发扬传统的过程。中国文化经过几千年的发展经久不衰,不断积累和传承,有着极为重要的价值,必须不断继承和弘扬。文化现代化是指文化的发展适应时代背景和需要而走向现代的过程与趋势。它以经济社会的现代化为基础,又反作用于经济社会的现代化。现代化是来自西方的一个概念,本身带有西化的特征,但是西方不同国家和民族现代化的发展道路是不同的,各有各的特点,中国必须走自己的现代化道路。中国传统文化既是中国文化现代化的历史基础和重要资

---

① 《毛泽东文集》第6卷,人民出版社1999年版,第350页。

源,又是文化现代化的阻碍和惰力,其中前者是主导方面。

我们要构建和促进的中国文化现代化,不是简单地复兴传统文化,也不是简单地照搬照抄西方国家的文化,更不是对这两者的简单糅合,而是立足当下,对现实存在的国内外各种文化的有机整合和重构。这一整合和重构,既有对中国传统文化、革命文化的批判继承,又有对外国文化先进成分的学习借鉴,更有立足于中国当下实践而综合创造的新文化。这一整合和重构,不是边边角角的修补,而是全面的改造和创新。

文化传统化与文化现代化是一对矛盾,两者既对立又统一,并行不悖,不容割裂。文化现代化是建立在传统文化的基础之上的,它虽然是对传统文化的批判继承,但绝不是全盘否认和西化。同时,在现代化的发展过程中出现的许多问题又必须到传统文化中寻求文化支持和解决之道,应对全球影响、外来挑战和现实矛盾,文化又要"回到"传统中寻求资源。在此过程中,还存在现代文化与后现代文化的矛盾。后现代文化这一思维范式部分纠正了现代文化的某些偏向,有值得肯定之处,但它否定了科学和理性,具有片面性。后现代文化是对文化现代化的解构和拓展,而不是现代化的中断。总的来说,现代文化与后现代文化的矛盾居于次要地位,文化传统化与文化现代化的矛盾居于主要地位。

(二)文化"一元主导"与"多元并存"

关于处理好文化"一元主导"与"多元并存"的关系,从毛泽东到习近平,党的几代领导人都作了重要论述,东欧剧变、苏联解体也给我们处理这一关系提供了警示教训。任何一个时期的文化都是多元一体、多样共生的,必须强化主导、壮大主流。在我国封建社会时期,尽管儒、释、道等多种思想文化长期并存,但儒家文化长期居于正统地位。近代以来的西方国家,虽然各种文化思潮不断涌现,但占据主导地位的始终是以个人主义为核心的资产阶级思想文化。当今世界，美国就始终把反映垄断资产阶级利益的文化作为根本内容，来打造"美国梦"。新加坡以国会法案的形式，确定了以"国家至上、社会为先、家庭为根、社会为本"等为主要内容的共同价值观，在全社会加以推行。可见，培育和壮大主流文化，是古今中外的通行做法。当前，发展中国特色社会主义文化，处理好这对关系极为重要。"一元主导"，就是要坚持弘扬主旋律，坚持以主流意识形态为指导；"多元并存"，就是要提倡多样化，提倡文化的多样表现形式和风格。必须坚持弘扬主旋律与提倡多样化相统一，一元主导以多样并存为基础，多样并存以一元主导为前提，在多元中立主导、在多样中谋共识，两者辩证统一、密不可分。当前，中国存在多种文化，包括传统文化、革命文化、西方文化、改革开放以来的新文化、马克思主义指导思想等，要以马克思主义和中国特色社会主义为指导，引领多元文化健康发展。多元文化中必然还存在负面部分，这是我们需要注重抵制和加以改造的。

（三）文化商品属性与意识形态属性

文化具有双重属性，既是商品，又是意识形态，两者既对立又统一。一方面，商品属性一定程度受到意识形态属性的影响，意识形态属性一定程度又要通过商品属性来展现。另一方面，过多地注重其中一个属性都可能会对另外一个属性造成冲击。文化的商品属性要求我们要大力发展文化产业，发展大众文化。这既是当今世界各主要发达国家文化产业发展的宝贵经验，也是我国文化市场繁荣发展的必然要求。文化的意识形态属性要求我们要牢牢把握文化发展的目标方向，坚持走中国特色社会主义文化发展道路。并非所有的文化事业都具有明显的意识形态属性，如博物馆、展览馆等；也不是说文化产业就不具备意识形态属性，不少产业领域，如出版、影视等都具备意识形态属性。因此,在文化发展的所有相关领域都应该注意意识形态属性,搞好把控和引导。2015年9月,中央办公厅、国务院办公厅印发的《关于推动国有文化企业把社会效益放在首位、实现社会效益和经济效益相统一的指导意见》,就国有文化企业的发展提出了指导意见。

文化的双重属性也造成了大众文化与精英文化之间的矛盾。文化的商品属性使得文化以获得最大化的利润为核心,以满足大众的消费需求为向导,导致大众文化快速发展。而文化的意识形态属性要求我们发展主导文化、高雅文化,提升普罗大众的思想观念、思维水平和文化情趣。产业化、商品化、世俗化的大众文化日益兴起,适应了当前我国社会主义市场经济建设发展的要求,具有不可否认的积极意义。但同时必然会对主导文化、精英文化产生冲击和挑战,容易导致人们理想信念淡薄,是非观念颠倒,价值追求错位。而主导文化、精英文化由于它的严肃性、审慎性、艺术性、精神性等特征,使得普罗大众容易因为其过于高深而难以理解和接近。在看到大众文化与精英文化之间存在对立关系的同时,也要看到,两者之间是相互联系、相互贯通的,在一定条件下是可以相互转化的。大众文化为了避免低俗、提升层次,必然走向精英;精英文化为了避免孤立、扩大影响,必然走向大众。认识到文化具有的双重属性,处理好大众文化与精英文化之间的矛盾,就要处理好有关各方,特别是政府与市场之间的关系。

(四)文化发展与经济发展、政治发展和人的发展

文化发展与经济发展。一方面,生产力的发展最终决定着人类社会的发展,经济发展为包括文化发展在内的社会发展奠定坚实的物质基础。改革开放以来我国经济的快速发展以及社会主义市场经济体制的逐步建立健全和完善,为中国特色社会主义文化发展奠

定了坚实基础。另一方面，文化发展对经济发展具有反作用。文化的发展进步有利于不断提高人们的文化知识水平和技能水平，促使人们不断创新生产工具、生产方法和生产资料，提高劳动生产率，提升包括经济实力在内的综合国力。文化发展对经济发展的反作用不是可有可无的，经济发展的决定作用并不能够否定一定条件下文化发展的决定作用。信仰、道德、价值观等文化要素会对经济行为产生约束、控制、激励等作用，进而影响经济社会发展。经济增长并不能够解决所有社会问题，文化建设的巨大价值不容忽视，必须要重视文化精神和要素在经济社会发展中的重要作用。面对全球化、市场化、网络化背景下多元思想文化的冲击，我们只有坚持发展中国特色社会主义文化，才能确保改革和建设的正确方向。

文化发展与政治发展。在中国特色社会主义新时期，文化发展与政治发展应该是一个相互作用、相互促进的关系。我们既不能认为文化从属于政治，也不能认为文化可以脱离政治。认为文化从属于政治，容易造成政治对文化的肆意干涉，使得文化发展成为一潭死水。认为文化可以脱离政治，则忽视了文化的意识形态属性，容易造成文化发展方向的迷失。特别是在当前我国文化发展在国际竞争中处于弱势，西方一直致力于对我国进行意识形态渗透与和平演变的背景下，我们必须搞好文化建设，促进民主政治健康发展。

文化发展与人的发展。一方面，文化发展程度影响着人的发展程度。文化全面、直接影响着人的发展，人类早期的文化活动，如石器的制造、语言和文字的产生等，都促进了人的进化，促成了人的思维和意识的产生。"文化上的每一个进步，都是迈向自由的一步。"[①] 当今时代，全球化、网络化、信息化深入发展，为人的发展提供了更加便捷的环境和条件，有利于人的解放和全面自由的发展。中国特色社会主义文化培育"四有"新人的目标，就是对"人的发展"的目

---

① 《马克思恩格斯文集》第9卷，人民出版社2009年版，第120页。

标的具体化。另一方面,人的发展水平影响和制约着文化的发展水平。人是文化发展的主体,人发展的过程与文化产生和发展的过程是内在统一的。近些年来人们物质生活的不断改善,精神生活的丰富多样,给文化发展带来了新的机遇与挑战。

(五)文化全球化与文化民族化

"文化全球化"这一概念自提出以来到现在,就一直存在争议。有人认为,文化全球化是历史发展的必然逻辑,指的是全球文化的同质化;还有人认为,文化多样性是全球文化的基本特征,根本不存在文化全球化。笔者认为,文化全球化,应该指的是各民族文化通过交相融合,不断突破自身局限走向全球的过程和趋势。它并非指全球文化的一体化、美国化和西方化,也不能排斥文化民族化和多样性的存在。在文化全球化的趋势下,文化趋同和文化离异同时并存,文化封闭和文化垄断难以为继,世界文化的同一性和普遍性与民族文化的多样性和特殊性并行不悖。

文化的民族性和多样性,是人类社会文化发展的现实,也将是世界文化未来发展的必然态势。习近平总书记指出:"文明是多彩的,人类文明因多样才有交流互鉴的价值。"[1]全球化背景下,一方面,多民族、多样性文化日益走向全球,生成新的全球性文化;另一方面,文化全球化又推动文化民族性和多样性发展。有人担心,扩大文化领域对外开放,会放纵和鼓励文化竞争中的弱肉强食主义,会导致目前经济上和文化传播上处于强势地位的外来文化吞并和同化自己,会使得世界文化园地中各民族多样性的文化被一种统一的文化所代替。其实这些都很难成为现实。文化是独特的,并非由经济单方面的因素所决定。即使一个国家在经济上很强大,在文化传播技

---

[1] 习近平:《在联合国教科文组织总部的演讲》,《人民日报》2014 年 3 月 28 日。

术上很先进，它所创造的文化也不一定就能够被其他国家和民族认同，在对外交往和传播过程中也不一定就能够产生深远的影响。奈斯比特指出，"在经济上我们越是互相依赖，我们就越要表现出人性，越要强调我们自己的特点，特别是自己的语言"，"各国经济的全球化将伴随产生语言的复兴和强调文化特点"。文化的主体归属是民族，它统摄着人们的精神和行动。发展民族文化、实现文化的民族化，是全球化的必然产物。

面对全球化的挑战，发展中国特色社会主义文化，我们不能搞"文化保守主义"，不能采取孤立、封闭、保守的态度，而需要坚持扩大文化领域对外开放，在与不同国家和民族的文化进行交流融合的同时，保持自身民族文化的独立风格和鲜明特色，做到"以我为主、为我所用"，推陈出新、扩大影响。处理好文化全球化与文化民族化的关系，既要确认文化共识，又要抵制"文化演变"；既要承认世界文化多样性，又要强调民族文化主体性；既要学习优秀文化，又要抵制错误思潮的侵袭；既要推动中华文化走向世界，又要反对民族文化中心主义。

（六）文化"引进来"与文化"走出去"

近些年来，我国对外文化交往成就巨大，文化"走出去"的步伐不断加快，中华文化的国际影响力大幅提升。统计显示，"我国迄今和世界上160多个国家建立了机制化的文化交流关系，与149个国家签署了《中外文化交流合作协定》，与全世界上千个文化组织保持着密切的合作关系"[①]。但是，文化"引进来"与"走出去"之间，无论是在质上，还是在量上，都还不平衡。以图书为例，我国图书版权贸易输出与引进比例从刚加入WTO之后的第二年——2002年的1：8

---

① 廖翎、周玮：《在交流互鉴中坚定文化自信》，《新华每日电讯》2014年5月16日。

和 2003 年的 1∶15，提升到 2010 年的 1∶3.5 和 2011 年的 1∶2.5，虽然逆差大幅缩小，但是入超依然严重。

根据联合国教科文组织 2016 年 3 月发布的研究报告，中国对外文化服务贸易的增长还比较缓慢。全球对外文化服务贸易规模最大的是美国，2013 年美国对外文化服务出口额达 680 多亿美元，其次是英国、法国、德国、加拿大、澳大利亚、韩国等。全球对外文化服务贸易的前 15 位国家中，中国不在其列。这说明目前中国对外文化贸易还有巨大的提升空间。

这里存在的主要矛盾有：一是从量上看，存在着既要按照 WTO 等相关规则"引进来"又要推动文化"走出去"的矛盾；二是从质上讲，存在着"引进来"的文化对我国意识形态和价值观念造成较大影响与"走出去"的文化对外国影响还不太大的矛盾。约瑟夫·奈指出，在当今世界，倘若一个国家的文化处于中心地位，别国就会自动向它靠拢；倘若一个国家的价值观支配了国际政治秩序，它就必然在国际社会中居于领导地位。可以说，要改善西强我弱的文化格局，提升我国文化影响力，进一步推动文化"走出去"，任务艰巨，时间紧迫。

（七）对内主导文化与对外传播文化

当今时代，全球化浪潮滚滚，市场化、网络化趋势明显，国家间交往和联系越来越密切。在此背景下，一国文化发展的水平、文化自信的程度与这种文化在国内外的传播情况有很大的关系。一种文化在国内外的传播中有没有吸引力、说服力和影响力，与这种文化有无明确、统一、凝练、易懂的核心价值观表达，以及是否能够围绕自己的核心价值观进行教育、引导、传播和开展对外交往活动，有着直接的关系。目前，我国对内主导文化与对外传播文化存在一些不一致的情况，对内主导和传播的文化是马克思主义和中国特色社会主义文化,而对外传播的文化则主要是儒家文化,侧重于汉语、武术、书法、京剧等传统文化。这一矛盾容易造成当代中国文化聚焦不够、竞争力弱、影响力小的不利局面。

三、文化自信的主要目标

面对全球化、市场化、网络化对文化自信带来的挑战和考验,面对当前中国特色社会主义文化建设存在的诸多矛盾和问题,面对社会文化价值多元失序、是非混乱的现实,要彰显中国特色社会主义文化的价值,就要坚定对中国特色社会主义文化的价值信念,增强对中国特色社会主义文化的态度信任,提升对中国特色社会主义文化的发展信心。

（一）坚定对中国特色社会主义文化价值的信念

坚定价值信念,就要坚信中国特色社会主义文化是科学理论。这是建立在对中国特色社会主义文化认知自觉的基础之上的。我们要坚信的文化,是中国特色社会主义文化,不是封建主义、资本主义,或者别的什么文化。中国特色社会主义文化,是马克思主义文化理论的基本原则和中国实际的结合,是一代又一代共产党人立足中国实际努力探索的结果,具有民族性、时代性、辩证性等特征,是客观真理,是科学理论。

坚定价值信念,就要坚信中国特色社会主义文化的能力。实践证明,文化建设为中国特色社会主义各项事业的发展提供了价值支撑、精神动力和智力支持。中国特色社会主义文化本身具有明显的特点和优势,具备不断创新发展的能力。面对全球化、市场化、网络化带来的挑战和考验,其生产力、凝聚力、包容力、防御力、影响力、参与力等能力一定会得到不断提升。当然,坚信绝不是迷信。中国特色社会主义文化本身不是僵化的、静止的，而是开放的、发展的，我们在坚信中国特色社会主义文化能力的同时，还要为不断提升其能力做出积极贡献。

坚定价值信念，就要发挥中国特色社会主义文化的引领作用。各培育主体，不管是党和政府、企业、学校，还是家庭、个人，都要坚持以中国特色社会主义文化为引领，用以指导各级各层面的文化建设，自觉培育和践行中国特色社会主义文化精神，特别是社会主义核心价值观，为实现中国梦，实现不断成长进步的个人梦提供前进动力。

（二）增强对中国特色社会主义文化态度的信任

对中国特色社会主义文化态度上的信任，是对其价值信念坚定的必然反应与合理延伸。增强这一信任，就要增强对中国特色社会主义文化的认知信任、情感信任和意向信任。

增强认知信任，就是通过理性思考和分析，能够增强对中国特色社会主义文化的认识、理解和信任。具体说来，就是能够辩证分析和梳理中国特色社会主义文化自信面临的机遇和挑战，能够深入汲取和借鉴古今中外特别是中国历史上文化自信发展的经验教训，能够深化对中国特色社会主义文化地位、作用、矛盾关系、责任担当等方面的认识，能够正确认识和肯定中国特色社会主义文化具备的不断创新发展的能力，能够科学预测和相信中国特色社会主义文化建设和发展的美好前景。"没有'人的感情'，就从来没有也不会有人对于真理的追求。"①增强情感信任是增强态度信任的统率和关键。增强情感信任，就是增强对中国特色社会主义文化优势和特征、对社会主义核心价值体系与社会主义核心价值观、对社会主义道德规

---

① 《列宁全集》第 20 卷，人民出版社 1958 年版，第 255 页。

范等的情感支持、归属和认同。增强意向信任，就是强化对中国特色社会主义文化认同、维护和建设的意图和动机，随时准备为此作出积极反应、贡献力量。

增强态度信任，在注重发挥中国特色社会主义文化引领作用的同时，还要注重提高主体对中国特色社会主义文化的情感归属与忠诚度。在复杂严峻、内外兼具的挑战和考验面前，在五光十色、秩序混乱的价值观念面前，在鱼龙混杂、是非并存的社会思潮面前，各主体要辨清不同文化及其价值观念的实质，牢固树立中国特色社会主义文化的指导地位，"咬定青山不放松，任尔东西南北风"，始终不渝地忠于中国特色社会主义文化，始终不渝把中国特色社会主义文化作为自己的情感依托、心灵之家和修养之所。

（三）提升对中国特色社会主义文化发展的信心

提升对中国特色社会主义文化发展的信心，是坚定价值信念和增强态度信任的前提和归宿。当前中国，利益关系深入调整，各种矛盾错综复杂，社会思潮鱼龙混杂。提升对中国特色社会主义文化发展的信心，要落实在坚持走中国特色社会主义文化发展道路的行动中，要在推动中国特色社会主义文化建设、提高中国特色社会主义文化影响、维护中国特色社会主义文化安全中提升这一信心。

要推动中国特色社会主义文化建设，使其在国内发挥主导作用。面对文化与经济社会发展日益融合的趋势，要推动文化与经济社会协调发展、致力于全面建成小康社会；面对不同利益群体间冲突矛盾比较突出的现状，要关心群众生活，促进矛盾的化解，致力于文明和谐、公平正义的社会的构建；面对价值观念和文化环境多元失序的局面，要用中国特色社会主义文化凝聚全党全社会思想共识，致力于实现一元主导与多元并存的统一。只有这样，我们才能对党和国家领导文化建设的能力水平，对中国特色社会主义文化的特点优势,对中国特色社会主义文化建设发展的前景有坚强的信心。

要提高中国特色社会主义文化影响,使其在对外交流中占据主体地位。近些年来,国际文化交流日益频繁,我国文化对外开放水平不断提高。中国特色社会主义文化要在世界文化之林中占据一席之地,不仅要在国内发挥主导作用,而且要不断走出去,对世界文化与人类文明作出新的贡献。这既是人类文明发展的一般规律,也是我国增强文化软实力的迫切需要。作为世界上最大的发展中国家和最大的社会主义国家,面对各种风险、挑战和考验的冲击,要在国际文化交流中站稳脚跟,提高影响,必须以我为主,占据主体地位。坚持以我为主,绝不意味着坚持"民族文化中心主义",而是在扩大开放、增进交流、注重学习借鉴的同时,保持自身文化的独立风格和鲜明特色。如果丧失了文化交流中的主体地位,那我们就极易成为西方文化的附庸和奴隶。

要维护中国特色社会主义文化安全,使其主权安全能够得到保障。当前,我国文化主权安全面临诸多挑战,特别是某些西方国家,凭借技术的优势,不遗余力地向我推销其思想文化,妄图西化、分化我国。面对美国文化的强烈冲击,法国、加拿大等西方国家都注重采取措施加以防范和抵御;而前苏联未能经受住这一挑战,步步退让,甚至主动放弃了自身主流意识形态和价值观念的主导权、话语权,最终发生剧变。中国一定要对此保持高度警惕,注重抵御和防范西方文化侵蚀,批判和反对各种错误思潮,维护国家文化主权与安全。

四、文化自信的责任主体

在中国特色社会主义文化自信的责任担当主体中,党和政府、知识分子群体和广大人民群众是三大主体。

（一）党和政府

党和政府应主要担当起引导和服务的责任。中国共产党自成立以来，就始终高举社会主义先进文化的大旗，代表先进文化的前进方向，努力建设社会主义新文化。改革开放以来，党和政府就一直致力于倡导和发展中国特色社会主义文化，不断完善文化治理体系，提高文化治理能力和治理水平。党和政府的责任担当，是指各级党组织和政府部门根据经济社会文化发展需要，遵循文化发展规律，有计划、有组织、有目的地对文化发展和文化自信进行政策引导、行政作为和公共服务。党和政府所要做的工作，总的来说，就是综合采取多种手段，为文化发展、文化自信营造良好的空间和氛围。主要表现为：为教育科研、文化事业等提供必要的经费支持，建设必要的硬件设施；制定与经济社会发展相适应的，有利于文化创新创造和繁荣发展的文化政策，建立健全和完善文化运行机制和管理体制；加强对文化发展的引导、组织、管理和服务；规范文化事业和文化产业的发展；加强对文化"引进来"各类风险的评估和预警，为文化"走出去"建立法律、外交、制度、政策等相结合的切实有效的保障机制。

担当起文化发展和文化自信的责任，不仅是文化部门的事，更需要党和政府诸多相关部门的紧密协作。党和政府的责任担当，很大程度上又具体化、人格化为党和政府各部门公务人员的责任担当，其中各级领导干部的作用举足轻重。因此，提高党和政府的文化治理能力和治理水平，增强各级公务人员特别是领导干部对文化发展和文化自信的责任担当意识，就显得尤为重要。为此，各级公务人员特别是领导干部要强化理论指引，认真学习马列主义、毛泽东思想和中国特色社会主义理论体系，尤其要注重学习习近平新时代中国特色社会主义思想，系统掌握马克思主义基本原理，学会用马克思主义基本立场、观点、方法分析和解决文化建设中存在的问题；要消除各级公务人员特别是领导干部的文化自卑，不断增强其自我净化、自我完善、自我革新、自我提高的能力,发挥垂范和引导作用,不断增强文化自信。

(二)知识分子群体

知识分子群体是文化自信责任担当的脊梁。知识分子群体作为掌握知识和文化较多的群体,作为国家、民族的精英,是不同历史时期推动文化发展、促进文化创新的支柱,是文化认知自觉和自信的代表。一个国家和民族的知识分子责任担当意识的高低,决定了一个国家和民族文化自觉和自信的程度,决定了其文明程度。知识分子群体是传统知识和文化的秉承者,是现代知识和文化的学习者,是先进知识和文化的倡导者。相比其他群体而言,对于文化自信,知识分子群体更应该具有历史的纵深视野、深切的认知自觉、高度的理性精神和特有的人文关怀,更应该着眼民族复兴、紧贴时代潮流、关注社会现实、表达民众心声,更应该肩负起神圣的文化使命、履行应有的文化职责,为社会贡献更多更好的精品力作。

改革开放 40 年来,知识分子群体在中国特色社会主义各项事业,特别是在文化事业建设和发展中,在传播知识和文化,解读中国特色社会主义理论体系,培育和践行社会主义核心价值观,提高全社会的思想道德素质方面,发挥了重要作用。但也要看到,有些知识分子,在金钱和权力面前,在纷繁喧闹的社会环境熏染之下,丧失了基本的公理和正义标准,丧失了应有的怀疑意识和批判精神,沦为物质的奴隶。作为知识分子群体中的一员,应致力于保持清醒头脑和超然心态,为社会大众提供良知示范,为社会提供高品位的文化产品并承担社会批判与公众启蒙的责任,用睿智的思想去引领大众,用平等的态度去亲近大众,用高贵的人格去感动大众。知识分子群体充满朝气,积极向上,锐意进取,就能够创作精品经典,就能够产生大家大师,就能够担当起应尽的使命和责任。

（三）人民群众

坚持人民主体地位是辩证唯物主义和历史唯物主义所决定的原则。马克思主义告诉我们，人民是历史的主人和创造者。毛泽东指出："人民，只有人民，才是创造世界历史的动力。"①习近平总书记强调："认真贯彻党的群众路线，坚持人民主体地位，发挥人民首创精神，着力解决好人民群众最关心最直接最现实的利益问题，不断让人民群众得到实实在在的利益，充分调动人民群众的积极性、主动性、创造性。"②人民群众是文化自信的实践主体、动力主体和价值主体，是责任担当的普遍主体和广泛主体。建立中国特色社会主义文化自信，必须调动一切可以调动的积极因素，凝聚人民的智慧和力量，紧紧依靠人民来实现。一方面，广大人民群众是文化自信的主人翁，他们理应充分发挥自己的聪明才智，参与文化建设，贡献应有力量。另一方面，推动文化发展，建立文化自信，主要目的就是要回应群众关切，满足群众诉求，维护群众权益。因此，我们要充分认识到广大人民群众在文化自信责任担当中的广泛主体地位，自觉坚持群众观点，着力打造人民群众广泛参与文化建设和发展的广阔舞台，着力营造人民群众积极创建文化自信的制度环境和社会氛围，不断提高广大人民群众的知识和文化水平，从而不断提高广大人民群众的文化认知和文化自信水平。

---

① 《毛泽东选集》第 3 卷，人民出版社 1991 年版，第 1031 页。
② 习近平：《对照检查中央八项规定落实情况 讨论研究深化改进作风举措》，《人民日报》2013 年 6 月 26 日。

第五章

危机并存
——文化自信的机遇与挑战

————

当前,全球化、市场化和网络化是影响中国特色社会主义文化自信的三大因素,它们相互联系、共同作用,既给文化自信带来了机遇,又带来了挑战。只有认清面临的机遇、挑战,才能抓住机遇,迎接挑战,采取措施加以应对。

一、全球化带来的机遇与挑战

"全球化"这一概念是美国经济学家 T·莱维于 1985 年正式提出的。之后,国际社会普遍采用,"全球化"一词风靡世界,成了新的世界话语。说起全球化,人们往往是指经济全球化。而实际上,全球化不仅是指经济的全球化,而且包括世界的多极化、社会的信息化、文化的多样化。近些年来,全球化浪潮滚滚,各国只能顺应,不能回避。我们必须把握全球化视角下世界文化的发展趋势,认清全球化给中国特色社会主义文化自信带来的机遇和挑战。

（一）全球化视角下世界文化的发展趋势

全球化背景下，世界文化的发展进程是一个充满矛盾的复杂过程。各民族文化通过广泛交流、互相融合，不断突破各自的地域界限而走向全球，不断对外来文化做出评判和取舍。在此过程中，既包含着各国、各民族跨国或跨地区的文化认同和价值认同，又孕育着不同文化的冲突和磨合；既有多元文化的共存，又生成新的全球性文化；既表现出趋同的一面，又表现出离异的一面。正如罗兰·罗伯森所说："全球资本主义既促进文化同质性，又促进文化异质性。"世界文化发展蕴涵着全球文化的整合和分裂，是趋同与离异同时展开的双向过程。

1.文化趋同

第一，各国为共同应对面临的全球性问题，形成了一些基本的全球共识和理念。当今世界，人类在许多领域都面临严峻的全球性问题，如生态环境恶化、资源能源枯竭、恐怖主义蔓延、跨国犯罪频发、重大传染性疾病扩散、核扩散、人口膨胀、毒品泛滥、走私等。这些问题的存在，关系着人类的共同利益。解决这些问题，需要世界各国和各民族共同努力，达成共识、实现共管。人们逐步认识到解决这些问题的主体是整个人类群体，从而达成了一些基本共识，如尊重人权、信息透明、平等公正、合作双赢、善待环境、构建和谐社会、可持续发展等。这些共识和理念，超越了民族、国家和乡土地域的限制，为各国认同和遵守，成为全球性的文化概念。

第二，世界范围内全方位的交流和融合使得文化载体及其认同在一定程度上体现出一致性。今天，各国、各民族之间的交流和融合在深度和广度上都得到了极大的拓展。在经济交往上，全球商品和服务大流通的同时也是文化的大流通；在科技教育上，科学研究和人才培养日益打破地域的限制，各国积极开展交流与合作；在生活方式上，全球化使得各国、各民族的吃、穿、住、行、用带有诸多共同特征;在风俗习惯上,产生于不同文化区的风俗习惯相互交融;在组织制度和价值观念上,各国积极学习借鉴先进的组织制度和管理方法,形成了对一些基本价值观念和国际关系基本准则的认同;特别是迅猛发展并得到广泛应用的计算机和互联网,将世界各地连接到一起,使全球文化得到了进一步的交流、沟通、碰撞和融合。

第三,西方资本主义强国凭借巨大优势,向全球推广价值观念,促进了全球文化的趋同。当今世界,某些西方发达国家为了谋取自身利益,确立和强化在全球文化中的主导权,凭借其强大的经济、科技实力,千方百计向全球推行其文化产品和价值观念,以求在文化和思想上影响、同化其他国家,从而达到按自己的意愿和准则塑造世界的目的。如美国前总统小布什就曾经在就职演说中声称,"我们要向全世界宣传孕育了我们伟大民族的价值观",要"把自由扩展到全世界"。当前美国文化席卷全球,靠的主要是"三片文化"——大片、薯片和芯片。特别是在信息技术领域,美国遥遥领先。美国学者罗斯科普夫就直言不讳地宣称美国是世界上唯一的信息霸权国家,美国应该利用信息时代的工具向全世界推行其价值观。美国凭借强大的信息优势,积极把自身价值观念推向全球,正如阿尔温·托夫勒在《权力的转移》中所描述的,未来世界的魔方将控制在拥有信息强权之人的手里,他们会使用手中掌握的网络控制权、信息发布权,利用英语这种"美国目前所具有的第一个巨大优势","从而使得美国的思想、作风、发明和产品能够畅通无阻地走向世界"。以美国为首的西方国家在推行"文化殖民主义"的过程中,客观上造成了全球文化的趋同。

2.文化离异

第一,不同国家和民族在学习借鉴、认同接纳外来文化时,往往会打上民族和本土的烙印。文化是认识的过滤器,人们总是通过自己长期所处的文化来认识和理解事物。由于受到传统习惯、社会制度、意识形态和价值观念等差异的影响，人们对外来文化的认同和接纳不可避免地会打上民族和本土的烙印。从历史上看，多次发生的文化交流与融合，都没有出现一种文化完全取代另一种文化的现象。例如，基督教在不同地区传播的过程中产生了许多分支，而佛教传入我国后，能留存和发展下来的宗派往往"中国化"了。

第二，弱国为抵制和反抗强国推行的文化霸权和文化殖民，在一定意义上造成文化的离异。某些西方资本主义强国，试图凭借超强的实力，把自己的文化强加给其他国家和民族。如美国中央情报局在针对中国的《十条诫命》中提到："一定要尽一切可能做好宣传工作，包括电影、书籍、电视、无线电波，核心是宗教传布。只要他们向往我们的衣、食、住、行、娱乐和教育的方式，就是成功的一半。"其对中国推行"文化殖民主义"的企图昭然若揭。在这种形势下，处于弱势地位的国家必然要积极主动地加强文化防范，逐步强化对本土文化和民族文化的认同，以达到抵御西方文化侵略，防止被西方文化同化的目的。

第三，民族文化中心主义的极端发展严重阻碍了全球文化的交融。民族文化中心主义要求以本民族的文化利益为中心，强调自身文化的优越性、普适性与排他性，这容易出现两种偏差：一种是极力宣扬自身文化，强行向其他民族推广；另一种是极力夸大自身文化的价值，排斥其他文化。这两种倾向都不利于与其他文化发生良性交融和互动。第一种往往导致文化霸权和文化殖民；第二种倾向的恶性发展就会产生文化极端主义。极端民族主义、极端宗教主义、极端恐怖主义就是突出的表现。这三种极端主义及其势力相互联系、密不可分，它们顽固坚持本民族和教派的文化及信仰，并为此采取发动"圣战"等恐怖活动。

（二）全球化给中国特色社会主义文化自信带来的机遇

1.有利于开阔眼界,学习借鉴外国先进文化

全球化时代,各国、各民族之间的交流和融合在深度和广度上都得到了极大的扩展,人们比以往任何时候都更能迅速接触大量的外来文化,这有利于中国抓住机遇扩大文化领域对外开放,有利于中国学习和借鉴外来文化中的优秀成分。十七届六中全会审议通过的《中共中央关于深化文化体制改革、推动社会主义文化大发展大繁荣若干重大问题的决定》指出:"学习借鉴一切有利于加强我国社会主义文化建设的有益经验、一切有利于丰富我国人民文化生活的积极成果、一切有利于发展我国文化事业和文化产业的经营管理理念和机制。"要坚持对世界历史文化、异域民族文化、各国文明成果的包容借鉴。中华文化能够生生不息、传承发展,离不开海纳百川、兼容并包的传统。西方先进文化作为西方一些民族智慧的结晶,也以自己独特的方式为世界文明作出了贡献。西方文化中蕴涵的科学精神、法治理念以及制度建设等,是其合理因素。我们要通过扩大文化领域对外开放,积极参与世界文化的对话与交流,开阔中国的文化胸襟和视野,促使中国重新审视自己的文化,分享世界文化的优秀资源和人类文化的优秀成果,从而洋为中用、博采众长。

2.有利于与时俱进,批判继承中国传统文化

中国传统文化博大精深、内容丰富,其中有很多精华,如天人合一、仁义礼智信等思想。相比西方文化,缺点主要是缺乏科学精神和竞争精神。"中华文明好多价值系统构成的时间太长,空间太局限,全球化可以有效地突破中华文明这方面的缺点。"①这说明了在

---

① 余秋雨、王尧:《文化苦旅:从"书斋"到"遗址"——关于文学、文化及全球化的对话》,《当代作家评论》2000年第5期。

全球化时代,有利于我们对中国传统文化进行扬弃,摒弃片面性和局限性,优化中国特色社会主义文化自身结构和内容,弘扬精华。

3.有利于走向世界,扩大中国文化国际影响

改革开放 40 年来,中国经济的高速发展为提升中国特色社会主义文化的国际影响奠定了坚实的物质基础,创造了良好的社会环境。全球化不仅为中国学习外来先进文化创造了条件,也为中国文化走向世界、拓展发展空间、扩大国际影响提供了便利。中华文化的独特内核和人文精神,对解决西方社会的顽疾和整个世界面临的全球性问题具有积极的意义。中国发展成就举世瞩目,中国道路、理论体系、制度、模式等引起国际社会高度关注,这其中所蕴含的中国特色社会主义文化需要我们进行提炼和宣扬,这些对国际社会应对挑战、走出危机都有重要的参考价值。中国发起的"一带一路"倡议在沿线各国的落地生根,必将进一步推动中国文化"走出去"。

(三)全球化给中国特色社会主义文化自信带来的挑战

1.国际文化交流态势西强我弱,对中国文化有较大冲击力

国际文化交流呈现西强我弱的态势,这是由于以美国为首的西方国家在经济、科技和文化等方面拥有超强实力,而相对应的,我国经济与文化发展不平衡,特别是文化建设相对滞后。当前,以美国为首的西方国家乘着以计算机和互联网为代表的新科技革命的浪潮,高举文化资本和文化产业的大旗,强烈冲击着中国的文化产业和文化市场,制约着中国文化的建设和发展。

目前,西方国家是国际规则的主要制定者,国际话语权的主要控制者。在信息技术领域,美国遥遥领先。当今互联网界,负责全球域名管理的 13 个根服务器就有 10 个在美国;世界性的大型数据库近 3000 个,约 70% 设在美国;互联网访问量最大的 100 个网站中,

94个在美国。人们正在走向一个基本不受地域因素限制的世界秩序,这个秩序连接并取决于少数"集中的知识生产和信息存储中心以及图像信息发散中心,中枢集中于世界工业体系的控制系统网络、指挥、控制总部"。当今世界,谁控制了信息、知识的生产与发散的网络系统,谁就能够主导世界秩序。显然,美国在其中居于主导地位。可以说,中国特色社会主义文化发展的处境非常严峻。

2.西方推行文化霸权主义和文化殖民主义,对中国文化有较大渗透力

冷战结束后,以美国为首的西方国家通过在政治制度、意识形态和价值观念上推行文化霸权和文化殖民,加大了对中国的文化渗透和破坏。"一幅图片的上面是一位面露微笑的中国少年——是下个世纪的市民——他被西方摄影家小心谨慎地摆好了姿势,站到了拴在天安门上的巨大的热气球的面前……他炫耀似地手拿可口可乐罐,那颜色在镜头面前格外鲜艳。"①这透露出西方某些人对自身文化及文化产品在全球传播的自负。

近些年来,某些西方国家依托强大实力,凭借媒介霸权和话语支配权对我进行"文化植入"和"文化输出",企图对我西化、分化与和平演变,主要表现在:攻击和诬蔑中国共产党的领导和社会主义制度,美化西方的资本主义制度;极力宣扬"马克思主义过时论""历史终结论""军队三化论"等论调;宣扬西方的民主、自由和平等等核心价值,借口人权问题干涉中国内政等。在其影响下,中国大众的共产主义理想信念和社会主义思想基础一定程度受到影响和侵蚀,对中国特色社会主义文化的信念、信任和信心不强,一些人世界观、人生观和价值观发生偏离和动摇。

3.多元文化汇聚我国,对中国文化主流价值观念有较强解构力

全球化时代,来自不同国家、不同地域、不同阶层的思想文化汇

---

① [英]约翰·汤姆林森:《全球化与文化》,南京大学出版社2002年版,序言第3页。

聚我国,使得我国文化信息环境错综复杂、多元并存,甚至拜金主义、实用主义、自由主义等错误思潮大行其道。主要原因有三:一是随着改革开放的深入推进和市场经济体制的建立健全,我国利益主体多元,使得人们价值观念多样。二是各种外来文化进入我国,文化糟粕也随之而入,特别是以美国为首的西方国家对我国进行文化上的渗透与和平演变。三是我们的思想政治教育工作在内容、方式、体制、机制等方面的问题没有得到较好解决,应对效果不明显。

多元多样的文化,特别是西方的腐朽思想,对中国以社会主义、爱国主义、集体主义为核心的主流意识形态与价值观念造成强烈冲击,对中国特色社会主义文化,特别是马克思主义指导思想和社会主义核心价值观造成消解和弱化。不少人对传统文化和主流文化的认同降低,信仰迷失,甚至崇洋媚外,对西方文化顶礼膜拜。比如,在价值观上,某些人总觉得西方的"普世价值"好,中国的核心价值观不行;在政治制度上,总觉得西方的"三权分立"要强于中国的人大、政协,西方的一人一票优于中国的选贤任能;在治理模式上,总觉得"华盛顿共识"要优于"北京共识";就连应对极端灾害天气,也总是盲目崇拜德国的下水道、惊叹欧洲的"抗洪神器";各种各样的建筑设计和命名,也唯"洋"是尊,以"洋"为美;等等。

二、市场化带来的机遇与挑战

市场,是指商品交易者按照一定规则进行交易的场所。市场化,是指使市场在资源配置中起决定性作用的一种趋势和过程。市场化的过程,也是建立健全和完善市场经济的过程。一个国家和地区市场化程度的高低,与政府扮演的角色、市场主体的自由度、生产要素的流通、贸易环境等有密切关系。文化领域的市场化,既是一国发展市场经济的题中应有之义,也是市场经济在全球发展中的必然要求。十八届三中全会强调,要使市场在资源配置中起决定性作用。这必将加速我国包括文化领域在内的各领域市场化的进程,给中国特色社会主义文化自信带来难得机遇,也将造成严峻挑战。

(一)市场化背景下中国文化的发展态势

市场化,既是国内深化改革背景下的市场化,也是全球化背景下的市场化;既是指国内市场的进一步发展,也是指世界市场的进一步深入。市场化的深入发展,将体现其配置资源的决定性作用,并促使文化发展的领域进一步细化。

1.市场在文化资源配置中起决定性作用,政府进行宏观调控

市场起决定性作用,这个市场,首先是指国内的全国统一市场。市场通过价格机制反映供求关系,通过竞争机制达到优胜劣汰,从而实现文化资源、文化商品在全国范围的流通与配置。其次,这个市场,也包括了中国按照WTO的框架与规则、中国入世的承诺与进程所开放的文化市场。发挥好市场作用的同时,还要更好地发挥政府的积极作用。政府发挥作用,不是直接介入和干预文化市场的运行,而是通过经济政策、法律和行政手段进行科学的宏观调控,从而建设公平竞争、有序运行的市场秩序。

2.文化发展领域进一步细化,文化产业快速发展

文化领域的市场化,不是所有的文化领域都要市场化。市场化的发展,呼唤文化事业与文化产业相分离。文化事业主要包括基础科学研究、思想文化传播等,主要提供公共服务和产品,具有公益性、大众性和社会性,如图书馆、博物馆、展览馆、文化馆、社科院等,主要是由政府来提供、投资和管理。文化产业主要提供文化商品和服务,注重的更多是营利性和经济效益,如演艺业、娱乐业等,主要是由市场来调控。文化领域的市场化,主要是指文化产业的市场化。文化事业是很难市场化也不能市场化的。文化产业的市场化,

就是要使文化企业真正成为市场的主体,这必将有利于文化产业的快速发展。

(二)市场化给中国特色社会主义文化自信带来的机遇

1.有利于优化产业结构,提高产业竞争力

市场化背景下,国内文化产业面临着日益增大的国际竞争压力,文化企业面临着日益增大的市场竞争压力。文化产业的市场化,将加速文化资本在某些优势领域的聚集,促进文化企业与文化资源跨地区、跨行业、跨所有制的整合和优化,有利于知名文化企业、文化品牌的形成,有利于文化发展方式的转变,有利于竞争力的提高。美国正是由于在文化产业上具有规模化、科技化、市场化等优势,才成为并保持着这个领域的世界头号强国地位,文化产业产值占到全国 GDP 的 25%左右。而中国的这一比例还不到 4%。数据显示,我国文化消费潜在规模为 4.7 万亿元,而当前实际文化消费规模为 1.038 万亿元,存在 3.662 万亿元的文化消费缺口。市场化通过挖掘消费潜力、刺激文化消费给中国文化企业的发展壮大带来了机遇。

2.有利于为文化发展提供资金、技术和人才支持

市场化条件下,一方面,文化企业可以通过吸引外资、股市债券融资、银行贷款、民间投融资、申请专项资金等途径获得资金支持;另一方面,文化事业维持和发展所需要的大量资金,除了政府资金投入之外,也可以通过市场的途径来获得。

文化的繁荣发展离不开科学技术的融入。文化资源的开发、利用、保护、生产制造、展示传播等都离不开高新技术的应用。科学技术加快了文化的传播速度,丰富了文化的呈现方式。市场的高度竞争与优胜劣汰使得最新科技快速应用于文化发展,科技的日新月异将为文化的繁荣发展提供重要的技术支撑。

文化领域的市场化,有利于培养大批人才。市场化背景下,文化人才也要通过市场进行优化配置。通过市场竞争和配置,可以吸引人才、锻炼人才、储备人才,使得人尽其才。

3.有利于健全和完善国家的文化法律法规

一方面,从市场国际化的角度来说,中国必须遵守国际市场规则,这有利于中国学习国际社会先进的文化发展经验和成熟的文化法律法规。当然,这一学习和借鉴必须建立在结合中国国情和实际的基础之上。另一方面,从国内建立现代文化市场体系的角度来看,随着市场和政府之间关系的逐步厘清,市场决定性作用和政府宏观调控作用的有效发挥;随着政府文化治理职能的规范、文化治理方式的创新,以及依法治文、依法行政理念的深入人心,国家文化领域的法律法规必将进一步健全和完善。

4.有利于扩大文化交流,占据国外文化市场

市场化,既是国内的市场化,也是国际的市场化。这既有利于中国扩大对外文化交流,学习借鉴外国先进文化和先进发展经验;也有利于中国文化"走出去",占据国外文化市场。数据显示,当今世界文化市场,美国和欧盟各占了43%和34%,具有绝对优势;亚洲国家中,日本和韩国各占了10%和5%,中国只占了不到4%。可以看出,中国在世界文化市场所占份额,不仅远远落后于美欧国家,甚至连日韩都不如。这与五千多年悠久文明的历史不相称,与经济大国的地位不相称,与中华民族伟大复兴宏伟目标的要求不相称。市场化的发展,有利于推动中华文化"走出去",提高国际市场份额占比,缩小和扭转贸易逆差。

5.有利于创造中国特色社会主义新文化

在当代中国,市场化的过程,就是建立健全和完善社会主义市场经济体制的过程。经济基础的变化,必然带来人们思想观念和价值取向的变化,必然呼唤新的文化形态的生成。虽然当前我国市场经

济建设还处于不是特别成熟的阶段,不够规范和完善,人们尚未充分感受到市场经济的文化要求。但是,随着我国市场经济体制的健全和完善,随着人们物质生活的日益改善,人们对文化的重视程度会普遍提高,市场经济发展过程中产生和凝练的新文化,如注重竞争、讲究效率、开拓创新等,必将为中国特色社会主义文化发展提供新的原料,开拓新的空间。

(三)市场化给中国特色社会主义文化自信带来的挑战

1.我国的文化市场和文化产业遭受冲击

一方面,市场本身存在缺陷。市场本身存在着自发性、盲目性、无序性和趋利性等缺陷。由于文化有着商品属性和意识形态属性的双重属性,市场本身的缺陷对文化市场和文化产业造成的影响会非常大。市场主体参与市场的根本目的,就是追求最大化的经济利益,文化市场的主体也不例外。这容易造成的局面是,哪个产业最能够挣钱,哪个产业就能够吸收和聚集大量资金、技术、人才等资源,哪个产业就能够有良好的发展前景。这里存在的矛盾和问题是,挣钱的产业可能是落后的产业,市场主体的盲目跟风以及市场调控的滞后性会造成产业结构的不合理,盗版、剽窃等现象屡禁不止,等等,容易造成市场竞争的无序。受"资本逻辑"支配下消费主义意识形态的影响,当前的文艺界出现了一些新问题:浮躁,纯文艺作品有数量缺质量、有"高原"缺"高峰";滥俗;鱼龙混杂,抄袭模仿,千篇一律;拜金,为追求市场效应而忽视作品本身创作;等等,这就导致文艺在经济社会发展中逐渐走上歧途。"文化自信"的提出,将有利于克服文艺的"恶俗化"倾向,增强文艺工作者的担当意识,唤起文艺工作者高尚的历史使命,催生出憧憬理想、净化心灵、烛照前路的精品力作,提升文艺作品的文化品位,提高全社会的人文素养。

另一方面,外来文化造成冲击。随着全球市场化的飞速发展,我国文化市场逐步对外开放,无论是图书、音像等传统文化产业,还是创意设计、数字媒体、动漫等新兴文化产业,知识、资本、信息、技术等文化生产的要素和资源在世界市场上进行优化配置是一个显著特征。我国文化市场庞大,目前存在 3.6 万多亿元的文化消费缺口。由于我国文化产业存在起步较晚、结构不合理、发展水平不高、竞争力不强,以及文化领域的法律法规不够健全和完善、现代文化市场体系还没有真正建立和健全等因素,使得我国文化供给能力较弱。市场需求巨大,而供给能力不强,外国文化企业、文化资本、文化产品必然会大量涌入,对我国文化产业发展造成强烈的压制和冲击。

2.我国的主流意识形态和价值观念遭受冲击

一是社会转型和社会结构的变化造成人们文化需求的多元化。一方面,随着我国市场经济的发展,经济社会结构、各阶层利益关系、生存样式和收入分配方式日益多样化。另一方面,随着物质生活水平的提升,广大群众精神生活的需求日益广泛而多元。多样化的经济社会基础,多元化的利益诉求,呼唤着多元多样的文化供给。这对主流意识形态的一元主导地位在一定程度上构成挑战和冲击。二是文化的作用和功能发生演变。传统的计划经济体制下,文化主要发挥着政治教育、社会动员、统一思想、凝聚精神、维护稳定等功能。而随着我国社会主义市场经济体制的建立和发展,文化原有的功能相对弱化,而经济功能、商品功能、娱乐功能、休闲功能、服务功能等进一步凸显。市场化带来了巨大的物化效应,人与人之间变成了金钱和物质的关系,以追求金钱、物质、享乐等为代表的文化,对重义轻利、注重修养、追求崇高的中国传统文化精神,对以集体主义、爱国主义、社会主义为代表的主流意识形态必然造成挑战和冲击。三是大众文化兴起的影响。市场化条件下,各种优质资源向经济效益好的行业和产业聚集，但是这些领域对整个社会和广大社会成员所带来的影响并不一定都是正面的。拿大众文化来说，它是市场化条件下文化商品化发展的必然结果，以满足大众文化需求、追求经济利益为根本目的，是一种工业化、标准化的文化，与主导文化、精英文化等有着明显的不同。流行歌曲、肥皂剧、互联网文化、戏说文化、游戏文化等都是大众文化的代表。从当前文化发展的现状来看，迅速兴起的大众文化对文化的人文精神、人们的精神世界等造成了一定的消极影响，对主导文化、精英文化等造成了较大冲击。四是西方国家强势文化的冲击和侵蚀。如前所述，西方某些强国的文化产业、文化产品不断涌入我国，在严重冲击我国文化市场的同时，也必然会给我国的主导文化带来挑战和冲击。

3.我国的文化历史资源和生态环境遭到破坏

我国文化历史资源丰富，是文化遗产大国，许多宝贵遗产具有不可再生性。一方面，不少地方为了经济发展，没有注重对文化遗产的保护。有的地方政府一味追求经济增长，为了城市开发和建设，不惜拆除、毁坏许多具有重要历史价值的建筑，如古刹寺庙、名人故居等。资料显示，近20年来，北京城的名人故居被拆除的已经超过三分之一。另一方面，文化市场存在的缺陷，可能会导致某些主体在开发利用文化资源时出现过度开发、变质开发等短视行为，这些不当行为可能会对当地自然环境造成污染和破坏。如云南的"三江并流"、丽江古城等文化遗产，虽然都已被列入《世界遗产名录》，但都因为存在过度开发和过度商业化等问题而遭到联合国相关部门和专家的警告。

三、网络化带来的机遇与挑战

随着 20 世纪 80 年代以来互联网的快速发展,网络化已经成为一种新兴的生产和生活方式。目前,网络在世界上很多国家的诸多部门和行业得到广泛应用,并有进一步深化和拓展的趋势。统计显示,截至 2017 年 6 月,中国网民规模已达 7.51 亿,互联网普及率为54.3%,网站总数为 506 万个①。网络化改变了人们的文化环境、文化方式和文化关系,给在新形势下生成和坚持中国特色社会主义文化自信带来了难得机遇,也带来了严峻挑战。

(一)网络化条件下的文化发展特征

1.文化主体身份的虚拟、多元与平等

在网络上,文化参与者的身份是相对虚拟和多元的。人的身份是一种可扮演的虚拟存在,无论你是高级领导还是基层群众,是高端精英还是普罗大众,是亿万富翁还是身无分文的乞丐,只要你不愿意公开你的身份,他人也难以得知;即使你公开了你的身份,他人也不一定相信。正因为如此,来自各个阶层和不同地域的多元主体,可以抛开现实生活中交流的诸多禁锢和羁绊,在同一个平台上自由交流。

在网络上,每个人既可以参与文化建设,又可以学习、掌握文化,还可以向外传播文化。只要遵守国家的法律法规,每个人都享有平等上网和平等交流的权利。网民可以根据自己的需要获取各种信息和资讯,可以便捷地通过各种平台与他人和组织进行交流。

2.文化存在形式的虚拟、空间的广阔与内容的丰富

与现实世界的文化相比,网络空间的文化是相对虚拟的。在网

---

① 中国互联网络信息中心:《第 40 次中国互联网络发展状况统计报告》,2017 年 7 月版。

络空间,文化的存在形式是数字化的,除了连接网络所必须的物理介质——计算机、服务器、网线等,其他都是非实体化的、不可触摸的、虚拟的。如网络书刊、报纸、图书馆、博物馆、展览馆等等,都与现实世界有着很大的不同。

网络空间的文化超越时空,广袤无垠。从时间上来看,网络空间的文化可以跨越几千年,各种文化载体可以不受自然地理和历史条件的限制得到永久保存。从空间上来说,网络空间的文化可以跨越民族、国家、制度、文化、宗教等方面的阻隔和限制,在全球自由交流和传播。《楞严经》中的"于一毫端现十方刹"真正得以实现,不管你在地球上哪一个地方,只要能上网,都可以做到足不出户就能感受十方世界。

网络空间的文化资源浩如烟海,丰富多彩。由于网络时空的无限性,网络空间可以储存和容纳难以计量的、多种多样的信息,包括文字、声音、图形、图像等。海量的信息和资源,丰富多样的文化表现形式,突破了传统社会可能存在的文化垄断和固有程式,给人们提供了巨大的选择空间。

3.文化交流与传播的自由、开放与高效

文化交流与传播前所未有得自由与开放。网络冲破了传统的国家、民族和地区之间在文化上的相对独立和封闭,全球各个地域和各种类型的文化交融共存于网络中,能够自由、开放、包容地进行交流和互动,甚至发生激烈的碰撞和冲突。由于文化参与者可以扮演相对虚拟的身份,可以撇开现实社会中诸多的束缚,因此更能够表达自己的真实想法。即使是持不同价值观念的网民,从任何一个网络端点,都能够便捷地获取信息,及时地进行沟通。正因为其具有高度自由与开放的特征,使得网络文化来源很广,传播速度很快,监控难度很大。

文化交流与传播前所未有得高效。随着计算机、通信等相关技术的迅猛发展和高度融合,人们借助网络进行思想文化交流与传播的效率得到很大提高。网络文化更新、传递的及时性,无限延伸的时空度,以及交流方式的多元化,使得全球各地的人们可以同步了解资讯,可以借助网站、论坛、博客等媒介及时发表和反馈感受和体会,可以通过电子信箱、QQ、MSN 等工具及时进行多元互动和交流,可以运用笔记本电脑、手机等移动终端随时随地进行学习和交流。随着人类社会在数字技术推动下向全面感知和互联互通的形态发展,这种文化流通日趋加快。根据 2015 年联合国"贸发会议"(UNCTAD)专家研究,2008 年以来全球信息流通增长了 8 倍。

(二)网络化给中国特色社会主义文化自信带来的机遇

1.有利于丰富中国特色社会主义文化的内涵

建设中国特色社会主义文化,既要坚持以马克思主义文化理论基本原则为指导,又要注重结合中国实际与时代特征。如前所述,当前我国网民规模庞大,在可预见的未来,还将会稳步上升,甚至实现"全民上网"。建设中国特色社会主义文化,绝不能忽视这一重要的实践基础和时代特征。培育有理想、有道德、有文化、有纪律的"四有"公民,就要讲究网络道德,发展网络健康文化,遵守网络法律法规;培育和践行核心价值观,就要培育自由、民主、公正、法治的网络社会,倡导诚信、友善、文明、和谐的网络人际关系;改善网络文化治理,就要注重提升网络文化治理能力,构建网络文化治理体系。网络文化丰富、发展着中国特色社会主义文化,中国特色社会主义文化引导、约束和规范着网络文化健康发展。

2.有利于增强中国特色社会主义文化的传播力

网络化给人们提供了全新的文化交流与传播平台,极大地激活和释放了人们进行文化交流与传播的积极性、主动性和创造性。一是有利于融合传统媒介的功能。一些传统媒介,如书籍杂志、广播、电视等,存在着信息容量少、表现形式单一、缺乏多元交互等缺点,而网络化则突破了这些局限,将传统媒体的功能融为一体,实现了语言、文字、声音、图像等全方位的融合和互动。二是有利于拓展传播渠道。传统的传播渠道,如讲座授课、集训开会、参观见学、广播影视等,或多或少会受到时间、空间和信息的诸多限制。相比之下,网络则具有形式多样、高效便捷等优势。现在,很多党政文宣部门、主流媒体,都可以召开电视电话会议,实现了网络即时通信;大都开设了微博、微信等交流平台,有利于信息的适时发布。三是有利于创新传播方式。网络有着及时高效、匿名隐蔽和多元交互的特点,这样,有关文宣部门和主流媒体,可以最大限度地收集和征求各方对文化建设计划规划、政策措施、主要项目等方面的意见和建议,可以获得来自各阶层、各群体、各角落的真实声音,可以实现广大网民的广泛参与、讨论决策和高效表达。如相关部门网络意见箱、讨论社区等工具的设立,都为民主讨论和科学决策提供了多样形式和高效手段。

3.有利于扩大中国特色社会主义文化的影响

从国内来说,有利于扩大主导文化的覆盖面。随着网络在中国的普及,政府、学校、企业、社区、家庭等都广泛使用互联网和局域网。在这一客观基础上,主导文化借助和依靠网络平台,丰富内涵,创新形式,增强传播,就能够覆盖到全社会,就能够增强主导文化的影响力。从国际来说,有利于中国特色社会主义文化走向全球。网络有着明显的开放性、自由性和全球性特征,随着中国网络核心技术的提升,网络文化传播人才的培养和传播能力的增强,中国特色社会主义文化,或者说当代中国价值观念,就能够更便利地走向世界,扩大主导文化在全球的影响力。

（三）网络化给中国特色社会主义文化自信带来的挑战

1.国家、民族和集体认同的弱化冲击着中国特色社会主义文化的引领力

中国特色社会主义文化是中国的文化，它的创造主体是整个中华民族，具有鲜明的民族性。网络这一全新的平台，使得整个世界成为一个地球村，打破了传统国家的地理概念，弱化了国家的文化主权，这使得广大网民，特别是青年一代，国家感、民族感淡化。甚至有不少青少年，对西方国家的了解超过对中国的了解，对西方文化的认可超过对中国文化的认可。同时，网络具有的高度开放性、隐匿性和自由度，带来了巨大的虚化效应，使得网民更多通过网络社区和虚拟关系进行交往，文化主体性逐步丧失和消解，政府权力与集体权威弱化，个人成为高度支配自我意识的主体，个人价值得到前所未有的彰显，集体归属感减弱，这容易导致个人主义、自由主义、无政府主义等不良观念的泛滥，直接冲击着作为社会主义价值观念重要原则的集体主义道德观。在此背景下，就很难谈得上崇尚中国特色社会主义文化，彰显中国特色社会主义文化价值，更难谈得上用中国特色社会主义文化引领广大网民。

2.网络文化一定程度上冲击着中国特色社会主义文化的吸引力

一是网络文化丰富的内容和多样的表现形式对现实中主导文化的宣传、教育的效果造成了冲击。现实社会中的文化宣传和教育，一方面，教育者，包括各级领导干部和知识分子，与广大群众之间存在较大的信息不对称。教育者拥有获得信息的专门渠道和天然优势，具有较高的政治权威、文化水平和思想觉悟，而被教育者获得信息的渠道比较单一，往往只能从教育者那里获得。另一方面，教育者进行主导文化的传播主要采用传统的固有手段。如"灌输式""传授式""我讲你听""我说你记"等传播模式。而在网络上，文化交流和传播的理念、模式、思路都有很大创新。每个网民都可以随时随

地地发布和获取文化信息,共享丰富多样的思想文化,及时进行"双向式""多向式"交流,这就基本消除了宣传教育者与广大受众之间的信息落差,突出了受众的主体地位,容易达到既定目标。二是大量负面、腐朽文化的存在冲击着主导文化的地位和作用。网络作为一个崭新的领域,在带来巨大便利的同时,也可能成为恐怖主义者和江湖骗子的工具,或是谎言、罪恶的大本营。网络文化中存在着大量负面文化,如暴力、色情、反动、迷信、欺骗、造谣、"三俗"等,占据了不少网民特别是广大青少年网民的时间和精力,主导文化要凸显地位、发挥作用面临很大的困难和障碍。

3.西强我弱的态势冲击着中国特色社会主义文化的影响力

当今世界,美国在信息技术领域遥遥领先。据统计,在国际互联网的信息流量中,有超过三分之二来自美国,而网民人数达 7 亿多的中国,在整个互联网的信息输入流量中所占份额较少。2014 年 5 月发生的美国政府起诉中国军官网络窃密事件,虽说是"贼喊捉贼",但也从一个侧面反映了美国网络技术的强大。以美国为首的西方国家利用在信息技术上的优势,企图对我国进行思想文化和意识形态的渗透。由于我国的网络技术在硬件和软件上都还不够先进,法制不够健全和完善,网络监管和安全防御能力和水平还比较薄弱,这就使得我国与以美国为首的西方国家相比,在网络文化制造、传播和维护方面处于明显弱势。西方凭借先进的网络技术,对我国推行文化霸权和文化殖民。主要表现在:歪曲中国共产党的奋斗历史和政策主张,丑化党的指导思想和高层领导人,利用发生在我国的群体性事件夸大、激化社会矛盾与争端等。如在 2008 年拉萨"3·14"、2009 年乌鲁木齐"7·5"打砸抢烧暴力事件中,西方媒体就利用网络颠倒黑白、张冠李戴,试图通过挑拨离间挑动民族对立。这对中国特色社会主义文化的主导地位必然造成较大冲击,也自然影响到中国特色社会主义文化自信的生成。

第六章

以史为鉴
——中国文化自信的历程和经验

————

在中华民族数千年的发展历程中，文化自信的历程跌宕起伏。审视中华文明的发展历程，自春秋战国时期统一的华夏族最终形成到当今时代，历经鸦片战争、新中国成立、改革开放等主要节点，历史给我们提供了丰富的经验教训，也带来了诸多启示。梳理中国文化自信历史发展演变的轨迹，分析这一发展演变给构建和提升中国特色社会主义文化自信带来的启示，有着重要的意义。

一、中国文化自信历史的跌宕起伏

习近平总书记指出，中华民族历来对自己的文化有着强烈的认同感和自豪感，只是到了近代沦为殖民地半殖民地时，文化自信、国民自信才受到极大损伤。中国文化自信的历史经历了一个跌宕起伏的过程。鸦片战争以前自信满满；自鸦片战争到改革开放初期，经历了一个失而复得、得而复失的曲折过程；进入 21 世纪以来，文化自信不断恢复。

（一）高度自信——鸦片战争以前

在 2100 多年的封建王朝时期，中华文化经历了秦汉、隋唐、两宋和明清等不同的发展阶段，具有强大的生命力，长期独尊一方。作为世界文明古国，在 18 世纪西欧工业革命之前，有 1000 多年的时间，中国文化的成就处于世界顶峰。以儒家文化为代表的中国传统文化，被看作当时世界上最优越的文化，人们对此有强烈的文化自信。

春秋战国时期，中国社会形态由奴隶制向封建制转变。生产发展、科技进步，诸侯争霸、社会急剧变革，思想活跃、百家争鸣。儒、道、墨、法、名、阴阳等战国诸子，个性鲜明、各具特色，创造了中国文化的"轴心时代"。作为中国文化史上的首批学术大家，孔、墨、老、庄等热情创造、不懈求索，创立学派、著书立说，广收门徒、立言阔论，孕育了中国文化的基本精神，奠定了中国文化的历史基础。这一时期中国文化成就辉煌，统一的华夏族最终形成。

秦汉时期，实现了大一统，经济发展，社会稳定，文化发达，在科技、思想、文艺等方面都取得辉煌成就。秦汉文化精神宏大广阔，秦长城、阿房宫、兵马俑，汉赋、汉乐府、《史记》等，都是这一文化精神的辉煌体现。秦汉统治者通过"书同文""车同轨"等一系列政策措施构建了统一的文化形态，通过"罢黜百家，独尊儒术"等措施确立了儒学的正统地位。这一时期，中外文化交流广泛而频繁，张骞出使西域、开辟丝绸之路是其中的代表。

隋唐时期，疆域辽阔，国力强盛，在科技、诗歌、雕塑、绘画和书法等方面的成就辉煌灿烂。隋唐文化热烈奔放、气势恢宏，胸襟博大、兼收并蓄。这一时期对外文化交流活跃，广泛吸收外来文化，南亚的佛学、历法、医学、语言学、音乐、美术；中亚的音乐、舞蹈；西亚和西方世界的祆教、景教、摩尼教、伊斯兰教、医术、建筑艺术及至马球运动等等，从四面八方涌入唐朝，被唐文化广泛吸收，促成了唐文化的宏大气象。

两宋时期,随着中央集权的进一步发展,民族融合的进一步增强,各民族文化得到共同发展。与隋唐文化相比,两宋文化体现出明显的封闭、内省、精致和淡雅的特征。理学、宋词等便是突出的代表。理学的建构,影响非常深远。在士大夫文化之外,市民文化兴起,《清明上河图》就是当时都市繁华生活的生动体现。教育发达,科技成果突出。在"四大发明"中,指南针、活字印刷术都是在宋代发明的。

明清时期(截至公元1840年前),中国处于封建社会晚期,专制主义中央集权达到新高度,社会经济恢复发展,资本主义萌芽产生。明清统治者对中国古典文化进行了大总结,在图书典籍、学术文化方面,展开了规模空前的搜集、整理、考据和编纂,《永乐大典》《康熙字典》等都是这一时期编纂的。这一时期中国早期的启蒙思潮出现,市民文学勃兴,然而清初、中期一系列文化专制政策也使得万马齐喑。这一时期,文化开放包容,利玛窦、汤若望等欧洲耶稣会士将欧洲宗教神学、西方自然科技等传到中国,中国对外交流传播一度处于黄金时期。

可以看出,从春秋战国时期中华文化基本精神奠定、统一的华夏族形成以来,到鸦片战争以前,中国人占据"世界"的中心,在东亚文化圈中处于领导地位,没有哪一种文化能够与之相抗衡,因此不存在文化自信的问题。正如孟子所说:"吾闻用夏变夷者,未闻变于夷者也。"虽然在长期的封建社会历史中,以儒家文化为代表的中国传统文化也发生过一些变化,如宋明理学就吸收了佛学的成分,但其基本精神一直没有改变,广大士人、民众依然对传统文化深信不疑。

(二)失而复得——从鸦片战争到新中国成立

近代以来,中华民族的文化自信多次遭到打击和挫败,趋于衰落,整体式微。随着 1840 年鸦片战争的爆发,中国进入近代社会,在"三千年未有之大变局"中,遭人侵略,任人宰割。经过两次鸦片战争、中日甲午战争、八国联军侵华战争等,被迫签订一系列不平等条约,割地赔款、丧权辱国,使中国人在蒙受前所未有的民族奇耻大辱的同时,对文化的自卑感、沮丧感和危机感油然而生。

面对亡国灭种的危险,为了救亡图存,先进的知识分子痛定思痛、迎难而上,不断求索、遍寻良方。林则徐、魏源等人开眼看世界,打出了"师夷长技以制夷"的旗号,倡导学习西方科技;1860 年之后的三十年中,清政府以"中体西用"为指导,以"富国强兵"为目的,兴起了"洋务运动";康有为、梁启超等维新派强调学习西方政治制度,实行君主立宪;辛亥革命的成功以及中华民国的建立,标志着制度革命取得了胜利,文化观念的变革亟待突破;陈独秀、李大钊等人倡导"科学"与"民主",宣扬个性主义,掀起了新文化运动。

近代以来,由于政治衰败和军事失利,中国逐渐丧失了文化自信,在反思落后原因的时候,不少人迁怒于传统文化,强化或放大了对传统文化负面影响的认识,于是,在 20 世纪的中国,竟然形成了"反传统的传统",中国人的文化自信遭受到严重打击。现在,已经到了该找回中华民族文化自信的时候了。

在挽救民族危机的主题下,在一代代知识分子的求索下,从鸦片战争后产生文化自卑、文化危机开始,到"五四"新文化运动中批判和否定传统文化,中国文化从传统向近代转变。中国民族文化精英们主张通过吸收外来先进文化,创造中国新文化,从而改变国家落后面貌,增强文化自信。

20 世纪初,新文化运动以提倡白话文、反对八股文,提倡"民主"与"科学"为主张,直接促成了反帝反封建的"五四"爱国运动,对中国社会的变革产生了重大影响,成为全民族思想解放运动的重要引擎。十月革命一声炮响送来了马列主义,伴随新文化运动发展而来的"五四"运动,使得中国无产阶级登上历史舞台。

1921 年,中国共产党成立。中国共产党坚持把马克思列宁主义与中国国情相结合,理论上进一步突破创新,认清了中国革命的本质特征和发展趋势,完成了反帝反封建的民主革命任务,夺取了新民主主义革命的胜利。这一时期,在"全盘西化"和"本位文化"两种论调的争论中,马克思主义作为先进的思想理论被中国人逐步接受,中国文化发展的方向逐渐明晰。1940 年 1 月,毛泽东强调,新民主主义文化应该是"民族的、科学的、大众的文化"①。1949 年新中国成立后,中国人民掀起了建设新中国、发展新民主主义文化的高潮,文化自信空前强烈。

(三)曲折发展——从新中国成立到改革开放初期

新中国成立前夕,毛泽东自豪地说:"自从中国人学会了马克思列宁主义以后,中国人在精神上就由被动转入主动。从这时起,近代世界历史上那种看不起中国人,看不起中国文化的时代应当完结了","这种中国人民的文化,就其精神方面来说,已经超过了整个资本主义的世界"②。正是有了这般文化自信的强烈感召,中国人民在中国共产党领导下掀起了波澜壮阔的革命和建设热潮。

新中国成立后,大力发展教育,促进学术繁荣,通过一系列措施,中国取得了文化建设的巨大成就。中华民族由此也摆脱了自晚清以来的自卑心理,表现出一种强大而热烈的文化自信。在革命时期形成的独具特色的革命文化,经历了从形成、发展到鼎盛的过程,在 20 世纪 50—70 年代还曾大规模输出。

由于受到国际国内环境和条件的限制,特别是自身文化建设经验的缺乏,新中国成立后在文化建设和探索过程中出现了一些失误

---

① 《毛泽东选集》第 2 卷,人民出版社 1991 年版,第 706 页。
② 《毛泽东选集》第 4 卷,人民出版社 1991 年版,第 1516 页。

和缺憾，已经形成的正确的文化建设方针没有得到很好的贯彻和落实。如在文化"社会主义改造"问题上急于求成，在学术批判运动中错误打击了一大批知识分子，在文教等领域搞"大跃进"，这些都直接影响了文化建设的效果和质量。而"文革"则将这一"左"的思想路线推向高潮，在"破四旧""批林批孔"等口号下，许多知识分子遭到错误的批斗，不少珍贵书籍文物、古老建筑被焚烧、毁坏，一些优秀的文化传统也遭到彻底否定和批判，西方思想文化被完全排斥。可以说，十年"文革"使我国的科教文化事业遭到了极大的摧残，经济社会发展也停滞不前。这一时期，在很多人心目中的"文化自信"，实际上是一种盲目的、封闭的、狭隘的自信。

改革开放伊始，面对与美日欧等西方国家之间的巨大差距，面对苏东剧变以及世界社会主义运动的巨大挫折，中国人的文化自信又一次面临考验。知识界部分人向往西方，鼓吹反传统、反体制思想，盲目崇拜外来文化，仿佛西方的月亮都比中国的圆。改革开放以来，党和国家高度重视文化建设的战略地位，注重抓好精神文明建设，强调发展社会主义文化，但是在改革开放初始阶段，国人文化自信依然面临考验。改革开放打开了封闭的国门，国人看到了西方先进的物质文明并深感不如，而当西方社会思潮涌入国内时，一些人崇尚西方自由、平等和博爱等价值观，信奉个人主义、享乐主义和消费主义，严重低估中华民族精神文化传统和价值观之于中国经济社会发展和个体生活的重要性，批判甚至否定中华民族的精神文化传统和价值观。随着改革开放的深入推进，我们坚持发展社会主义先进文化，加强社会主义精神文明建设，全民族理想信念和文化自信不断增强。

（四）不断提升——进入 21 世纪以来

进入 21 世纪以来，美国深陷战争泥潭难以自拔，国力消耗严重，特别是受到国际金融危机影响，经济步入衰退，国力相对下降。反观中国,由于经济实现了连续 30 多年的高速增长,GDP 总量先后超越法、英、德等发达国家,仅次于美国。特别是在 2008 年以来的这场金融危机中,虽受牵连和冲击,但依然"风景这边独好",表现优秀。近几年来,中国被称为世界经济的发动机和火车头,中国模式、中国制度、中国道路等引起国际社会的高度关注,很多国家政府和学界都掀起研究中国、学习中国的热潮。当前,中国人民正在为实现中华民族伟大复兴的中国梦而努力奋斗。伴随国力的增强、民族的复兴,中国人的文化自信正在而且必将不断提升。

近些年来,我们对文化地位作用的认识日益深化,日益注重文化的繁荣发展。在党和政府领导下,我们在发展先进文化、增强国家文化软实力、推动文化"走出去"等方面都取得了巨大成就。但是也必须看到,我国的文化发展与经济发展的速度相比,与人民群众的文化需求相比,与西方某些发达国家相比,都还存在较大的差距。促进文化发展、提升文化自信,是一个长期过程,不可能一蹴而就,我们要不断努力,不懈提高。

二、中国文化自信演变的重要启示

(一)文化自信以雄厚的综合国力为基础

纵观中国文化自信发展的历史,可以看出,国力强盛、民族强大、文化繁荣,是产生文化自信的基础。但凡民众对中国文化信心满满的时期,都是经济繁荣发展、国力非常强盛的时期。公元 7—9 世纪的唐朝,就是一个盛世王朝。特别是在贞观、开元年间,政治清明,经济发展,社会安定。正如杜甫在《忆昔》诗中所云:"忆昔开元全盛日,小邑犹藏万家室。稻米流脂粟米白,公私仓廪俱丰实。"唐都长安拥有百万人口,是当时世界上最大的城市,其规模是当时阿拉伯帝国首都巴格达的 6 倍,是当时罗马城的 7 倍。与此相对应的是,文化软实力也最为强大,不仅文化艺术全面繁荣,而且对外交往非常广泛。而在1840年前后的晚清时期,虽然中国在人口、经济和军队总量等方面占据优势,但是不仅在经济结构、科技装备上落后于欧洲,而且在国民意识、思想观念、制度体制等方面也问题重重。可以说,清王朝已经没落,中国综合国力已处下风。在西方列强洋枪大炮的轰鸣下,国家不堪一击、任人宰割,主权丧失、生灵涂炭,中华民族也被人蔑视、侮辱,国人的文化自信连受打击、几近丧失。而进入21世纪以来,改革开放40年为我国奠定了雄厚的实力基础。随着综合国力的不断增强,国际地位的不断提高,人民生活条件的不断改善,我们的文化自信逐渐恢复,对中国特色社会主义文化的自信不断提升。

(二)文化自信以对文化的自觉认知和把握为前提

对文化的自觉认知和把握,指一定主体自觉认知和把握文化的发展演变、特点优劣、未来趋向,以及在此基础上正确认识和处理与其他文化的关系。只有对自身文化有正确认知和把握,才能促进文化发展,才能生成和保持文化自信。相反,则会丧失文化自信。明清以后,封建社会走向衰落,而文化政策等没有及时进行反思和调整,结果导致文化上的封闭保守、盲目自信甚至自恋。"天朝"意识,"中央之国"的情结,使得民族的思考力日益钝化。对文化自觉认知力和把握力的衰退和丧失,导致了亡国灭种危机的来临,也使得中国传统文化由圣坛走向边缘。从鸦片战争到新中国成立的100多年时间内,中国一代代知识分子展开了一场场文化自救运动:"师夷长技",洋务运动,维新变法,辛亥革命,新文化运动,等等。这些运动,从文化器物层面的思索到文化制度层面的思索,再到文化思想层面的思索,逐步突破狭隘的文化心理,不断学习引进西方先进文化,直到确立以马克思主义为指导的新民主主义文化。这一过程中,对文化的认知和把握逐渐自觉和清晰,并最终完成了文化的近代转型,从而为新中国成立时强烈文化自信心的建立奠定了基础。当前,在西强我弱的国际文化交往背景下,西方文化不仅冲击着我国的文化市场,而且影响到我国的意识形态和价值观念。看到这一差距,明确这一态势,是找准所处坐标、明确发展走向的前提。中国共产党有着高度的文化自觉,提出了走自己特色的文化发展道路、努力建设文化强国的目标。随着我国文化发展战略和政策措施的逐步推进和实施,文化自信将逐步恢复,文化自强将如期实现。

(三)文化自信离不开对文化传统的弘扬

柳诒徵指出:"吾民族创造之文化,富于弹性,自古迄今,纚纚相属。虽间有盛衰之判,固未尝有中绝之时。"纵观中华文明发展史,中国文化的基本精神始终得以坚守并不断积淀。即使经历了鸦片战争以来一百多年西学东渐的文化侵蚀,中国文化也没有销声匿迹。就连新文化运动时期主张"全盘西化"的胡适、顾颉刚等人,在主张对古人、古史、古书等旧文化进行批判的同时,还强调要用科学的方法进行整理,以达到继承和弘扬传统文化中科学理性精神的目的,从而建立新文化,重建文化自信。"文革"时期,彻底否定和批判传统文化,对其进行非理性的、自我摧残式的破坏,实际上反映了文化上的极度不自信。对文化传统的弘扬,就是要结合当下国情和时代特征,对传统文化进行辩证扬弃,为文化发展增添新活力。近些年来,国学学习和研究的升温,汉语学习热的出现,都反映了我们更加注重对文化传统的继承和弘扬,也反映了文化自信的回升。

(四)文化自信离不开文化的开放与包容

几千年来,中国文化体现了强大的生命力和延续性。这是当代中国人生成文化自信的历史基础。而这与中国传统文化具有开放性和包容性，注重学习、借鉴、融合外来文化的特征是分不开的。这体现在两个方面。一是体现在传统文化本身。既有不同文化流派之间的吸收与包容，如儒道之间的对抗与互补；也有占据主体地位的汉民族文化对少数民族文化的借鉴与融合，如两晋南北朝社会大动荡时期的吸收和融合。二是体现在如何对待异己文化。那就是海纳百川、博采众长，促使自身发展和壮大。这既包括"引进来"，又包括"走出去"。如马可·波罗游历中国，利玛窦来华传教，张骞出使西域，郑和七下西洋……都是推进中外文化交流的代表。谈到文化的开放与包容，汉唐时期表现得最为典型。这一中国文化黄金时期的出现，大规模的文化交流和文化引进是一大原因。鲁迅曾对此评价说："那时我们的祖先们，对于自己的文化抱有极坚强的把握，决不轻易动摇他们的自信力；同时对于别系的文化抱有极恢廓的胸襟与极精严的抉择，决不轻易地崇拜或轻易地唾弃。"正是由于这一时期文化策略上的开放包容，中国才能够在坚信自身文化的基础上，"坐集千古之智"，大量吸收外来优秀文化，始终保持自身文化的创新与活力。同时，能够及时了解和把握中国文化在世界文化中的地位，进一步坚定文化自信，并不断推动文化输出，增强文化影响力。

实现文化自信，要求我们在文化交流交往中坚持开放与包容的同时，还要坚守文化主体性。正如陈寅恪所说："必须一方面吸收输入外来之学说，一方面不忘本来民族之地位。"在鸦片战争之前长达2000多年的封建王朝时期，中华文化之所以长期独尊一方、信心满满，就是因为始终坚持和弘扬以儒家文化为主体的中国传统文化。当然，能够做到这一点，首先是因为儒家文化本身是一个相对成熟完善的价值系统。

第七章

他山之石
——外国文化自信的经验教训

———

　　研究中国特色社会主义文化自信，外国的经验教训也需要参考和借鉴。外国文化自信的经验教训，包括苏联——这一曾经最大的社会主义国家文化自信丧失的教训，美国——这个当今世界上唯一的超级大国文化自信的经验，以及其他有代表性的相关国家——法国、加拿大、日本、韩国等国文化自信的经验。苏联作为曾经的社会主义"领头羊"，其解体与一定时期内文化自信的丧失有着直接的关系。美国能够成为超级大国，与文化上的自信密不可分。法国、加拿大、日本、韩国等国之所以能够取得文化建设的显著成就，也得益于文化自信。

一、苏联文化自信丧失的教训

　　苏联文化建设的经验教训对我国具有重要的借鉴意义。从列宁到斯大林，从赫鲁晓夫到戈尔巴乔夫，在文化建设方面取得一定成就的同时，也逐渐产生了诸多问题。斯大林之后，思想文化模式具有高度统一和教条僵化的特征，虽然不同时期有所变化，但基本上得以长期保持和延续，最终带来严重后果。到 1985 年戈尔巴乔夫任总书记时，矛盾重重、纵横交错，长期延误的改革很难推动，从而转向所谓"人道民主社会主义"，在思想文化领域搞"公开性"和"多元化"，误入歧途、一输全输，最终导致政治动荡、政局大乱、政权垮台。

（一）要处理好一元文化主导和多样文化并存的关系

文化建设必须牢牢把握文化领导权。为此，必须坚持和加强马克思主义的一元指导和党对文化工作的领导。正如列宁指出的："从原则上说，对于应该有共产党的领导这一点，我们不能有任何怀疑。"①坚持和加强党的领导与坚持和加强马克思主义的指导是内在一致的。马克思主义的指导，党的领导，都是动态的、发展的、鲜活的，不是教条的、停滞的、僵化的。坚持和加强马克思主义的主导地位，是要用其立场、观点和方法来指导和推进文化建设，营造主导文化的舆论强势。一元主导，绝不是要靠思想专制、压制和统制来实现，更不能动辄开展政治斗争、阶级斗争和批判运动。

一元文化主导是建立在允许多样文化并存的基础上的，而多样文化并存又必须以坚持一元文化主导为前提，两者辩证统一。多样并存，绝不是不讲原则，不讲主导，放任自流，任其发展。戈尔巴乔夫执政后，不仅逐渐放弃了党对文化工作的领导，放弃了马克思主义指导以及社会主义意识形态，任多元多样文化自由发展；而且还利用所掌握的文化领导权，操纵文化机构、文化阵地和文化队伍，直接攻击、反叛和颠覆社会主义。加上西方文化的强势渗透和演变，不管是苏共高层，还是广大知识分子和群众，都深陷对马克思主义

---

① 《列宁专题文集·论社会主义》，人民出版社 2009 年版，第 174 页。

的信仰危机和对苏联社会主义文化的信念危机中，丧失了对苏联共产党和国家政权的信任和信心，最终致使苏联被"和平演变"。我们今天建设中国特色社会主义文化，必须牢牢把握党在意识形态和思想文化领域的主导权；必须正确认识和处理好一元文化主导和多样文化并存的关系，营造既团结统一、趋向主导，又丰富多彩、充满活力的思想文化氛围。

（二）要处理好文化发展中坚持自我和兼收并蓄的关系

斯大林时期，特别是在"二战"结束以后其主导的文化批判浪潮中，宣称抵制资产阶级世界主义，否定和排斥西方文化，阻碍了对西方优秀文化的学习和对自身文化的创新。赫鲁晓夫和勃列日涅夫执政时期，适当调整了思想文化领域的方针政策，多次兴起"解冻"思潮，但斯大林时期高度集中的思想文化路线没有得到根本改变，苏联当局依然奉行文化锁国政策，注重抵制批判西方文化，检查限制对外交往，导致思想文化和科学技术的发展一定程度上偏离了世界发展轨迹，文化发展逐渐落后于西方发达国家。这一时期，苏联文化虽然也有对外文化交往，但主要局限于与周边国家以及社会主义阵营内部，比如中国和东欧国家等。并且这些交往主要是苏联输出自己的文化，带有大国沙文主义色彩以及明显的选择性、针对性。1985年戈尔巴乔夫上台后，以"公开性"和"多元化"为原则，走向"民主社会主义"，对外来文化全面放开、不加过滤，导致人们思想混乱、信仰丧失，致使苏联顷刻崩塌。如果说斯大林时期在处理本国文化与外来文化的关系时，过于强调自身文化主体性，犯了文化发展上的狭隘民族主义错误的话，那么戈尔巴乔夫时期则走向了另外一个极端，不加辨别和选择，照搬照抄西方意识形态和思想文化，放弃了对自身社会主义文化主体性的坚守，结果邯郸学步，丑态尽出，不可挽回。如果说斯大林时期是一种狭隘的、封闭的、僵化的文化自信，或者说是一种文化自大、文化自负的话，那么戈尔巴乔夫时期则是文化自信的彻底丧失，是典型的文化自卑。因此，在认识和处理文化发展中坚持自我和兼收并蓄的关系上，既要继承和弘扬优良传统，坚持自身文化主体性，又要保持开放和包容的心态，学习借鉴一切有益的外来文化，包括资本主义文化的有益成分。

（三）要处理好政治和学术的关系

20世纪30年代以后，斯大林逐渐树立起在苏联的绝对权威。他基本垄断了思想文化领域的话语权和解释权，在学术领域开展政治斗争和阶级斗争，甚至把学术问题与政治问题相混淆，致使学术民主和学术自由缺乏，知识分子离心倾向严重，教条主义盛行。如对德波林学派的批判，对"儿童学"的批判，对李森科的支持和对遗传学家的批判，等等。这一状况在斯大林之后并没有得到根本扭转。在这样一种高压态势下，知识分子们为了避免受到歧视、迫害和打击，往往明哲保身、"万马齐喑"，避免与主导思想文化和意识形态发生冲突，更谈不上对苏联革命和建设、历史与现实等问题的批判性反思，以及对西方思想文化和科技教育的介绍和评判。尊重知识分子，鼓励学术自由与民主，提倡学术交流与争鸣，是发挥人们聪明才智、促使人们创新创造的必要前提，是学术研究和文化发展的重要条件，是人的全面发展和经济社会发展的不竭动力。学术观点，不管是在自然科学领域，还是在社会科学领域，一般来说，都不具有政治性。即使一定条件下在某些领域具有政治性的学术争论，在处理时也必须注重区分、把握分寸。对于大部分属于人民内部矛盾的学术争论，应该主要通过交流辨别、讨论说服、批评教育的方法解决。混淆学术问题与政治问题，试图采用强制命令的办法解决学术争论，不仅解决不了问题，而且贻害无穷。

（四）要加强和改进思想政治教育

在列宁和斯大林时期，思想政治教育建设取得一定成就。但是后来，这一教育逐渐流于形式。苏共固守传统的教育内容和形式，强调一味灌输和教化，严重滞后于时代的发展变化，致使思想政治教育事倍功半，缺乏时代性、有效性和感染力。勃列日涅夫执政时期，虽然已经认识到思想政治教育工作的重要性和存在的问题，并投入巨大人力、物力、财力试图加以改进，如1970年修订出版了《苏联共产党历史》等，但都收效甚微，以致后来苏联干脆取消了学校的马列主义课程，放弃了对青年的思想教育。苏联党和政府思想文化教育政策的失误，文宣部门等宣传工具的错位，苏共很多领导干部腐败堕落、渐次蜕化造成的执政合法性危机，对新闻传媒管控的放弃，思想政治教育有效性和说服力的缺失，西方思想文化和意识形态的渗透和侵蚀，等等，这些因素综合到一起，使得广大民众特别是青年一代，价值观严重扭曲，社会主义理想信念崩溃，爱国主义思想淡薄，甚至有不少人对苏联共产党和社会主义有强烈的叛逆心理和对立情绪，而对美国等西方国家的生活方式和价值观念非常向往。在此背景下，苏共的倒台和崩塌没有遇到多大阻力就不足为奇了！思想政治教育效果的好坏，直接关系到文化自信的群众基础、理论基础和思想基础。新形势下，加强和改进思想政治建设，增强思想政治教育时代性、有效性，形势紧迫，任务艰巨。党和政府，文宣部门和新闻媒体，家庭和学校，各级领导干部，等等，都要发挥作用，形成合力，取得实效。

二、美国文化自信的经验

美国作为"二战"结束后世界上最强大的资本主义国家，以及冷战结束后独一无二的超级大国，其文化自信的经验值得注意。美国文化的自信，既建立在其强大的硬实力基础之上，如经济、科技、军事等；也建立在其强大的软实力基础之上，如明确的核心价值观、维护自身文化全球领导地位的决心意志以及文化的高度开放包容等。

（一）奠定强大的实力基础

"二战"是美国确立和提升文化自信的重要标志。战争中，美国强大的实力得到充分的展现，伴随着美军将士及其先进武器装备在欧洲的推进，以牛仔精神、流行歌曲为代表的美国文化，在欧洲乃至全世界逐步流行。作为"二战"的主要战胜国之一，美国主导了战后世界秩序的安排。它凭借主要战胜国的地位以及"自由捍卫者"的形象，树立和掌控了在战后世界秩序中的话语权，美国文化对世界的影响走向巅峰，美国的文化自信一度达到高潮。冷战时期，两极分立。虽然受到以苏联为首的社会主义阵营在经济和军事等方面的竞赛和挑战，美国综合国力依然不断增强，始终保持着西方联盟的领袖地位。美国凭借强大的实力基础和技术优势，通过经济援助、民间交往和文化交流等途径，向其他国家特别是社会主义国家，输出思想文化和价值观念，并成为苏东剧变的主要外因之一。美国将苏东剧变看作其"和平演变"的巨大胜利，苏东剧变也又一次增强了美国的文化自信。冷战结束后，美国乘着新科技革命的浪潮，凭借强大的实力基础和高度的文化自信，向外推行文化霸权和文化殖民，企图在全球建立起包括文化在内的美国领导的单极世界。

（二）建设成熟发达的文化产业

美国的文化产业高度发达，具备很强的竞争力。数据显示，其文化产业年产值占 GDP 比重约为四分之一，占世界文化市场份额约为五分之二，排名世界第一。这主要归功于美国文化市场的高度发达。美国没有专门的文化部门，也没有多少针对文化产业的专门扶持和优惠政策。美国政府所发挥的作用，主要体现在对知识产权的严格保护和对行业自律的引导等方面。

（三）具备世界一流的技术支撑

美国非常注重最新科技在文化领域的应用，以科技支撑文化发展，以文化引领科技进步。拿信息网络领域来说，美国在计算机和互联网软、硬件的大部分技术及标准方面居于垄断地位。如全球互联网的核心——根域名服务器，现在世界上 13 台根服务器中的 10 台设在美国（其中包括 1 台主根服务器），剩下的 3 台，英国、日本和瑞典各设 1 台。这些根服务器由互联网域名和号码分配机构（ICANN）管理，这一机构虽然自称是私营公司，但其管理权却由美国商务部授予。由于域名体系和 IP 号码等控制在美国政府手里，借助于英语这一语言上的优势，依托对大部分技术标准和知识产权的掌控，美国主导着世界文化的解释权、传播权和话语权。

（四）进行有效的文化输出

相对于对外来文化的控制和防御而言，美国更强调的是进攻性和先发制人的对外文化传播和输出，旨在谋求自由、民主等所谓"普世价值"在全球的扩展。美国文化输出之所以成效显著，主要原因有三：一是美国具有"上帝选民"的观念和"天赋使命"的意识，这一文化传统造就了美国文化的优越感和文化输出的使命感，美国人坚信他们向世界传播的是"自由"和"正义"。二是美国在文化理念、文化产业和传播能力等领域具有强大的竞争力，其他文化难以在短期内撼动其主导地位。如在传媒领域，美国传播机构庞大，传播能力较强，CNN 就是其中的一大代表。在 CNN 总部 4000 多人的员工中,海外记者占了四分之一以上。在海外,CNN 有 40 家新闻机构,近 900 家附属电视台,30 多个演播室,600 个新闻网点。它以 12 种语言播出节目,全球观众超过 10 亿。三是美国一直通过多种途径谋求世界文化的领导权和对异质文化的遏制,以服务于其国家战略,维护和拓展其国家利益。美国文化输出领域广泛,涉及商业、人才、教育、宗教、传媒等诸多方面。文化输出方法、手段多样,既有政府合作,又有民间往来,包括政府的法律、政策和经费支持,使别国接受美国文化产品的输出;吸纳世界各国的留学生,通过资助基金会和扶持教育文化交流项目吸引、拉拢和培植异国的知识分子和精英人士等。如冷战时期对苏联异己知识分子的包装,对第三世界"芝加哥男孩"的培养,都是培养文化代理人为其服务的典型。当前,国内有些民众在倾慕好莱坞大片、消费西方奢侈品的同时,也在潜移默化地、自觉不自觉地消费和接受其所蕴含的文化和理念。可以说,美国不管采用什么手段,其最终目的就是向外传播和输出美国的思想文化、价值观念和意识形态,谋求美国文化利益和国家利益的最大化。

(五)注重构建和利用美国主导的国际文化秩序

在现行国际文化秩序中,国际组织和国际规范的作用非常重要。美国非常注重构建和利用这些组织和规范,谋求在国际文化秩序中的主导地位。如联合国下属的教科文组织对国际法律文化的规定,世界贸易组织中关于文化市场国际合作、自由流通的内容。近些年来,对于加拿大、法国等国所实行的对美国文化产品的进口限制,美国所采取的主要应对途径之一就是诉诸世界贸易组织,希望在这一多边合作的框架下解决文化的贸易保护和贸易冲突问题。

三、其他国家文化自信的经验

　　除了苏联、美国这两大最具代表性的国家之外，法国、加拿大、日本、韩国等国也有一些经验值得中国学习借鉴，这里综合起来进行分析。

（一）尊重和维护文化多样性

　　冷战结束以来，面对美国文化的肆意扩张，法国采取多种措施，致力于文化多样性，维护自身文化利益和国际影响。1993年年底，在GATT（关贸总协定）乌拉圭谈判中，面对美国开放文化市场的要求，法国提出"文化例外"，反对美国关于文化产品自由开放与流通的要求。2001年11月，由于法国、加拿大等国家的积极努力，《世界文化多样性宣言》在联合国教科文组织第31届大会上得以通过，表明了国际社会维护文化多样性的共同意向。2005年10月，联合国教科文组织第33届大会通过了《保护和促进文化表现形式的多样性公约》，确认了人类文化多样性的基本特性，使其具有了国际合法性基础。尊重和维护文化多样性，不仅是指在不同的国家和民族文化之间，也包括在同一国家和民族文化的内部；不仅表现在对传统文化和民族文化的弘扬和传承，还表现在建立在这一基础之上的创造和创新。

　　在尊重多样、多元共处方面，加拿大是一个典范。作为一个移民国家，加拿大从立法、行政和政策上支持多元文化主义：尊重各民族、各群体的生活方式、风俗习惯和思想文化；尊重各族群拥有的自由平等地继承和弘扬自身文化的权利；当某些成员，特别是少数群体的文化受到歧视和排挤时，政府进行干预以保障机会的平等和问题的解决；政府设立专业部门和投入专项资金来支持多元文化特别是少数族裔文化的建设和发展等。

（二）注重保护传统文化

日本非常注重保护传统文化。一是建立健全法律法规。1871年颁布的《古器旧物保存方》是日本最早制定的保护传统文化的法规，明确了国家对"文化财"的保护责任和义务。从此之后到"二战"之前，日本颁布了多部关于传统文化保护的法律法规。1950年颁布的《文化财保护法》，对以往所有相关法律进行了梳理、整合、修订、丰富和完善，是一部关于文化遗产和传统文化保护的综合性法律，几十年来，虽有所修改，但总体框架没有发生根本改变，一直沿用至今。二是注重运用现代科技。日本强调运用先进理念和现代化的仪器设备，全面地了解掌握文物信息，提升文物保护的质量，减少对文物的损害。如在对《源氏物语绘卷》等古书画的保护中，注重使用便携式 X 荧光分析装置、伽马射线等先进技术设备，最大程度地减少损坏。三是加强宣传，营造文化保护的良好社会氛围。日本注重通过提供奖励、媒体报道、会议交流、普及法规、发放书籍等手段，组织引导各级政府、民间团体、社会组织和个人积极参与，营造较好的社会氛围。

（三）抵御外来文化的侵蚀

由于奉行多元文化主义的政策，以及与美国存在较大的实力差距，"二战"结束以来，加拿大文化难以与美国相抗衡，受到美国文化的强烈冲击。美国的电影、电视剧、报刊等，占据了加拿大的绝大部分市场。加拿大认识到了这一危机，并采取措施加以应对。1949年成立的梅西委员会是一个旨在促进国家文艺与科学发展的专门机构，这一机构提出，政府要拨出专款补助、提供政策支持以鼓励加拿大人文社会科学的发展，促进加拿大文化的独立。20 世纪 50 年代末60年代初相继成立的广播管理委员会和皇家出版委员会,规定了广播影视和书籍出版中"加拿大内容"的比例。2008年广播电视电信委员会推出了一系列新措施,旨在有效限制跨媒体所有权,等等。这一系列政策和措施的制定,对加拿大防御美国文化的冲击起到了不可忽视的作用。

"一战"结束以后到现在,与英语的国际影响力日趋上升相比,法语的国际影响力日趋下降,曾经辉煌灿烂的法国文化也走向衰落。法国为了抵御美国文化的冲击,以振兴法语为突破口,不遗余力地提高自身文化影响力。1994年通过的杜蓬法,就在公告广告、电台电视台、境内出版物、国际会议等各种媒介和场合中对法语的使用作了明确规定。1996年成立专门委员会负责法语术语和新词的审订,政府规定,"所有法语新词及其解释都必须经过法兰西学院通过,并且在政府公报上发表后才能算数",严格规范了程序和权限。此外,法语事务委员会、法国高等视听委员会等机构,都对法语在相关领域的表达和使用作出了系列规定。

(四)着力发展本国文化产业

为扶持文化产业,促进其较好发展,加拿大采取了诸多措施。包括:成立多个专门机构,增加对相关文化产业的资金投入,通过立法限制美国等其他国家文化资本和产品的输入和侵蚀,采取减免税收等优惠政策鼓励本国文化产业的发展等。在增加资金投入方面,如加拿大遗产部负责管理的2012—2013年度部门性拨款和补助项目金额就达到10.8亿加元。

韩国,从领土面积和人口数量上讲,可以说是一个小国,却又是一个文化大国,文化产业发达,输出成效明显。数据显示,2013年,韩国文化产业市场规模为91.5万亿韩元(约为903亿美元),占到全球文化产业市场规模的5.21%左右。韩国文化产业出口额连年保持高速增长,其近期目标是在 2020 年前成为全球第五大文化强国。与其他国家发展文化产业相比,韩国除了健全政府文化部门设置、制定完善法律法规、提供政策优惠和加大资金投入之外,还特别注重文化内容产业的发展以及文化产业的外向型发展。在文化内容产业方面,注重发展创意文化,如广播电视、游戏业、电影业等;在外向型发展方面,以开拓中国、日本为主的东亚市场为台阶,向海外市场不断进军。近些年来,一度在中、日掀起"韩流"。

(五)加强对外文化交流,推动自身文化走出去

法国政府为向全世界推广和传播法国文化多措并举、不遗余力。一是积极扶持出版业等行业的发展。法国政府为出版业提供了多种政策和财政支持,制定了在税收、投资等诸多方面的优惠政策,设有用于支持法语与外国语言和文字之间翻译的多种政府计划项目。通过这些措施,译者可以申请数额可观的经费和补助,出版商、书商也都获益匪浅,充分调动了多方面的积极性。这使得法国出版业成为其文化产业中的龙头老大,法国人口虽然只有 6000 多万,其每年的图书销售额和版权贸易量却占到全球的 15% 左右。二是致力于对外推广法语。主要措施包括:在相关国家开办学校,教授和培训法语;扶持法语在国外广播影视、互联网络等各种视听媒介的传播;资助法语书籍报刊等在国外的翻译出版;利用"法语国家组织"等平台加强法语国家间的交流合作等。三是创新文化"走出去"的方式方法。如有计划地与相关国家联合举办文化年、文化季活动,以电影节、艺术节等为载体进行文化交流,对某些发展中国家和欠发达国家提供包括教育、人力资源培训等在内的文化援助等。这些措施取得了明显效果,目前,法国文化产品出口占到其出口总额的 5% 以上。

第八章

源头活水
——文化自信的主要来源

————

习近平总书记在庆祝中国共产党成立 95 周年大会上的讲话中指出:"在 5000 多年文明发展中孕育的中华优秀传统文化,在党和人民伟大斗争中孕育的革命文化和社会主义先进文化,积淀着中华民族最深层的精神追求,代表着中华民族独特的精神标识。"这深刻指明了,中华优秀传统文化、革命文化和社会主义先进文化,是中国共产党人文化自信的主要来源。

一、中华优秀传统文化

习近平总书记指出:"要讲清楚中华优秀传统文化的历史渊源、发展脉络、基本走向,讲清楚中华文化的独特创造、价值理念、鲜明特色,增强文化自信和价值观自信。"①中华优秀传统文化是中国特

————

① 习近平:《把培育和弘扬社会主义核心价值观作为凝魂聚气强基固本的基础工程》,《人民日报》2014 年 2 月 26 日。

色社会主义文化的根源,是中国特色社会主义文化自信的根基。

(一)发展脉络

从时间上讲,中华优秀传统文化是指自上古时期中国文化起源以来到鸦片战争爆发之前这一期间中华民族所创造的优秀文化。从主要内容上讲,对中华优秀传统文化影响较大的,主要有原始儒家、原始道家、中国佛学和宋明理学。从基本脉络上讲,中华优秀传统文化的发展经历了一个孕育展开、奠定基础——儒学主导、抽象发展——有机整合、体系发展的历史过程,相应地可以划分为三个时期。

1.孕育展开、奠定基础时期

从遥远的上古到秦王朝建立之前的先秦时期,是中华优秀传统文化孕育发端、逐步展开的时期。这一时期,为中华优秀传统文化的发展提供了丰富资源,奠定了坚实基础。

殷商之前的上古时期,是中华优秀传统文化发端的初始时期。文化的本质即人化,170万年前的元谋猿人已经开始进行着原始文化的创造。石块等粗糙的初始工具的使用,摩擦生火技术的发明,陶器的广泛制作,都标志着原始物质文化的不断进步。同时,原始宗教、艺术等观念文化也逐渐发展,大自然、祖先和图腾等是人们崇拜的主要对象,陶塑、陶绘、雕刻等原始艺术对此都有生动的体现。中华传统文化发生发展的初始阶段,就呈现出一种多元发生的状态。在黄河、长江等流域以及中国中部、北部的部分地区,都有考古学方面的广泛而又充足的确证。在中华先祖三大文化集团内部以及集团之间的战争中,华夏集团获得最终胜利,其在中华文化发端中的主流地位由此得以确立。

殷商西周时期,中国文化从神本走向人本,开始形成自己的独特面貌。以甲骨文的使用、典册的编纂和青铜器的制作等为标志,殷商时期的古代中国文明水平明显提高。在殷商文化中,"上帝"这一神的地位最高,不仅统率世间万物,而且主宰人间一切。因此,人的行为举止就要听命于上帝,尊神重鬼。周朝建立后,一方面确立了以血缘为纽带的宗法制度,另一方面制礼作乐、尊礼尚德,实现了文化模式的转换。周代礼制,主要围绕"亲亲""尊尊",具有诸多礼节和仪式。它集中而全面地体现了周代文化,成为人们在各种生活领域必须遵守的行为准则。这一礼制,被后世儒家不断继承和发展,成为约束人们思想和行为的强有力的规范。发端于这一时期的德治、民本、忧患等思想,不断演变和发展为中华优秀传统文化的重要组成部分。作为中国哲学的来源和基础,《周易》中所蕴含的天人合一、阴阳二分等精神,为中华优秀传统文化的发展奠定了普遍而永恒的基础,产生了巨大而深远的影响。

春秋战国时期,百家争鸣,文化辉煌,奠定了中华文化的基本走向,是中华优秀传统文化发展的"轴心时代"。这一时期,礼崩乐坏,战乱频仍,社会动荡,各种势力变革重组,给思想文化繁荣发展提供了契机,儒、道、墨、法等各派为救时势之弊,各自提出特色鲜明的学说。孔子的儒学,"仁"是核心,"仁者爱人",推己及人;"礼"和"中庸"是其重要的思想内容,重视血亲伦理,强调修身治国。作为儒学的孪生兄弟,道家与儒家之间既相通相近,又相反相成,密切联系,互为补充。相对于儒家对宗法伦理、现世事功的强调,道家更尊崇天道自然,提倡无为而治。法家则主张通过强令严律治国理政,法、术、势是其基本要义。

2.儒学主导、多元发展时期

从秦汉,经魏晋南北朝,到隋唐,中华优秀传统文化获得进一步丰富和发展。这一时期,总的来说,是文化多元发展,儒学占据主导地位。

秦汉时期,在实现大一统的同时,统治者采取一系列措施致力于建立统一的思想文化，包括统一文字、车辆轨度和货币等。这些措施的推行，提升了人们在生产生活和文化上的共同性，增强了人们进行沟通和交流的思想文化基础，促成了中华文化共同体的建立。西汉时期，儒学成为思想文化领域的"一尊"。"三纲五常"、天人合一等思想，都对中华优秀传统文化的发展产生了较大影响。

魏晋南北朝时期，前后四百年战乱不断，王朝更替让人目不暇接。秦汉帝国的文化一统局面被打破，思想文化的发展趋于多元。针对东汉后期经学过于繁琐的弊病，以及当时政治的腐败和时局的混乱，玄学适时而生。魏晋玄学是对老庄哲学的继承和发展，它围绕构建理想人格这一主题，引导人们思考和寻求个体人生的意义和价值，是一种本体论哲学。同时，随着道教的创制，佛教的本土化发展，逐渐形成了儒、玄、道、佛之间既相互冲突又相互融合的多元激荡格局，使得这一时期文化发展呈现出多元多样、多重多向的复杂特征。可以看出，这一时期的中华文化显示出巨大的包容性。

隋唐时期，文化盛大恢宏，对外交流活跃，成就辉煌灿烂。这一时期文化的兴盛，既得益于帝国的强大，也得益于统治者实行的科举制度。一批批庶族寒士中的精英走入仕途，依靠的不是世袭的特权，而是自己的真才实学。他们富有自信，充满朝气，积极创作，使得隋唐文化灿烂夺目，在文学、绘画、诗歌、雕塑、音乐和书法等诸多方面都取得了辉煌成就。这一时期，佛学得到进一步发展，它围绕"生死轮回、因果报应"的教义，倡导人们积德行善、修身养性。

3.有机融合、辩证发展时期

从秦汉到隋唐时期的文化发展表明，不管是儒家文化，还是经过初步交融的儒道佛文化，都难以满足经济社会发展的需要。经济社会文化的发展，呼唤建立一个有机整合、辩证综合的文化体系，宋明理学由此产生。它是一种"新儒学"，在传统儒学的基础上，吸收融合了道佛的相关思想。

宋明时期,理学的建构成为文化发展的里程碑。这一学说,以其精致的思想、完备的论述代表了中国封建社会后期理论水平的最高境界,影响深远。理学将纲常伦理视为世界的本体和最高的力量,即"天理"。从广义上来说,程朱理学和陆王心学都是理学的一部分。程朱理学提出把人道上升为天道,以天理抑制人欲,主张通过自律以达到自觉地认识天理,试图以此构建理想的道德人格。这些思想有利于约束人们的个体私欲,有利于强化人们重义轻利的价值观念,有利于培养和造就中华民族强调气节操守、注重责任担当的文化品格。陆王心学则认为"理"就是人的"心",人心是客观道德法则与主观思想观念的根源。人们要提升道德修养,就要自觉存心明性。这一思想有利于调动和发挥人的主体作用。

两宋时期,文化浸润着明显的内趋、淡雅、精致和细腻的风格。两宋教育非常发达,学校等级差别逐步减小和弱化,地方州县学校得到前所未有的发展。发达的教育,使得宋时人才济济,民众的受教育程度总体较高。在此背景下,科技成果非常突出,在天文、地理、医药等诸多领域都有显著成就。宋文化在中华优秀传统文化发展史上占据重要地位,正如陈寅恪所指出的:"华夏民族之文化,历数千载之演进,造极于赵宋之世。"

两宋时期,中国北方先后出现了辽夏金这三个游牧民族建立的政权,它们长期与宋对峙,矛盾冲突不断。这一方面对宋文化形成了威胁,使其浸染着一股浓郁的忧愤气息;另一方面,北方游牧民族倾慕汉文化,并从中汲取丰富营养。后来蒙古族建立了庞大的元帝国,促进了中华文化自身的交融,也促进了与外域文化的交流。这一时期,元杂剧创作成果突出,如《窦娥冤》《西厢记》等,既表达了对社会黑暗与不公的斥责与鞭挞,又反映了对美好未来的希望与追求。

明清时期(截至公元 1840 年前),文化专制前所未有得严酷,中国早期的启蒙思潮出现，一些进步思想家对君主专制、正统文化展开了抨击和批判，可谓是中国的"文艺复兴"时期。这一时期，明清统治者投入巨大人力、物力、财力对中国古典文化进行了大总结，在图书典籍、学术文化方面展开了大规模的整理和编纂。

（二）基本精神

中华优秀传统文化是中华文化在长期发展演变过程中所形成的传统文化的优秀部分。其基本精神是指受到广大人民群众认同和接受的，对推动中华民族以及经济社会文化发展起到积极促进作用的最根本的精神动力和思想基础。中华优秀传统文化的基本精神在中国文化发展演变中起着主导作用，其内容至少应该包括以下几个方面。

1.天人合一

天人合一是中华优秀传统文化的主要特色和根本理念，是中国古代思想家的普遍共识。早在先秦时期，天人合一的思想就已发端。西周时期，天就是"上帝"，是居于最高地位的神，人受到天的主宰，天人关系表现为神人关系。春秋时期，子产说："天地之经，而民实则之。"这里就把天地运行的自然规律与民众应该遵守的行为规则联系起来，体现了天人相通的含义。庄子认为，气是天地自然万物的来源，人从属于自然。他认为天人对立是由人类自身创造的各种条条框框造成的，从而提出"无以人灭天"的思想，致力于达成天人合一的思想境界。《易传·文言》较为全面地阐述了"与天地合其德"这一命题，强调的就是人要认识自然、顺应自然，把握规律、尊重规律。这些都是先秦时期关于天人合一的代表性思想。

在中国文化发展史上，首个明确使用"天人合一"这一概念的是宋代的张载。他指出："儒者则因明致诚，因诚致明，故天人合一，致学而可以成圣，得天而未始遗人。"（《正蒙·乾称篇》）这里的"明"，指的是人们对客观世界的正确认识和看法；这里的"诚"，指的是天地运转遵循的基本规律。这句话可以理解为：人们对客观世界有了正确认知，就能够把握客观规律；反过来，尊重和利用客观规律，人们就能够更好地认识世界，从而达到主观认识和客观世界的统一，即人道与天道的统一。

宋代之后，对于天人合一，学者视角不同，主张多样，但也有一些基本共识。学者们普遍认为，天人合一从本质上来说，是关于主观思想与客观世界、主体行为与客体规律、人类与自然的协调与统一问题。古代思想家就此进行的辩证思考，有着极为重要的意义。它启示我们，主观思维和客观自然都有着各自的规律，这些规律之间具有相似性和一致性，是可以被认识和把握的。对于人与自然的关系，一方面，人要尊重自然；另一方面，自然界并不是神秘莫测的，人类经过自己的努力，是可以认识和利用自然的。这些由天人合一所引发的启示，对于我们今天处理好人与自然的关系，适度地开发自然，避免和减少对自然生态环境的破坏，都有重要的意义。

2.以人为本

以人为本，是中华优秀传统文化的重要内容，是贯穿中华优秀传统文化发展历程的主线。中华优秀传统文化的产生和发展，以及这一过程中不同派别与思潮争论和关注的焦点，都是围绕人而展开，人是世界的中心以及思考和研究所有问题的根本。人可以"参天地"，可以知天命，天道也是人的思想、意志和理性的化身。

以人为本，是古代儒家学者一贯的主张。孔子就对鬼神持怀疑态度，而对人和人的生命则非常重视。东汉仲长统提出"人事为本，天道为末"，可谓是对人本思想进行了高度概括。两汉时期，佛教传入中国，主张灵魂不死、因果报应、三世轮回。对于这些有代表性的思想，也有不少思想家理性地进行了批判，如南朝范缜的《神灭论》，就有力地驳斥了灵魂不死的思想，捍卫了人本主义。宋明时期，理学各派的学说和思想虽然存在诸多矛盾与分歧，但都反对宿命论，肯定人的主体价值，坚持并躬行以人为本的立场。

中华优秀传统文化中的以人为本，以人的道德实践、道德修养为主旨，以人的思想提升、价值实现为目的，是一种道德的人本主义。它对构建人的道德，提升人的修养，激发人的活力，发挥人的主体作用，都有着重要的意义。

3.贵和尚中

贵和尚中，和，是指和合、和谐、融合；中，是指中庸、中道、中和。中国传统文化中一直富有"持中贵和""和实生物""和而不同"等思想，贵和尚中是中华优秀传统文化的基本内容和重要表现。

在中国文化发展史上，"和同之辨"长期存在。通过思想的争论与交锋，体现了思想家们重和去同、和而不同的价值观念。西周时期的史伯就提出"和实生物，同则不继"，认为不同事物之间相互配合，才能达到矛盾的调和与关系的和谐，才能生成新的事物，从而开辟了对"和""同"关系进行探讨的先河。春秋时期的晏婴通过对君臣关系的分析，阐述了相济相成的思想，进一步深化和丰富了"和"的内涵。孔子提出"君子和而不同，小人同而不和"，体现了明显的重和去同的思想。中国古代思想家们提出和阐述的重和去同思想，肯定事物多样性的价值和多样性的发展基础，认为多样性是事物的本质特征和发展动力，主张对不同的思想和文化交流融通、兼容并包，有着重要的意义。在中国文化的发展历程中，儒家占据主流，同时不断吸收了道家、法家、佛家等多元多样的文化，并且对外来的一些宗教也能够容纳和吸收，在吸收多种多样思想文化的基础上，不断融合，多样统一。

提倡和谐是"贵和"思想的重要内容。《易传》提出"保合太和"，就是一种最高的和谐境界。张载把"太和"看作最高的"道"的范畴，并认为这种"和"不是不要矛盾、否认差别，而是建立在矛盾双方的对立统一、相互转化的基础之上，是一种运动的、发展的、总体的和谐。中华优秀传统文化中提倡的和谐，包括了人与人、人与自然等多方面的和谐。孟子认为"天时不如地利，地利不如人和"，把"人和"，也就是人民的团结和睦、社会的和谐稳定，放到了比"天时"和"地利"更为重要的位置。推己及人，由小及大。中华优秀传统文化中把和谐作为基本原则，来处理人与人、人与集体、人与社会、人与自然之间的关系，包括用来处理与外国、外族之间的关系。纵观中华民族的历史，可以发现，爱好和平的传统，协和万邦、亲仁善邻的思想一直影响深远。从丝绸之路到郑和下西洋，中国所带去的是和平与友谊，而不是杀戮与奴役。

"贵和"与"尚中"，两者密切联系，互为条件。"中"，强调的是不偏不倚，不狂不狷。"中"是"和"的基本途径，"和"是"中"的根本目的。传统儒家把保持中道作为达致和谐的根本途径，《中庸》把"致中和"作为天地万物各得其所的前提条件。贵和尚中，作为中华优秀传统文化的重要内容，对中国文化的发展、中国人性格的养成至今仍然有着积极而又重要的意义。为人处世讲究分寸、不走极端，注重集体、民族和国家利益，着力维护国家统一、民族团结、社会稳定和人际和谐，都是这一基本精神的重要体现。

4.刚健有为

刚健有为，是中华优秀传统文化基本精神的重要内容。孔子提出的"刚毅、木讷，近仁""三军可夺帅也，匹夫不可夺志也"，强调了"刚毅"的优秀品德和高尚气节，最早论及了这一思想。在此基础上，其弟子曾参倡导有志有德之人要"弘毅"，肩负起应当履行的使命责任。《易传》提出"天行健，君子以自强不息"，简明而又精准地阐述了刚健有为的思想。意思是说，有道德的人应该效仿天体运行的健动规律，奋斗不止，自强不息。明末清初的学者，如王夫之等人，都推崇"健动"学说，他们围绕"健动"的生命指向、道德原则、家国意义等方面,展开了深刻论述。

刚健有为主要有两点含义:一是刚健自强。孔子主张杀身成仁,孟子推崇舍生取义,等等,都是刚正不阿、独立自强、崇尚气节的生动写照。二是变革求新。无论是《礼记·大学》倡导的"日日新",还是《易传》称道的"汤武革命",都强调不断进取、革故鼎新。这种精神,自提出至今两千多年来,深入人心,为大家所普遍接受,在全社会都产生了广泛而深远的影响,有着极为重要的意义。一方面,它对个人成长、社会进步、文化发展、国家强大都有着极为重要的推动作用;另一方面,无论是上层人士,还是普罗大众,在国家和民族遇到挫折和磨难时,选择的往往是坚持抗争、坚贞不渝。

(三)传统美德

中华优秀传统文化以道德为核心,传统美德是其核心要义。中华民族的传统美德,内容丰富,源远流长,这里从人与自身、人与家庭、人与他人、人与社会、人与国家以及人与自然等六个方面的关系表现来进行认识和把握。这些传统美德,是弘扬优秀传统文化的关键,是当下用于处理人与人、人与社会,乃至国家间关系的源头活水。

1.在人与自身关系上,修己养身、知行合一

中国传统文化是一种人伦文化、伦理文化,特别注重对人性的强调。它把律己修身看作是人们为人处世、提升道德、实现价值的根本,主张道德主体通过不断地向内"求诸己",逐步提高自身修养,从而构建良好的人伦关系和秩序。在中国文化发展史上,关于人们修己养身的方法途径数不胜数,有代表性的主要有慎独、内省、主敬、静坐、谨言、诚信、有恒等。

知行合一,是明朝著名哲学家王守仁提出的一个重要命题。知,指的是思想认识、道德理念;行,指的是人的行动与实践。两者既有

区别,又密切联系,只有真正统一起来,才能达到修己养身的至善境界。这一命题的提出,纠正了程朱理学知行分割、知先行后、重知轻行的风气,进一步发展和完善了知行关系。

2.在人与家庭关系上,仁爱孝悌、勤劳节俭

"仁"在中华民族传统美德中居于最根本的地位,是一个具有最高统摄力的德目。它起源于人类群体生活的最小单元——家庭,根源于家庭成员在共同生活中产生的亲情。"仁者爱人","孝弟也者,其为仁之本与","爱人"是这一德目的核心,孝悌是其根本表现,父慈子孝、兄友弟恭是其首要而又基本的内容。以此为基础和圆心向外推及和拓展,由家庭、家族到社区、单位,到国家和民族,逐步走向博爱,这就是"忠恕之道"。仁德以及由其推及的忠恕之德,在中华民族道德生活中具有普遍而广泛的影响,居于极为重要的地位。这一德目对形成和睦的家庭关系,浓厚的家族亲情,以及民族团结和社会稳定等都具有根本性的意义。

勤劳节俭是人们操持家务、维持家族关系的重要原则。勤劳,就是辛勤劳动,不怕劳苦;节俭,就是提倡节约,避免浪费。两者密切联系,勤劳是为了创造更多的成果,节俭表明了对劳动成果的态度。孔子的"温良恭俭让",老子的"三宝",墨子的"节用"等,都表明了中国古代思想家对节俭的注重。"成由勤俭败由奢""俭以养德",这些名言警句都强调了勤劳节俭的重要意义。古往今来,勤劳节俭的故事数不胜数,季文子生活简朴,毛泽东粗茶淡饭,都为国人作出了表率。

3.在人与他人关系上,谦和有礼、诚信务实

中国"礼仪之邦"的称颂享誉全球,"礼"是中华传统美德的突出表现,是在处理人际关系时的基本要求。《诗经》曰:"人而无礼,胡不遄死?"体现了礼作为人立身处世之本的重要意义。作为处理人与他人之间关系的基本德目,礼通常被解释为注重礼节、讲究礼让、

文明礼貌。谦和是礼的基本表现和要求。谦和就是谦虚平和,与骄傲自满、自以为是相对。体现在处理人际关系中,就是尊重他人的人格、利益和诉求,主动谦让,求同存异,恰如其分地解决存在的矛盾与争端。

诚信务实的传统美德,来源于中国几千年的自然经济的农业生产方式,与中国传统文化中占主导地位的性善论密不可分。诚,就是真诚、诚实,所谓真诚无妄、诚者天道。信,就是注重信用和信义,所谓"人而无信,不知其可"。信与诚相融相通、密不可分。总的来说,诚信,就是待人诚恳、诚实守信。务实是诚信的合理延伸,为人处世中诚信的价值标准,要求人们求真务实、反对虚妄。

4.在人与社会关系上,克己奉公、义以为上

克己奉公的传统美德,根植于中国几千年的集体主义文化,体现了社群至上和整体主义的文化精神。在传统宗法社会中,家庭是集体社会的最小细胞,每一个个体成员都要维护家庭的集体利益,继而推及家族、宗族、社会和国家。克己为了奉公,奉公必须克己。克己奉公,就是克制私心,超越私利,先公后私,以整体利益为重。中国传统文化中的大公无私、天下为公等都是这一传统美德的体现。

同样体现中国集体主义文化精神,与克己奉公相关的,是义以为上。义利关系的问题是中华传统文化中处理群己关系的一个重要问题。子曰:"君子义以为上。"强调了义的可贵,指明了处理义利关系的基本道德准则。在中国伦理发展史上,涉及义利之争的主要有三种观点,即重义轻利、重利轻义和义利并重。其中早期儒家的思想影响深远,见利思义、先义后利等都是其"义以为上"道德观的体现,而见利忘义、放利而行则是其明确反对的价值取向。

5.在人与国家关系上,精忠爱国、知恩图报

精忠爱国,就是对养育自己的祖国母亲怀有深厚的热爱之情,并为之竭尽忠诚、不怕牺牲。这是中国宗法文化集体主义精神在宏观

层面的体现,是爱亲人、爱家庭的合理延伸、自然扩展和必然升华。在这一传统美德的影响下,几千年来中华民族显示出强大的凝聚力、感召力和生命力。特别是当国家、民族受到外敌侵略,处于生死存亡关头时,一批批中华儿女、志士仁人为捍卫和维护国家与民族利益,坚持斗争,抵抗侵略,甚至以身殉国。

知恩图报建立在精忠爱国的基础之上。它由仁爱孝悌延伸而来,可以用于处理多种关系,包括人与国家的关系。"滴水之恩,当涌泉相报"的古语代代相传。正因为人们认识到国家对自己的深厚培养之恩,所以才产生对国家的深切热爱,为了感谢和回馈国家的恩惠,人们想方设法进行报答。

6.在人与自然关系上,尊重自然、仁爱万物

《易传·文言》提出的"与天地合其德",老子揭示的"天与人一也",张载论述的"天人合一",都强调人要尊重自然、把握自然界的规律。另外,中国古代思想家还主张"仁爱万物",曾子提出"树木以时伐焉,禽兽以时杀焉",孟子讲"亲亲而仁民,仁民而爱物"。这里,孔孟等古代圣贤将道德从人类进一步向外扩展,主张包括非人类生物在内的一切生命都有其独特价值,都应该享有道德权利,都应该受到人类的珍视和关爱。人类的物质生活、精神生活都离不开自然界,自然界的一切生物,人类都应该热爱和尊重。自然界对人具有明显的制约性,人类的生产生活必须遵从自然界的规律。当前,人类绝不能为了一时的经济利益而唯利是图、竭泽而渔,要适度、理性地开发利用自然,致力于实现人与自然的和谐发展。

二、革命文化

革命文化是党领导人民在革命和战争年代形成的精神标识和精神财富。革命文化在我国文化建设中起到了传承、融合和创新发展

的作用,是中国特色社会主义建设不断向前发展的强大支撑和不竭动力。继承和发扬革命文化的精神实质,能使广大党员干部保持高尚的精神追求,在开展中国特色社会主义建设时保持和秉承足够的底气和自信。

(一)内涵特征

1940年1月,毛泽东在陕甘宁边区文化协会第一次代表大会上指出:"革命文化,对于人民大众,是革命的有力武器。革命文化,在革命前,是革命的思想准备;在革命中,是革命总战线中的一条必要和重要的战线。而革命的文化工作者,就是这个文化战线上的各级指挥员。"①毛泽东在这里所讲的革命文化,指的是"新民主主义的文化"。当时,这篇演讲的题目是"新民主主义的政治与新民主主义的文化",后来在延安出版的刊物《解放》上登载时,题目改为"新民主主义论"。在这部著作中,毛泽东全面论述了我们党领导的新民主主义革命的理论,他强调,"所谓新民主主义的文化,一句话,就是无产阶级领导的人民大众的反帝反封建的文化",其特点就是"民族的、科学的、大众的文化"。革命文化,是以革命为思想内核和价值取向,以人民大众的利益为出发点和落脚点,以倡导、研究、阐释、奉行革命理念为主要内容的文化形态和文化现象。革命文化,在革命中不断发展和完善,在建设中不断传承与拓展。

1.科学内涵

革命文化是中国革命斗争实践的结晶。革命是中国近代历史发展的主线。近代中国,国家积贫积弱,人民饱受磨难。在旧民主主义革命时期,为了拯救国家和民族,无数仁人志士进行了长期的探索和斗争,但都无法从根本上改变中国人民的悲惨命运。中国共产

---

① 《毛泽东选集》第2卷,人民出版社1991年版,第708页。

党勇敢地担负起历史重任,为了民族独立和国家解放,以1919年"五四"运动为始,历经北伐战争、土地革命、抗日战争、解放战争,不怕牺牲,不懈奋斗,最终建立了新中国。从嘉兴南湖的红船到井冈山革命根据地,从夺取民主革命的全国胜利到建立中华人民共和国……在风风雨雨的革命征程中,一代又一代的中国共产党人挺起脊梁、奋起抗争,抛头颅、洒热血,不畏艰险、宁折不弯,甘于奉献、奋发图强,进行了一次次气壮山河的斗争,谱写了一曲曲可歌可泣的史诗,铸就了中国共产党人不朽的精神特质,也为中华儿女留下了宝贵的革命文化财富。在新民主主义革命的不同阶段,因革命斗争具体目标、任务的需要,区域本土文化土壤等社会历史条件的不同,又培育生成了各具鲜明区域特色的革命文化,体现了中国革命文化多样性与统一性、区域性与整体性、继承性与创新性的有机统一。井冈山时期形成和发展起来的井冈山精神;两万五千里长征途中产生和发展起来的长征精神;在抗战实践中孕育并发展起来的抗战精神;在同国民党反动政权决战中形成和发展起来的西柏坡精神,都是这一伟大结晶的典型代表。这些红色基因已经渗进我们的血液、浸入我们的心扉,是我们传承红色江山的精神航灯和信念路标。

革命文化的创造主体是中国共产党和党领导的人民群众。我们党作为领导革命的核心力量和革命的中流砥柱,在革命文化的形成过程中起到了主导作用。"五四"运动时期,具有初步共产主义思想的先进知识分子在中国传播了马克思主义,为革命文化的形成创造了必要的条件。中国共产党以马克思主义为指导思想,在革命实践中,把马克思主义同中国革命的具体实践相结合,形成了独特的代表中国无产阶级利益的文化。人民群众的拥护与支持,是中国共产党领导的革命运动取得胜利的根本原因,人民群众在革命运动中创造了丰富多彩的文化形式。中国共产党坚信群众是真正的英雄,尊重人民群众的首创精神,能够广泛地吸取人民群众在革命斗争中创造的多种斗争形式,不断充实到革命文化之中。

革命文化是在马克思主义指导下汲取古今中外优秀思想而形成的文化。革命文化,是中国共产党和中国人民在长期的革命实践中,以马克思主义为指导,不断地选择、整合中外优秀文化思想的基础上所形成的特定的文化精神和文化形态。它酝酿于近代,形成于"五四"以后,成熟和发展于新民主主义革命时期。在"革命文化"阶段之前的中华文化可以称之为"中华优秀传统文化","革命文化"阶段之后的中华文化可以称之为"社会主义先进文化"。革命文化植根于中华传统文明中,承上启下。马克思主义是革命文化的核心和思想理论基础。诞生于世纪危局下的中国共产党,秉持坚定的理想信念,以挽救民族危亡为己任,以先进的马克思主义理论为指导,在中国革命的具体实践过程中创造出了带有鲜明中国烙印的革命文化。革命文化在当代的社会主义建设中成为新的鲜活的传统,它以人民大众的利益为根本取向,在革命实践中不断创新和完善,在建设中不断拓展与发挥。中国特色社会主义先进文化旨在弘扬以爱国主义为核心的民族精神,以改革创新为核心的时代精神,其实质即革命文化在当下的一个延伸。继承和发扬革命文化,我们要有足够的底气和自信,为人类社会美好理想的实现提供道路、理论和制度范本。

革命文化凝聚了中国共产党和人民群众的革命思想和精神风貌。马克思主义是革命文化的思想理论基础。"五四"运动后,随着马克思主义及其主导地位的确立,中国革命的面貌焕然一新。共产主义理想信念是中国共产党人坚定的革命理想信念,是革命文化的最高理想境界。实现共产主义是共产党人不懈追求并为之奋斗的最终目标,是人类历史上最伟大、最壮丽的事业。共产主义理想信念是共产党人的精神支柱和力量源泉,激励了千千万万革命者和人民群众不怕流血牺牲,投身革命运动。真正的共产党员必须不怕艰难险阻,加强自身修养,坚定理想信念,努力为党和人民的事业奋斗终身。崇高的革命精神及道德情操,是革命文化的重要内容。中国共产党在长期革命斗争中形成的井冈山精神、长征精神、延安精神、西柏坡精神等不同时期的革命精神,是革命文化的重要内容。1980年12月25日,邓小平在中共中央工作会议上指出:"在长期革命战争中,我们在正确的政治方向指导下,从分析实际情况出发,发扬革命和拼命精神,严守纪律和自我牺牲精神,大公无私和先人后己精神,压倒一切敌人、压倒一切困难的精神,坚持革命乐观主义、排除万难去争取胜利的精神,取得了伟大的胜利。"①邓小平将其概括为"五种革命精神"。在这些革命精神的激励下,我们夺取了新民主主义革命的胜利,赢得了民族独立、人民解放。

2.主要特征

彻底的革命性。革命文化是因"革命"而产生的文化,是在中国共产党领导下为了实现新民主主义革命的胜利而创造的文化。毛泽东指出:"在'五四'以后,中国的新文化,却是新民主主义的文化,属于世界无产阶级的社会主义的文化革命的一部分。"②革命文化的目的就是通过"革命"改变中国社会。革命文化,奠定了"五四"运动以来中国革命的思想前提,成为人民群众革命的精神支柱,为广大革命者提供了精神动力和信心勇气,为中国革命的发生、发展和胜利起到了重要的引导和促进作用。

鲜明的阶级性。这种革命文化是无产阶级领导的革命文化,体现的是马克思主义的世界观,体现了无产阶级和广大人民群众的诉求和愿望,坚持了马克思主义基本原理、基本观点和基本方法,展现了中国共产党人的革命精神和道德风范。在革命文化发生发展历程中,中国共产党牢牢地把握着革命文化的领导权,指引着革命文

---

① 《邓小平文选》第 2 卷,人民出版社 1994 年版,第 367—368 页。
② 《毛泽东选集》第 2 卷,人民出版社 1991 年版,第 698 页。

化发展的方向。这种革命文化是为无产阶级和广大劳动群众服务的，并为人民群众所接受。

广泛的群众性。人民群众是革命文化的主体，革命文化是人民群众在革命实践中创造出来的精神文化产品，来源于人民群众的实践，反映了人民群众的精神风貌。人民群众一旦接受和掌握革命文化，就会转化成强大的思想武器，促使自身的觉醒。从革命根据地的"打土豪、分田地"，到解放区人民的参军、支前，无不体现了人民群众在接受革命文化洗礼后踊跃参加革命的热情，体现了革命文化的群众性。

（二）基本精神

革命是中国近代历史发展的主题。孕育和成长于战斗岁月的革命文化积淀着中华民族最深层的精神追求，代表着中华民族独特的精神标识，是每一名党员干部都必须坚持的身份烙印。

1.理想崇高

这里所讲的理想，是指共产党人关于国家、民族、人民、人类的前途、命运、利益的理想，最根本的就是共产主义远大理想。共产主义理想，实际上就是从国家独立、人民解放到国家富强、民族振兴、人民幸福，再到全人类的解放这样的崇高理想。实现共产主义理想，任重道远。共产党人这种胸怀远大理想、追求远大理想的精神是最根本的革命精神，这一精神与其他革命精神一起，共同支撑和引领着革命最终走向胜利。习近平总书记指出："革命理想高于天。中国共产党之所以叫共产党，就是因为从成立之日起我们党就把共产主义确立为远大理想。我们党之所以能够经受一次次挫折而又一次次奋起，归根到底是因为我们党有远大理想和崇高追求。"①党

---

① 习近平：《在庆祝中国共产党成立95周年大会上的讲话》，《人民日报》2016年7月2日。

的理想追求就是朝着共产主义奋勇前进的共同目标和前进方向。这一追求是人类历史上最伟大、最壮丽的事业,是革命文化的最高理想境界。以共产主义为最高理想,意味着我们必须牢固树立中国特色社会主义事业远大理想,以坚定的理想信念焕发广大党员干部饱满的革命热情,使广大党员干部以坚强的革命意志和品质在艰苦的实践中奋勇前行。革命从来不是请客吃饭,进行中国特色社会主义建设同样不会一帆风顺。对于每一名党员干部而言,只有在实现伟大理想的实践中经受锻炼,才能坚定共产主义理想信念,而只有树立远大的共产主义理想,才能不怕任何艰难险阻,不惜牺牲个人的一切,为实现共产主义而奋斗终身。

2.人民立场

革命文化培养了共产党人全心全意为人民服务的宗旨意识。人民立场是中国共产党的根本政治立场,是区别于其他政党的显著标志。中国共产党人时刻将人民的利益放在心中,坚持一切为了人民,一切依靠人民。朱德总司令回忆说:在井冈山的时候,被敌人一直追了一两千里路,敌人一个也未消灭我们,反被我们消灭了许多,原因就是纪律好。过年时老百姓都跑了,部队几天没吃饭,吃了老百姓的东西,第二次回来,都算了账,还了钱。老百姓说,这个队伍真了不得!红军的招牌一下就响了。在长征胜利80周年纪念大会上,习近平总书记讲了"半条被子"的故事:"什么是共产党?共产党就是自己有一条被子,也要剪下半条给老百姓的人。"同人民风雨同舟、血脉相连、生死与共,是中国共产党和红军取得长征胜利的根本保证,也是我们战胜一切困难和风险的根本保证。"五四"运动以来的革命斗争中,中国人民的革命热情和革命勇气得到了前所未有的开发与拓展,人民群众为了实现自己的梦想,展现出了巨大的斗争精神和崇高的革命勇气,中国共产党人更是集中代表了一种全新的革命理念,重视群众、服务群众逐步成为新的文化发展方向,为最广大人民群众服务成为新的时代精神与文化理念。革命文化崇尚底层文化、整体精神，坚持为人民服务、联系群众的新理念和新作风，倡导文化为人民服务、为中华民族的根本利益服务，时刻将人民的利益放在心头，一切为了群众，一切依靠群众。

3.无私奉献

不计报酬、无私奉献是革命文化具备持久影响力的重要表现。心底无私天地宽，从陈天华到林觉民，从夏明翰到方志敏，无数革命志士舍小家为大家，为革命的熊熊大火在中国大地燃烧贡献自己的光和热。中国共产党人将这种革命精神拓展为内涵丰富的道德情操，包括：坚持全心全意为人民服务的根本宗旨；坚持人民利益、集体利益高于个人利益的价值取向；坚持先人后己、助人为乐、舍己为人、公而忘私的集体主义精神；坚持把祖国和民族利益放在至高无上位置的爱国主义原则等。这些道德规范树立了党的良好形象，保持了革命队伍的纯洁性。

4.对党忠诚

革命文化彰显了共产党人对党绝对忠诚的优秀品质。在革命战争年代，共产党人时刻经历生死考验，他们视死如归、坚贞不屈，体现了对党的无限忠诚。李大钊在绞刑架前始终坚持革命信念不改变；赵一曼在惨无人道的酷刑折磨下坚贞不屈；"砍头不要紧，只要主义真""敌人只能砍下我们的头颅，决不能动摇我们的信仰"，这些誓言生动表达了共产党人对远大理想的追求，对党和人民的忠诚。习近平总书记强调，对党绝对忠诚，要害在"绝对"两个字，就是彻底的、无条件的，不掺任何杂质、没有任何水分的。① 也就是说，对党忠诚只有百分之百，不能打半点折扣。对党忠诚不是抽象的而是具体的，不是有条件的而是无条件的，必须体现到对党的信仰的忠诚上，必须体现到对党组织的忠诚上，必须体现到对党的理论和路线方针

---

① 《贯彻整风精神 直面现实问题》，《解放军报》2014年11月3日。

政策的忠诚上。广大党员干部要在党爱党、在党言党、在党忧党、在党为党,永远把党的事业放在第一位,坚持用马克思主义中国化最新成果武装头脑,用理想信念固本培元、凝心聚魂,真正铸就不掺杂任何杂质的、没有任何水分的对党的忠诚。

5.艰苦奋斗

我们党带领人民为争取民族独立和人民解放而斗争的历史,就是一部艰苦奋斗的创业史。我们能够在物质生活十分艰苦的条件下坚持下来,在敌强我弱、环境非常恶劣危险的逆境中舍生忘死、拼搏战斗,战胜处于优势地位的强大敌人,都离不开艰苦奋斗的精神。战乱频仍的革命战争年代,面对内忧外患的国内国际环境,中国共产党人以天下兴亡为己任,自觉地担起民族独立的重任,率领人民经过艰苦卓绝的斗争,最终推翻三座大山,建立了新中国。在革命进程中,广大党员干部迎难而上,不畏艰难险阻,勇于牺牲奉献。1935 年 10 月,毛泽东创作了诗歌《长征》,其中"红军不怕远征难,万水千山只等闲",就是这种艰苦奋斗、敢于担当、英勇无畏精神的体现。

6.清正廉洁

一部中国革命史就是各级党员干部廉洁奉公的历史。在条件艰苦、物质匮乏的年代里,广大党员干部以身作则,严格约束自己,保持了良好的作风,赢得了群众的衷心拥护和支持。毛泽东指出,"利用抗战发国难财,官吏即商人,贪污成风,廉耻扫地,这是国民党区域的特色之一。艰苦奋斗,以身作则,工作之外,还要生产,奖励廉洁,禁绝贪污,这是中国解放区的特色之一"①。唯有始终保持清正廉洁的优良作风和政治本色,才能赢得民众的信任和支持。因为从根本上讲,腐败为革命文化所不容,更与社会主义先进文化不符。中国特色社会主义建设必须继承和发扬革命文化中反腐倡廉、除恶

---

① 《毛泽东选集》第 3 卷,人民出版社 1991 年版,第 1048 页。

务尽的优良传统,下大力气保持党员干部队伍克己奉公的作风,使广大党员自觉加强党性修养,做到一心向党,一心为民,一心干事,一心奉公。

（三）当代价值

革命文化是中国共产党带领中国人民革命斗争实践的结晶,它彰显了中国革命的光辉和伟大,是马克思主义中国化的重大文化成果,是中国特色社会主义建设取之不尽、用之不竭的精神财富。习近平总书记指出:"回想过去那段峥嵘岁月,我们要向革命先烈表示崇高的敬意,我们永远怀念他们、牢记他们,传承好他们的红色基因。"[1]当前,弘扬革命文化具有重要的价值和意义。

1.实现中华民族伟大复兴中国梦的强大动力

新的历史条件下,革命文化依旧是激励中国人民矢志不渝、开拓进取的强大精神支柱,也是我们建立文化自信的一个重要的精神资源。新中国成立后,毛泽东同志强调,要保持过去革命战争时期的那么一股劲,那么一股革命热情,那么一种拼命精神,把革命工作做到底。革命文化是当年革命者的精神动力和新民主主义革命取得伟大胜利的必要条件,也是今天推进社会主义现代化建设、实现中华民族伟大复兴中国梦的动力所在。习近平总书记指出:"我们要沿着革命前辈的足迹继续前行,把红色江山世世代代传下去。革命传统教育要从娃娃抓起,既注重知识灌输,又加强情感培育,使红色基因渗进血液、浸入心扉,引导广大青少年树立正确的世界观、人生观、价值观。"[2]革命文化倡导崇高的思想境界和高尚的道德情操,我

---

[1] 《祝全国各族人民健康快乐吉祥 祝改革发展人民生活蒸蒸日上》,《解放军报》2016年2月4日。

[2] 《全面落实"十三五"规划纲要 加强改革创新开创发展新局面》,《人民日报》2016年4月28日。

们必须坚守与弘扬革命文化,传承红色基因,培育一代又一代的革命接班人。

2.建设中国特色社会主义文化的坚实基础

革命文化中所蕴含的理想信念、价值追求和道德标准等,过去在革命和建设时期发挥了重要作用,也是当前建设中国特色社会主义文化所倡导的内容,在思想本源上为中国特色社会主义文化建设提供了优质的文化基因,以及可直接利用的思想文化资源。这种优质的文化基因,能够跨越历史时空,在新的历史条件下注入中国特色社会主义文化的血脉。中国革命文化能够为新时期培育、践行社会主义核心价值观、加强党的执政能力建设、铸牢当代军人"军魂"提供文化本源和优质基因,成为当代培育和弘扬中国精神,凝聚中国力量,提升中国文化软实力,实现中国梦的力量源泉。我们在建设中国特色社会主义文化中应该继续坚持和发扬这些革命传统。中国特色社会主义先进文化弘扬的以爱国主义为核心的民族精神和以改革创新为核心的时代精神,实质上是革命文化在当下的延续。近些年来,由于受到市场经济条件下利益的驱使,一些领域信仰缺失及道德失衡的现象时有发生,不仅影响了经济发展,也严重地污染了社会秩序和风气。弘扬革命文化不仅有利于加强公民的思想道德建设,提高全体社会成员的自律意识,也可以引领诚实守信、甘于奉献的良好社会风气,有利于坚定中国特色社会主义文化自觉、自信,促进中国特色社会主义文化大发展大繁荣。

3.构筑中华民族共有精神家园的价值支撑

革命文化是中华民族共有精神家园的重要组成部分。中华民族共有精神家园以中华民族优秀传统文化为根基,以当代中国特色社会主义文化为主干,吸收和兼容外来优秀文化的成分。革命文化是中华民族优秀文化的一部分,奠定了中国特色社会主义文化的基础。如果放弃革命文化传统,就会割裂社会主义文化根基,民族文化的生命之树就会干枯。只有继承革命文化传统，才能使中华民族共有精神家园这棵大树常青。近些年来，历史虚无主义等思潮开始在中国蔓延，其传播呈现信息化、年轻化趋势，某些人经常利用博客、论坛、微信、微博等网络平台传播一些有关革命英雄、民族领袖的恶搞视频和段子。他们曲解、否定党和人民在伟大斗争中创造的革命文化，戏说革命历史，颠覆经典，丑化英雄形象，破坏文化自信，影响极坏。比如，污蔑邱少云被烧过程中一动不动违背了生理学常识，黄继光堵枪眼行为不合理，刘胡兰是被自己的乡亲杀害，狼牙山五壮士其实是土匪……虽都只是网络恶搞行为，折射出的却是潜藏在背后的一股意识形态暗流。历史虚无主义污蔑英雄、歪曲历史的行为，是对革命历史、民族精神的抹杀，其影响不容忽视，我们必须坚决予以回击。正如习近平总书记指出的："文化是一个国家、一个民族的灵魂。历史和现实都表明，一个抛弃了或者背叛了自己历史文化的民族，不仅不可能发展起来，而且很可能上演一幕幕历史悲剧"，"对中华民族的英雄，要心怀崇敬，浓墨重彩记录英雄、塑造英雄，让英雄在文艺作品中得到传扬，引导人民树立正确的历史观、民族观、国家观、文化观，绝不做亵渎祖先、亵渎经典、亵渎英雄的事情"，"戏弄历史的作品，不仅是对历史的不尊重，而且是对自己创作的不尊重，最终必将被历史戏弄"。① 弘扬革命文化是根除历史虚无主义的一剂良药，能够还原历史真相，用确凿的历史事实戳穿历史虚无主义者编造的谎言；能够帮助国人用马克思主义的观点、方法看待事物，提高辨别能力，从源头上抵制历史虚无主义的入侵；能够让人们饮水思源、铭记历史，从而积极进取、开拓创新，肩负起民族复兴的伟大使命。

---

① 习近平：《在中国文联十大、中国作协九大开幕式上的讲话》，《人民日报》2016年12月1日。

4.加强党的建设的鲜活教材

革命文化有利于培育和造就党的政治品格,塑造党的形象,使党始终保持先进地位。打铁还需自身硬,要发挥好的党的领导作用就必须抓好党的先进性建设。弘扬革命文化是加强党的先进性建设的重要法宝。革命文化为党的先进性建设提供了生动的教材,是对党员进行先进性教育的直接资源。保持党的先进性就要学习和继承革命文化,不断地净化党员的思想灵魂。革命文化中的英雄人物为党员的先进性教育提供了现成的标杆,革命精神、革命传统和革命作风为新时期的党员加强修养提供了标准。弘扬革命文化是加强党的执政能力建设的直接有效途径,可以加强新时期党员干部的使命意识和责任担当,促使其把自身本职工作与党执政的伟大使命联系起来,不断提高积极性和主动性,为实现党的最高理想而努力奋斗。革命文化中蕴含的经验教训为党的建设和经济社会的发展提供了重要的历史借鉴,蕴涵的马克思主义原则、立场、方法提供了理论指导,蕴含的基本精神是加强共产党员思想道德建设的优秀资源。特别是在当前思想文化多元并存、价值观念相互交织的情况下,革命文化已成为加强党的建设的重要优势。将革命文化的优良传统与时代特点相结合,可以增强党员干部的文化底蕴和党组织的凝聚力,使我们更加从容地应对外来文化的挑战。

三、社会主义先进文化

社会主义先进文化是我们坚持马克思主义、凝聚人类文明成果、融合中华优秀传统文化、传承革命文化,承前启后、继往开来,在党领导人民进行社会主义建设伟大实践基础上形成的文明成果。

（一）基本内涵

社会主义先进文化继承和发展了中华优秀传统文化和革命文化。社会主义先进文化是站立在中华优秀传统文化和革命文化的双肩之上的，我们不能割裂社会主义先进文化与中华优秀传统文化和革命文化的密切联系。中华优秀传统文化是我们发展社会主义先进文化的文化底色，党领导人民创造的革命文化是我们发展社会主义先进文化的红色家谱。中国共产党自成立之日起，就既是中华优秀传统文化的忠实传承者和弘扬者，又是与时代要求相适应的革命文化和社会主义先进文化的积极倡导者和发展者。

社会主义先进文化是党领导人民经过长期的持续探索取得的。新中国成立以后，特别是社会主义改造完成后，在中国共产党领导下，中国人民开始了气势恢宏的社会主义先进文化建设。经过60多年的持续探索和不懈努力，在新民主主义文化的基础上，我们逐步建设和发展出了社会主义先进文化。在此过程中，中国共产党积极倡导、构建了马克思主义指导下的共产主义思想体系，积极开展了共产主义的思想教育。中国共产党所坚持的全心全意为人民服务的文化宗旨和方向，决定了中国的社会主义先进文化具有深厚的群众基础；明确提出的"百花齐放，百家争鸣"的方针，为社会主义文化的发展提供了广阔的空间；所倡导的雷锋精神、铁人精神和红旗渠精神等则让世界看到了新中国的新的精神风貌。进入改革开放新时期，社会主义先进文化有了新的视野和境界。在党和国家的工作重心转移到经济建设上来的同时，社会主义精神文明建设也受到高度重视。改革开放40年来，我们更加注重传承和弘扬中华优秀传统文化，更加注重学习借鉴世界先进文化。

当前，社会主义先进文化集中表现为中国特色社会主义文化。在中国特色社会主义新时期，我们强调发展社会主义先进文化，就是强调发展中国特色社会主义文化。中国特色社会主义文化是党领导人民推进中国特色社会主义伟大事业取得的精神文明成果，是中国特色社会主义的题中应有之义。中国共产党始终代表着中国先进文化的前进方向，社会主义先进文化与中国特色社会主义文化是一致的。社会主义先进文化反映了当代中国先进生产力的本质要求，是推动中国经济社会走向繁荣进步的强大精神动力。要坚持社会主义先进文化前进方向，协调推进经济建设、政治建设、文化建设、社会建设、生态文明建设以及其他各方面建设，实现社会主义市场经济、社会主义民主政治、社会主义先进文化、社会主义和谐社会、社会主义生态文明全面进步。

社会主义先进文化是构建中国话语体系的价值支撑。社会主义先进文化，在政治信念、市场意识、社会理念和公民伦理等层面具有自己独特的内涵与价值，是构建中国当代话语体系的价值支撑。我们在面对各种文化价值的冲击和社会思潮的挑战时，能够完全有信心为人类对更好社会制度的探索提供中国方案，讲好中国故事，发出中国声音，打造具有中国特色、中国风格和中国气派的话语体系，坚持为经济文化较落后的发展中国家提供经验借鉴，打破"中国威胁论"和"中国崩溃论"的西方话语偏见，发出和传播我们自己的价值理念，为人类文明作出我们的独特贡献。

社会主义先进文化是实现中国梦的思想保证和精神动力。社会主义先进文化是我国经济社会发展的强大精神支撑，是民族凝聚力、向心力的重要保证。当前，国内外环境正发生深刻变化，文化已成为综合国力的重要标志。社会主义先进文化在政治信念、市场意识、社会理念和公民伦理等层面具有自己独特的内涵与价值，既指导和推动着中国特色社会主义建设不断向前发展，又在这一人类历史上最具有独创性的伟大实践中不断升华、丰富。只有坚持马克思主义指导思想，坚定走中国特色社会主义文化发展道路，在改革创新中不断发展社会主义先进文化，增强社会主义先进文化的活力和吸引力,才能实现建设社会主义文化强国的战略目标,才能为我们继续推进改革开放,加快社会主义现代化建设,实现中华民族伟大复兴的中国梦提供坚强的思想保证、精神动力和智力支持。

（二）主旨要义

社会主义先进文化是新中国成立以来尤其是改革开放以来,中国共产党带领全国人民在社会主义现代化建设过程中所创造的,它是以马克思主义为指导,以培养"四有新人"为目标,以"实现中国特色社会主义共同理想"为主题,以"面向现代化、面向世界、面向未来"为方针的,民族的、科学的、大众的社会主义文化。对社会主义先进文化的自信,源于马克思主义的指导,源于中国特色社会主义共同理想,源于社会主义核心价值观,源于民族精神和时代精神,源于中国特色社会主义文化发展道路。

1.坚持以马克思主义为指导

马克思主义是发展社会主义先进文化必须高举的旗帜,是社会主义先进文化区别于其他文化的根本标志。马克思主义的科学性和真理性是支撑社会主义先进文化的强大基础。马克思主义以无可辩驳的事实和不容置疑的逻辑揭示了人类社会的发展规律,为人类社会的发展,为全人类的解放,指明了正确的方向。马克思主义揭示了事物的本质、内在联系及发展规律,是"伟大的认识工具",是人们观察世界、分析问题的有力思想武器。毛泽东同志指出:"自从中国人学会了马克思列宁主义以后,中国人在精神上就由被动转入主动。"[1]习近平总书记在哲学社会科学工作座谈会上的讲话中强调:"马克思主义依然显示出科学思想的伟力,依然占据着真理和道义的制高点。"历史已经证明,社会主义先进文化代表着中国文化的

---

[1] 《毛泽东选集》第4卷,人民出版社1991年版,第1516页。

前进方向。我们必须始终坚持用发展着的马克思主义引领文化建设，使文化自信拥有坚实的主心骨和正确的方向。

坚持以马克思主义为指导，是发展社会主义先进文化的根本要求。我们党一直高扬马克思主义大旗，始终自觉以马克思主义为指导思想来观察和思考中国的前途和命运。在当前我国社会价值更加多元、社会思想更加多样、社会思潮更加多变的情况下，只有坚持以马克思主义为指导，在纷繁复杂的社会文化生态中辨析主流与支流、区分先进与落后、划清积极与消极，才能在多元中立主导、在多样中谋共识、在多变中把方向，才能发展先进文化、支持有益文化、改造落后文化、抵制腐朽文化，从根本上确保中国特色社会主义文化始终沿着正确方向健康发展。只有坚持以马克思主义为指导，当代中国文化才能沿着正确的方向胜利前进；失去或者背离马克思主义，当代中国文化势必失去灵魂和信仰的根基。

因为坚持马克思主义的理论指导，中国人民才摆脱了半殖民地半封建社会的悲惨命运，走上独立富强的复兴之路。新时期以来，我们党坚持马克思主义基本原理同中国具体实际相结合，运用马克思主义的立场、观点、方法研究解决各种重大理论和实践问题，不断推进马克思主义中国化，产生了邓小平理论、"三个代表"重要思想、科学发展观和习近平新时代中国特色社会主义思想，不断巩固全国人民团结奋斗的思想基础，创造了举世瞩目的中国奇迹。马克思主义的科学性得到进一步确证，对马克思主义的信念更加牢固。推进马克思主义中国化、时代化、大众化，是巩固马克思主义指导地位的必然要求，也是事关我国现代化建设的方向和根本路线的重要举措。

2.坚持中国特色社会主义共同理想

中国特色社会主义共同理想是社会主义先进文化的前进方向。中国特色社会主义共同理想，就是在中国共产党的领导下，走中国特色社会主义道路,实现中华民族的伟大复兴。习近平总书记指出:"现在,大家都在讨论中国梦,我以为,实现中华民族伟大复兴,就是中华民族近代以来最伟大的梦想。"①中国梦是国家富强之梦,是民族振兴之梦,是人民幸福之梦。国家、民族、人民共同的中国梦,也正是中国特色社会主义的共同理想。

坚持和巩固中国特色社会主义的共同理想,要加强文化支撑、注重文化感召。近些年来,中国特色社会主义建设高歌猛进,不断取得伟大成就,中华民族最基本的文化基因和富于当代价值的文化精神,愈加以具有广泛参与性的方式推广开来、弘扬起来,使拥护、认同、践行中国特色社会主义共同理想的"公约数"愈加增大,在干部、群众和各个社会阶层中产生了巨大的感召力。中国特色社会主义建设所取得的伟大成就,已经得到全国人民乃至整个国际社会的高度认同。但是,也要看到,总有那么一些人逆势而动,抵制、干扰中国特色社会主义建设,甚至唱衰、诋毁中国特色社会主义。他们惯用的伎俩是动摇人们的理想信念,消解人们的精神防线,图谋让我们的伟大事业失去文化的支撑。因此,我们必须着力补精神之钙,固思想之源,培为政之本,激发正能量,提高抗干扰、排障碍、除诱惑、拒腐蚀的自信、自觉。

3.弘扬社会主义核心价值观

社会主义核心价值观是凝聚人心的价值符号,是高度凝练的价值精髓。它把国家、社会、公民三个层面的价值追求融为一体,深入回答了我们要建设什么样的国家、什么样的社会、培育什么样的公民的时代课题,指明了国家的价值目标、社会的价值取向、公民的价值准则。

弘扬和践行社会主义核心价值观是社会主义先进文化的根本使

---

① 中共中央宣传部:《习近平总书记系列重要讲话读本(2016年版)》,学习出版社、人民出版社2016年版,第5页。

命。习近平总书记指出，一个民族、一个国家的核心价值观必须同这个民族、这个国家的历史文化相契合，同这个民族、这个国家的人民正在进行的奋斗相结合，同这个民族、这个国家需要解决的时代问题相适应。社会主义核心价值观凝聚着中华民族最核心的精神品质，也承载着我们民族的理想和信念，是当代中国最广泛、最深厚的价值基础。社会主义先进文化的根本使命就是弘扬和践行社会主义核心价值观，社会主义核心价值观既是我们文化自信的核心，也是我们坚定文化自信的根本使命。

党的十八大以来，我们在社会主义核心价值观建设方面取得了不小的成绩。然而，在培育和践行社会主义核心价值观的具体实践中依然存在不少问题，如功利化趋向明显，缺乏长效机制，灌输色彩较浓等。解决这些问题，需要我们进一步提高社会主义核心价值观建设的针对性、渗透性和共振性，把培育和弘扬社会主义核心价值观作为一项强根固本、筑基铸魂工程，锲而不舍、驰而不息地抓紧抓好。要切实把社会主义核心价值观贯穿于社会生活的方方面面，通过教育引导、舆论宣传、文化熏陶、实践养成、制度保障等，使社会主义核心价值观内化为人们的精神追求，外化为人们的自觉行动，促进核心价值观由普遍认同到共同践行。

4.弘扬民族精神和时代精神

以爱国主义为核心的民族精神和以改革创新为核心的时代精神，是社会主义先进文化的重要内容。一般来说，以爱国主义为核心的民族精神体现的是中华儿女对国家前途、民族命运、人民幸福的高度责任感和深切使命感。以改革创新为核心的时代精神，是中国共产党人在革命、建设、改革的伟大实践中创造发展的当代中国精神的浓缩和精华。民族精神和时代精神，是中国特色社会主义事业阔步向前的精神动力，是社会主义先进文化的时代特色。

爱国主义是中华民族最深厚的思想传统，是中华儿女团结奋斗的最强感召力。古往今来，无数仁人志士为了国家和民族利益前赴后继，形成了爱国主义的光荣传统。屈原"长太息以掩涕兮，哀民生之多艰"，岳飞"精忠报国"，文天祥"人生自古谁无死，留取丹心照汗青"等爱国主义精神，经久弥新。爱国主义在不同的时代有着不同的主题，社会主义建设时代形成了很多不同表现的爱国主义精神。如以"热爱祖国、无私奉献，自力更生、艰苦奋斗，大力协同、勇于登攀"为核心的"两弹一星"精神，不仅促进了国防事业的发展，还极大地增强了中国人民的信心。作为民族精神的核心，爱国主义也始终具有最广泛的心理认同、最强大的群众基础。我们要高举以爱国主义为核心的民族精神旗帜，牢固树立爱国之情和报国之志，积极实践报国之行。

改革创新是当代中国最鲜明的时代特征，是中华儿女锐意进取的强大动力。当代中国，也正处于从传统社会向现代社会转型的关键时期，没有改革创新就难以发展进步。改革创新的时代精神就是保持与时俱进、开拓创新的精神状态，永不自满、永不僵化、永不停滞，以思想不断解放推动事业持续发展。改革大潮汹涌澎湃，风劲帆满，起锚远航。在新的历史起点上，我们需要保持清醒头脑，充分认识到中国特色社会主义事业是一项前无古人的伟大事业，始终紧紧地把握时代发展脉搏，坚持改革创新、解放思想、实事求是、与时俱进，为把中国特色社会主义伟大事业胜利推向前进作出自己的贡献。

5.走中国特色社会主义文化发展道路

中国特色社会主义文化发展道路，是马克思主义文化理论与中国经济社会发展实际和时代特征相结合的产物，是党在民主革命时期探索新民主主义文化发展道路、新中国成立后探索社会主义文化发展道路的基础上，适应改革开放时代新要求探索走出的社会主义文化发展道路，是继承中华民族优秀传统文化，走在时代进步潮流前列,代表广大人民群众文化利益的文化发展道路,是富于改革创新精神、保持与时俱进品格的文化发展道路。

中国特色社会主义文化发展道路,是发展社会主义先进文化的必由之路。改革开放以来,我们党始终把文化建设放在党和国家工作全局的重要战略地位,走出了一条中国特色社会主义文化发展道路。这条道路内涵十分丰富,涵盖了文化的地位作用、发展方向、发展目的、发展动力、发展思路、发展格局、发展战略、领导力量和依靠力量等内容,是对我国文化建设实践经验的科学总结,是对我国文化建设发展规律的深刻揭示,是我们党准确把握当今时代文化发展新趋势、人民群众精神文化生活新期待所作出的正确抉择。走中国特色社会主义文化发展道路,就是要坚持为人民服务、为社会主义服务的方向,坚持百花齐放、百家争鸣的方针,坚持贴近实际、贴近生活、贴近群众的原则,推动社会主义物质文明和精神文明全面发展,建设面向现代化、面向世界、面向未来的,民族的科学的大众的社会主义文化。

习近平总书记强调,要弘扬社会主义先进文化,深化文化体制改革,推动社会主义文化大发展大繁荣,增强全民族文化创造活力,推动文化事业全面繁荣、文化产业快速发展,不断丰富人民精神世界、增强人民精神力量,不断增强文化整体实力和竞争力,朝着建设社会主义文化强国的目标不断前进。① 只要我们坚定不移地走中国特色社会主义文化发展道路,就一定能把坚持和发展、继承和创新统一起来,把中国特色社会主义文化发展成为具有中国特色、中国风格、中国气派的社会主义先进文化,在新的时代条件下焕发中华文化蓬勃生机,迎来全面复兴的光明前景。

---

① 习近平:《建设社会主义文化强国 着力提高国家文化软实力》,《人民日报》2014 年 1 月 1 日。

第九章

精神内核
——社会主义核心价值观自信

————

　　社会主义核心价值观,是中国特色社会主义文化的核心,是统摄全体华人思想的主心骨,代表着当代中国文化的形象。彰显中国特色社会主义文化价值,核心就是培育和提升社会主义核心价值观自信。西方每个时期都有其标志性的主导话语,古希腊有"雅典民主",中世纪有"罗马法律",现代有"理性""自由"等。建立社会主义核心价值观自信,是应对当今激烈的国际竞争的需要,是建立中国特色社会主义文化自信的关键。

一、社会主义核心价值观的基本内涵

　　党的十八大报告明确提出:"倡导富强、民主、文明、和谐,倡导自由、平等、公正、法治,倡导爱国、敬业、诚信、友善,积极培育社会主义核心价值观。"十八届三中全会通过的《中共中央关于全面深化改革若干重大问题的决定》进一步重申和强调要"培育和践行社会主义核心价值观"。中共中央印发的《关于培育和践行社会主义核心价值观的意见》,进一步将十八大报告提出的 24 个字明确为社会主义核心价值观的基本内容。习近平总书记在中共中央政治局第十三次集体学习时指出,核心价值观是文化软实力的灵魂、文化软实力建设的重点,强调要把培育和弘扬社会主义核心价值观作为凝魂聚气、强基固本的基础工程。核心价值观涵盖了国家、社会和公民个人三个层面,是全体国民能够接受的最大公约数,具有普遍的适用性,为凝聚全党全社会共识,搞好培育和践行提供了根本遵循。

(一)三个层面

24 个字的社会主义核心价值观是一个有机整体,12 个词语之间密切联系、相互支撑。总的来说,可以从国家、社会和个人三个层面来理解。"富强、民主、文明、和谐"主要针对的是国家层面,体现了我国在经济、政治、文化和社会方面的发展目标和要求,起到统领全局的作用。"自由、平等、公正、法治"主要针对的是社会层面,是营造良好社会环境、建设社会主义和谐社会的基本要求,是联系国家层面和个人层面核心价值观的中介。"爱国、敬业、诚信、友善"主要针对的是个人层面,涵盖了处理个人与国家、个人与社会、个人与职业、个人与家庭、个人与他人等方面关系的道德规范,是每一个人应该追求的价值目标和应该遵循的价值准则。

(二)相互关系

社会主义核心价值观的三个层面体现了宏观目标、社会理想和个人准则,既相互独立、各有所指,又密切联系、有机统一。一方面,个人层面的核心价值观离人们最近,形成较为容易,并且一旦形成,就具有较强的稳固性和持久性。个人层面是基础,只有奠定了个人层面核心价值观的坚实根基,才能由个人到集体、由社会到国家,不断促进更高层面核心价值观的衍生和形成。另一方面,社会和国家层面的核心价值观对个人层面的核心价值观有着引导、制约作用,清晰稳固、凝练聚焦的国家价值目标和社会价值理想,将对个人层面核心价值观追求的形成与培育起到统率、引领和示范作用。

二、社会主义核心价值观的外围关系

要正确认识社会主义核心价值观与社会主义核心价值体系、中国传统价值观以及资本主义价值观的关系。

(一)社会主义核心价值观与社会主义核心价值体系

社会主义核心价值体系是在党的十六届六中全会上正式提出来的,即马克思主义指导思想,中国特色社会主义共同理想,以爱国主义为核心的民族精神和以改革创新为核心的时代精神,社会主义荣辱观。社会主义核心价值体系,集中体现了党的理论自觉和价值自觉,反映了党对社会主义价值规范建设的长期探索、经验总结与科学认识。在这一体系"四个方面"的基本界定中,涵盖了指导思想、共同理想、民族精神和时代精神、荣辱观等主要内容。在此基础上,十八大报告提出"三个倡导",作出了 24 个字的基本论断,高度概括了社会主义核心价值观的基本内容。

社会主义核心价值观与社会主义核心价值体系两者紧密联系、辩证统一。前者表现为价值目标和准则,后者表现为理论形态和系统,前者是后者的丰富发展、凝练聚焦和价值内核,后者是前者的前提基础、依存形态和基本载体。两者都属于社会主义社会的意识形态,在内涵和外延上具有高度一致性,统一于中国特色社会主义文化建设发展的崭新实践。培育和践行社会主义核心价值观,构建和宣传社会主义核心价值体系,都是致力于使人们树立正确的价值导向和积极的精神追求。

（二）社会主义核心价值观与中国传统价值观

历史上，中国传统价值观曾长期居于世界主导地位，具有独特影响。儒家、道家、墨家、佛家等都为中国传统价值观的形成提供了丰厚滋养，其中儒家价值观居于主导地位。中国传统价值观具有明显的农耕文化和宗法文化特征，集中体现了中华文化的精气神。民本、和合、刚健、自强等是中国传统价值观的基本精神，仁爱、重义、诚信、修身等是其在传统美德方面的主要体现。

中国传统价值观是社会主义核心价值观的根基血脉，社会主义核心价值观是对中国传统价值观的批判继承，摈弃了其封建性的局限与糟粕，继承和弘扬了其优秀的部分。社会主义核心价值观孕育成长在全球化、市场化、网络化的新时代，凝结提炼于中国特色社会主义新时期，是中国传统价值观在新的历史条件下的与时俱进和生机焕发。培育和践行核心价值观，就要传承中国传统价值观的精华，努力促进和实现其向现代转型。

"富强、民主、文明、和谐"是对国家层面的要求。传统文化崇尚"和为贵"，包括天人和谐、身心和谐等。比如，"礼尚往来""等贵贱、均贫富"等思想，都蕴含了中华民族追求民主、平等、和谐的思想价值。"自由、平等、公正、法治"是对社会层面的要求。程颐指出，"能恒久于中，则不失正矣。中重于正，中则正矣，正不必中也"，强调人们要通过诚信培育出公正、公心。孟子认为，"徒善不足以为政，徒法不能以自行"，强调德治与法治缺一不可、互为补充。"爱国、敬业、诚信、友善"是对公民个人层面的要求。中国传统儒家文化作为中华传统文化的重要内容，历来强调"忠孝仁爱、礼义廉耻"，讲究仁、义、礼、智、信"五常之德"，重视信仰和伦理。

坚持文化自信，就要传承中华优秀文化，弘扬社会主义核心价值观。核心价值观是一个民族的文化积淀和赖以维系的精神纽带，是一个国家共同的思想道德基础。习近平总书记在文艺工作座谈会上的讲话中指出："中华民族在长期实践中培育和形成了独特的思想理念和道德规范，有崇仁爱、重民本、守诚信、讲辩证、尚和合、求大同等思想，有自强不息、敬业乐群、扶正扬善、扶危济困、见义勇为、孝老爱亲等传统美德。中华优秀传统文化中很多思想理念和道德规范，不论过去还是现在，都有其永不褪色的价值。"中华优秀传统文化是中华民族的精神命脉，是涵养社会主义核心价值观的重要源泉，也是我们在世界文化激荡中站稳脚跟的坚实基础。"富强、民主、文明、和谐，自由、平等、公正、法治，爱国、敬业、诚信、友善"这24字社会主义核心价值观正是中华优秀传统文化在当代的传承与发展。总书记的讲话阐明了传承中华优秀文化、弘扬社会主义核心价值观的时代意义。

（三）社会主义核心价值观与资本主义价值观

资本主义价值观一般表述为"自由、民主、平等、博爱、人权"。尽管两者有些内容词语表述相同，但内涵却有质的区别。后者是资产阶级为维持统治地位、维护自身利益而构建的价值观，实质上是资产阶级个人本位的价值观；前者是为维护最广大人民群众利益而构建的价值观，实质上是人民本位的价值观。相对于后者而言，前者体现了积极向上的发展趋势，代表着人类价值前进的方向。

资本主义价值观相对于之前社会形态的价值观，具有积极的意义，在当今时代，一定程度而言，依然居于全球主导地位，虽然近些年来受到国际金融危机的冲击和国际舆论的质疑，但依然具有一定的生机和活力。社会主义核心价值观的演进发展，要注重吸收资本主义价值观蕴含的一般有益成分，同时必须坚决抵制和反对其错误思潮的侵蚀和渗透。要因地制宜、适时推动社会主义核心价值观走出去，真正发挥其促进人类文明发展、引领人类价值前进的作用。

三、社会主义核心价值观的自信来源

社会主义核心价值观自信，来自马克思主义的科学指引，拥有引领多元社会思潮的强大力量；来自中华优秀传统文化的丰厚滋养，秉持独特的民族气质与风格；来自中国特色社会主义的成功实践，具有深厚的群众基础与社会基础；来自对人类文明优秀成果的吸收借鉴，承载世界文明的共同价值。总的来说，社会主义核心价值观自信，主要来源于其先进性、超越性和指导性。

（一）先进性

社会主义核心价值观自信首先源于其先进性。它带有社会主义的本质特征，蕴含着核心价值观的基本属性。24 个字的清晰表述，集中反映了社会主义的本质要求，总体勾画了未来社会发展的美好愿景；24 个字的高度概括，是对中国特色社会主义文化精髓和灵魂的深刻把握，是对社会主义核心价值体系的抽象凝练。这一创新成果，体现了在中国共产党领导下全体中华儿女的价值自觉和价值自信，有力回应了纷繁复杂、多元多样价值观的挑战与考验，必将有利于我们汇聚众志、凝聚共识，早日实现"中国梦"。

（二）超越性

社会主义核心价值观的先进性与超越性密不可分。它的提出与确立，继承和发展了中国传统价值观的精华，学习和借鉴了资本主义价值观的有益成分，是对中华文明 5000 多年来、近代 170 多年来、新中国成立 60 多年来、改革开放 40 年来社会发展与价值观嬗变的实践经验总结与科学分析提炼,是对新时期多元价值观的整合与优化,实现了对历史上曾经出现过的各种价值观的整体性超越与扬弃。这一超越性,不仅体现在不忘传统、吸收外来、总结现实的过程中,而且体现在面向未来、开拓创新、丰富发展的进程中。

(三)指导性

当前,我国社会处于变革与转型期,社会价值观多元多样、纷繁复杂,传统与现代、先进与落后等各式各样的价值观交流交融交锋日益频繁,价值裂变、价值冲突普遍存在,人们面临着价值困惑、价值判断和价值选择。有些人思维片面,习惯于抱怨、发泄、恶搞;有些人与境外敌对势力里应外合、沆瀣一气,以所谓"普世价值",攻击、丑化我主流价值观念,试图动摇和削弱共产党的执政地位,使社会主义变质、人民军队变色。面对复杂多变的严峻形势与各种各样的挑战考验,提出和确立社会主义核心价值观有着极为重要的理论意义和现实意义。它有利于党和国家团结带领广大人民群众促进全面发展、提升综合实力、实现伟大复兴,有利于营造崇尚公平正义、充满生机活力、总体和谐稳定的社会环境,有利于引导人们确立主导价值、凝聚思想共识、切实付诸行动。

四、社会主义核心价值观的培育路径

习近平总书记在文艺工作座谈会上的讲话中强调:"要号召全社会行动起来,通过教育引导、舆论宣传、文化熏陶、实践养成、制度保障等,使社会主义核心价值观内化为人们的精神追求、外化为人们的自觉行动。"

（一）发挥主体作用

对中国特色社会主义文化，尤其是社会主义核心价值观，要坚定价值信念，增强态度信任，提升发展信心，需要家庭、学校、社会、党和政府、公民个人等主体各司其职、紧密协作，发挥好应有的作用。

发挥家庭的基础性作用。中华民族历来重视家风的培育和传承，有诗书传家、勤俭持家、忠孝传家的传统。要重视通过家庭的教育、熏陶和培养，传承和弘扬敬老爱幼、勤俭奋斗、感恩图报的优良传统，为孩子的终身成长奠基。家庭熏陶与教育是价值观自信培育体系中最初始、最基础的部分。特别是在入学前的家庭教育时期，儿童具有高度的模仿性和可塑性，其思想、意志、品德、语言、性格、情感、知识、智力等方面得到初步生成与发展。这一时期，家庭中长辈（包括祖父辈、父辈等）的一言一行所体现出来的智力与非智力因素，将对孩子的成长造成最直接、最基础的影响。长辈们对语言文字的使用，对思想情感的表达，对文化价值的表现，都会产生至深至远的基础性影响。在孩子入学之后，家庭因素在价值观自信培育体系中依然起到直接和重要的作用。

发挥学校的系统性作用。儿童在入学之后，角色发生了一定变化。这样，在校期间，家庭和学校将对其价值观自信的培育共同发挥作用。发挥学校的系统性作用，一方面强调的是发挥学校的教职员工、教材教法、教学设施等系统要素的作用，另一方面是要发挥这些要素及系统在总体规划、长远设计、持久影响上的作用。2017年1月，中共中央办公厅、国务院办公厅印发的《关于实施中华优秀传统文化传承发展工程的意见》，提出要把中华优秀传统文化贯穿国民教育始终，并强调要"以幼儿、小学、中学教材为重点，构建中华文化课程和教材体系"。从幼儿抓起，构建"课程和教材体系"，可谓切中了传统文化传承发展的肯綮。要把价值观自信的培育纳入国民教育总规划，覆盖到基础教育、高等教育等各教育领域和环节；建立健全和完善教学主课堂、校园第二课堂、社会大课堂和网络新课堂多位一体、多元共育的长效机制；要针对各年龄段受教育者的文化水平和身心特点，构建能够有效衔接、形成合力的课程、教材、设施和网络体系；要尤其注重搞好师德师风建设，将其纳入资格准入、教学管理、考核评价等方方面面，着力培养和造就一支师德高尚、业务精湛的教学和管理干部队伍。学校是知识分子和精英人才的汇聚地，要特别注重发挥好他们的作用。他们的价值观自觉、自信，是全社会的先导。广大知识分子和精英人才要有强烈的担当精神，推动文化自信培育不断发展。在价值观自信培育的社会实践中，知识分子不仅要褒扬真善美、传播正能量，还要揭露阴暗面、批判假恶丑，致力于在全社会营造褒优贬劣、奖先促后的社会氛围。

发挥社会的保障性作用。发挥社会的保障性作用，就是要发挥好各种媒体、社会团体、民间组织等在参与和监督等方面的作用，从而保障各主体作用的发挥，以及合力的形成。这里特别强调三点：一是发挥好法律法规的规范、保障和促进作用。要将价值观自信的培育贯彻到法治建设的方方面面，倡导法治精神，涵养法治文化，提高法治意识，形成有利于增强价值观自信及其培育的法治环境。二是发挥好媒体的作用。网络化时代，媒体无时不有、无所不在。无论是传统媒体，还是新兴媒体，都逐渐融入人们的生产生活。特别是新兴媒体日益大众化、网络化、个性化、便捷化，影响日趋增大。要发挥好各种媒介引导舆论、强化监督的作用，把握主旋律，打好主动仗，引导人们树立科学的理想信念和正确的思想观念，培养积极进取、健康向上的道德情操，营造人人为价值观自信添砖加瓦的社会氛围。三是发挥好社会组织机构的作用。必须将培养和践行核心价值观融入人们的日常生活，只有贴近百姓，才能接地气。要加强社会组织和服务机构建设，引导社会成员参与社会公共事务，提升社会责任感。

发挥政府的引导性作用。发挥好党和政府的引导性作用,主要表现在两个方面。一方面,就是要履行政府职责,发挥好其在宏观调控、顶层设计、长远规划、统筹协调、监督管理等方面的作用。一般说来,就是要引导、带领和促使家庭、学校、社会和公民个人等各培育主体互促共进、合力联动;在确立经济社会发展目标和规划时,要着力构建有利于价值观自信培育的政策导向、奖惩机制和人文环境;在制定有关人们生产生活的政策措施时,要着力把握价值导向,在市场活动中搞好道德建设。另一方面,就是要发挥好党和政府各级领导干部、公务人员的示范作用。广大领导干部和公务人员社会关注度高,一言一行影响较大。他们的文化形象与文化态度如何,关系到党风政风、社风民风。要加强对他们的官德教育、公德教育、职业教育,提升他们价值观自信的能力和水平,以党风政风改善、带动和引领社风民风的改进。

发挥个人的根本性作用。在价值观自信的价值培育中,人,是主客体的统一。人们对社会主义核心价值观是否抱有自信,社会主义核心价值观能否得以彰显,归根结底要围绕人来展开,通过人来体现。一定意义上说,前面所提到的家庭、学校等主体都是带有人格化的组织。发挥这些组织及机构的作用,最终也要落实到人的身上。家长、老师、社会大众与媒体、政府工作人员等,不管是作为培育的主体,还是作为培育的客体,都肩负着极为重要的责任。作为培育的主体,对孩子,对学生,对他人及大众,要履行各自的职责,起到应有的表率作用。作为培育的客体,要从自身做起,从细节做起。中国传统文化以道德为核心,在处理人与自身关系上,提倡修己养身、慎独内省、知行合一,这些传统美德值得进一步弘扬。对于我们大多数的个体来说,培育和践行价值观自信可能更多地体现在极其微小的方面,如节约用水,不乱扔垃圾,写规范字,孝敬老人等。但积少成多,长此以往,对个人道德的提升,对良好社会风气的形成,都有重要的意义。同时，还要注重知行合一。很多人往往都知道价值观自信从自身做起的重要意义，别人做得不对也可能去批评、劝阻，但自己往往又做不到。近些年来，在国外一些著名的酒店和景区，可以见到诸如"请勿随地吐痰""请勿乱扔垃圾""请排队"等中文告示，令人汗颜！我国一些公民在国外所表现出来的不文明行为，如不守秩序、不讲卫生、不懂礼貌等，给我国的国家形象造成了严重损害，给国家文化形象培塑造成了不良影响。每一个人，都是培塑国家文化形象、增强社会主义核心价值观自信的主体。我们要鼓励和引导每一个人，从点滴做起，从小事做起，从自我做起，修己养身，发挥崇德向善的"蝴蝶效应"，各塑其形，塑人之形，塑塑与共，向全社会辐射，逐步建立价值观自信。可以想见，众多个体的碎片化力量汇聚起来，必然会形成声势浩大的滚滚洪流。

（二）搞好宣传教育

一是用中国特色社会主义文化，特别是社会主义核心价值观引领文化思潮、凝聚思想共识。深入开展宣传教育，逐步增强人们对马克思列宁主义、毛泽东思想、邓小平理论、"三个代表"重要思想、科学发展观和习近平新时代中国特色社会主义思想的信仰。要把价值观自信的培育纳入各级党委和政府的工作日程，纳入经常性学习、教育和宣传计划。要深入研究价值观自信培育中的热点和难点问题，结合理论与实践给予阐释和解读。宣传教育要贴近时代、贴近现实、贴近大众，贴近对象的年龄特点、认知习惯、思想现状和精神需求，瞄准他们在思想领域和价值培育方面存在的问题进行，增强针对性和有效性。尤其是党史、军史和中国革命史教育，要注重针对"90后"甚至"00后"的新特点，避免授课形式单一、对当代年轻人缺乏吸引力的问题，增强青年一代对党和国家的认知和热爱。要广泛开辟渠道，利用多种形式，充分发动群众，增强感染力和说服力。

二是注重发挥好新闻媒体的作用。一方面,要注重运用好传统媒体。通过报刊、电视台等媒介,推出专栏专版,采取多样形式,引导和教育人们增强价值观自信,培育和践行主流价值观念。另一方面,要注重运用新兴媒体。加强主流网络媒体软件与硬件建设,将社会主义核心价值观融入网络宣传教育和文化建设中,推动弘扬社会主义核心价值观的精品力作在网络媒体广泛有效传播,依法加强网络社会、网络文化的建设、规范、监督和管理,营造一个健康向上、风清气正的网络文化环境。近年来,中央电视台搭建了"社会主义核心价值观"大型网络专题平台,组织开展了"为网络正能量点赞"等活动,推出了《邻里守望》《说出你的家风》等一批专题节目。诸如此类的活动把对价值观自信的培育巧妙融入网络舆论场,对传播主流价值、增强价值观自信起到了积极而又显著的作用。

三是要充分发挥模范典型的示范效应。要注重挖掘和宣传广大民众身边的模范典型,他们往往本来就是我们身边的"普通人",宣传他们容易激发大众的现实情感认同。要通过定期在各领域各部门评比表彰宣传先进人物,形成你追我赶、争先创优的浓厚社会氛围。中央电视台近些年来推出的《感动中国》《时代楷模》《寻找最美人物》系列等特别节目,在全社会反响强烈。拿《寻找最美乡村教师》来说,参与活动的记者和编导多达数百人,足迹遍布全国各省、市、自治区;中央电视台、光明日报社等各主要媒体台、报、网融合互动,运用了网络投票、微博、微信等多种新兴媒介。可以说,诸如此类的活动,在挖掘宣传典型、倡导主流价值、弘扬时代精神、提升价值观自信方面取得了良好效果。

(三)注重实践锤炼

亚里士多德认为,成德之因与成恶之因,皆在于行为和习惯。可以说，人们提升道德修养，要靠后天的实践和训练。价值观自信的培育遵循同样的规律，没有丰富的工作、学习、生活实践，没有对文化建设的广泛参与和深刻体悟，就不可能对社会主义文化和社会主义核心价值观产生深厚情感，就不可能对社会主义核心价值观持有正确态度，更谈不上增强和提升价值观自信。因此，要注重通过社会、群体（家庭、单位、企业、学校等）和个人等方面的价值培育实践，形成和引领良好的社会风尚，倡导和带动积极向上的道德实践。

对于广大民众来说，不管是成年人还是未成年人，不管是就业者还是待业者，要增强他们的价值观自信，都离不开社会实践。所有培育对象，包括在学校学习的学生，各行各业的劳动者和建设者，等等，都要注重参与和融入社会实践。要统筹协调，适时组织各有关单位及人员深入社会、了解社会，开展诸如"价值观自信有我""践行核心价值观、做争先创优模范""中国梦、我的梦"等主题实践活动；要引导他们围绕价值观自信培育的热点难点问题，深入社区、农村和企业，开展调研与实践活动，身临其境，亲历躬行。

相对于社会来说，每个人所在的集体或者说群体，包括家庭、单位、企业、学校、军队、社区等，在价值观自信的实践锤炼中发挥着更为直接、更为经常、更为持久的作用，是价值观自信培育实践的重要载体和平台。全社会价值观自信的培育和提升与各群体价值观自信的培育和提升有机统一。全社会的价值观自信需要通过各群体的价值观自信来展现，如建设尊老爱幼、勤俭节约、幸福和睦的家庭价值观，建设邻里团结、互相帮助、诚信友爱的社区价值观，建设立足本职、爱岗敬业、鼓励创新的企业价值观，等等，这些群体的价值观建设好了，价值观自信提升了，必然能够体现、共铸和提升全社会的价值观自信。要将价值观自信培育作为一项重要工作，纳入群体的顶层设计、文化建设、计划规划、奖惩考核、组织实施等方面，通过群体范围内的党团活动、社团活动、基层建设和日常养成，来发展群体文化,涵养和提升价值观自信。

每一个独立的现实个体,都是践行价值观自信的微观主体。价值观自信能否得到践行、培育和提升,最终要在实践中通过每一个人来落实和检验。要将价值观自信的培育嵌入与每一个人的切身利益都密切相关的住房、医疗、就业等民生问题中,帮助人们正确认识和解决日常生活中的现实诉求;要渗透到民众的日常生活,甚至是细微而琐碎的小事中,以求取得良好效果。通过这些,倡导和促使每一个人结合自己的工作、学习和生活,从点滴小事做起,注重日常养成,崇德向善,不断锤炼,修己养身,逐步增强和提升价值观自信。拿大学生来说,要注重通过专业实习、社会调查、志愿服务、公益活动、科技发明和勤工助学等实践环节,增强价值观自觉、自信的意识,成为具有综合素质的人才,从而更好地承担社会责任。

(四)融入高新科技

信息化网络化时代,科技发展日新月异,科技创新至关重要,谁能够抓住机会实现科技的创新发展与应用,谁就能够在日趋激烈的国际竞争中占有一席之地。价值观自信的培育也是如此,能否将最新的科技创新成果及时融入培育内容和方法中去,直接关系到培育的效果。

要尤其注重在宣传教育中融入创新科技。充分利用数字技术、信息网络,建立社会主义核心价值观网上"图书馆""咖啡厅""游戏吧"等学习交流平台,设立价值观自信培育的官方微博、微信等微文化媒介和社交平台,实现价值观自信培育的信息化、网络化、大众化、日常化,牢牢掌握社会主义核心价值观在新兴媒体领域的领导权、话语权和主动权。

（五）构建体制机制

制度问题是事关根本、全局和长远的问题。要解决当前影响和制约价值观自信培育的诸多矛盾和问题，必须着力构建健全完善的体制机制，努力发挥其导向鲜明、监管有力、效能持久的作用。

一是纳入法律法规。要将中国特色社会主义文化及其核心价值观念纳入相关法规政策中，体现于经济、政治、社会等各项事业的制度设计中，贯穿于各级各单位的日常治理中。借助于法规政策的强力引导，价值观自信才能够更有效地得以推动和提升。二是组织领导机制。要建立健全和完善各级各单位价值观自信培育工作的组织领导机制，将价值观自信培育工作作为一项重要工作来抓，纳入文化建设、人员培养、宣传教育、服务管理中，搞好顶层设计、计划规划和统筹协调，从机构职能、领导分工、人员职责等方面加强建设，提升其规范性、程序性和可操作性。三是有效运行机制。要建立健全与价值观自信培育工作相关的人才、资金、技术等各资源要素优化配置有效运行的体制机制，充分激发和调动各资源要素的活力。要注重建立一支高水平专业化的培育队伍，把握正确舆论导向，整合规范培育内容，不断创新方式方法，搞好公共教育服务，促使价值观自信培育工作有序高效运转。四是利益驱动机制。价值与利益，两者密切联系，价值观自信的培育离不开利益驱动。要建立健全利益驱动机制，如国家荣誉制度，包括企业和公民等主体在内的社会征信体系，利益分配协调与保障机制等，使好人有好报、坏人受惩罚，价值观体现出"价值"。五是考评监管机制。要构建多元一体的动态量化评价体系，通过组织定期考评，看价值观自信培育工作是否被摆上各级各单位重要议事日程，是否被纳入日常的工作、学习、生活。要建立信息定期收集和反馈机制、检查督导和监督管理机制、可量化的奖惩机制，把考评监管情况与领导任免、骨干选拔、人员奖惩等结合起来，真正调动各级各部门投入价值观自信培育工作的积极性、主动性和创造性。

（六）注重文化熏陶

搞好社会主义核心价值观自信的培育，要坚持文化事业和文化产业两轮共驱、同抓共进，营造风清气正的良好环境，发挥文化内化于心、外化于行的力量。

要大力发展文化事业，构建覆盖面广、相对均衡的公共文化服务体系，使社会主义核心价值观覆盖城乡、延伸到末端，在保障大众基本文化权益的同时，宣传、贯彻社会主义核心价值观，增强全民族思想文化素养，提升全民族价值观自信。要加快发展文化产业，构建现代产业体系，在满足人民群众日益增长的多样化文化需求的同时倡导主流价值、巩固和占领思想文化阵地。总的来说，要将价值观自信的培育融入日常具体的文化产品和文化服务中，融入普罗大众的文化消费和文化选择中，使人们在富有真情热度的文化情境中理解和掌握枯燥的概念和词汇，在可触可感的文化实践中认可和接受抽象的思想观念，在润物无声的价值观熏陶中不断增强和提升文化自信。

要尤其注重发挥文化产品在价值观自信培育中的重要载体作用。在建立健全社会主义市场经济体制以及逐步提高文化对外开放水平的条件下，文化产品对人们价值观培育的影响更具有直接性、经常性、鲜活性和能动性。因此，要注重提升文化产品的格调，努力达成经济效益和社会效益的统一，着力推出和传播弘扬真善美、展现主流价值的优秀文化产品，开展好一系列优秀作品的展映展播展览活动。要注重打造一批宣传度高、影响力大、说服力强的文化品牌，充分认识和利用品牌消费在大众文化消费中的引领和先导作用，使之成为弘扬和传播优秀文化精神的重要载体，成为培育和彰显价值观自信的重要平台。

第十章

创新发展
——面向未来的文化自信

————

中国特色社会主义文化具备可信的能力,既是中国特色社会主义文化自信的客体条件,也是中国特色社会主义文化自信的重要基础。要不断提升中国特色社会主义文化的生产力、凝聚力、包容力、防御力和影响力,为生成和实现中国特色社会主义文化自信奠定能力基础。

一、深化文化改革,提高中国特色社会主义文化生产力

面对文化生产力发展方面存在的诸多问题,着眼于解决制约文化生产力发展的深层次矛盾,构建科学合理的文化生产关系,就要深化文化体制改革,调动文化生产力相关各组成要素的活力,大力发展文化产业,建立健全法律法规,从而进一步解放和发展文化生产力。

（一）不断推进体制改革

党的十八大特别是十八届三中全会以来，一幅文化领域全面深化改革的宏伟画卷在神州大地徐徐铺展。建设新型智库、推动媒体融合、支持戏曲传承、构建现代公共文化服务体系……各项改革逐步推进，改革成果不断显现。十三五规划纲要明确提出，"坚持社会主义先进文化前进方向，坚持以人民为中心的工作导向，坚持把社会效益放在首位、社会效益和经济效益相统一，加快文化改革发展，推动物质文明和精神文明协调发展，建设社会主义文化强国"，十分清楚地把加快文化改革发展的方向、导向、原则、方法、目标表述出来。推进体制改革是提高文化生产力的根本途径。文化生产力的发展，要求文化生产关系与之相适应。文化生产关系，是指文化发展的管理模式和运行机制。推进文化体制机制改革，主要包括管理体制改革和运行机制改革两个方面。

一是推进管理体制改革。推进管理体制改革，就是要科学合理地处理好企业、政府和市场的关系，搞好文化的生产、管理。要改变传统的计划经济的管理体制，加快转变政府职能，强化政府的宏观调控、政策调节、市场监管、社会管理、公共服务职能，防止发生政府职能越位、错位和缺位的现象；要理顺党和政府、文化企事业单位、市场及其他社会组织等各方的关系，按照政企分开、政事分开原则，推动政府部门由"办文化"向"管文化"、由"管微观"向"管宏观"转变；要特别注重做好转制文化企业的引导工作，通过制定扶持政策、提供委托项目、定向资金投入等方面的举措，推动原国有经营性文化单位建立现代企业制度，成为真正的市场主体。

二是推进运行机制改革。推进运行机制改革，就是要对文化事业和文化产业进行科学定位和细化分类，健全文化公共服务体系和市场体系，确保文化生产经营灵活高效运转。文化事业与文化产业是文化生产力运行的主要载体和基本形式。文化事业，是我国特有的一个集合名词，是文化事业单位的总称，如图书馆、博物馆、文化馆、展览馆等。文化产业，不仅包括图书出版、新闻传媒、广播影视等传统产业，而且包括动漫影视、信息网络、旅游休闲等新兴创意产业。

为此，要努力实现文化事业与文化产业的双轮驱动、比翼齐飞。

一方面，要发展文化事业，构建现代公共文化服务体系。发展文化事业，能够为文化产业的创新发展提供原创成果和知识产权，能够提高群众文化水平。这里，要把握一些主要原则：一是覆盖的全面性。要覆盖全社会，缩小城乡、区域文化发展的差距，促进一体化发展。二是服务的公益性。相对于文化产业的营利性，文化事业突出的特点是它的非营利性和公共服务性。要达到这一目的，离不开政府主导下的公共财政投入。"据统计，自2008年我国提出免费开放博物馆，到2013年底，全国已有2780家博物馆实现免费开放，让市民游客免费走进博物馆已是大势所趋。"①2015年3月20日起开始施行的《博物馆条例》也鼓励博物馆免费开放。2015年，习近平总书记视察西安博物院后强调指出：一个博物院就是一所大学校。要把凝结着中华民族传统文化的文物保护好、管理好，同时加强研究和利用，让历史说话，让文物说话，在传承祖先的成就和光荣、增强民族自尊和自信的同时，谨记历史的挫折和教训，少走弯路、更好前进。博物馆等场馆的免费开放，体现了文化事业发展的公益性。当然，在免费的基础上，还要办出质量，不断创新，提高水平。三是对象的大众性。公共文化服务所要满足的对象是最广大的人民群众，因此，广大文化工作者必须深入群众、深入基层、深入实际、深入生活、深入网络，进行文艺创作，推出文化精品。

另一方面，要发展文化产业，建立健全现代文化市场体系。文化产业是文化事业发展的动力，为文化事业的发展提供资金和环境支

---

① 海风纯：《树立文化自信，博物馆不能"偷懒"》，《海南日报》2014年5月21日。

持,为提高国家文化软实力和增强综合国力奠定产业基础。现代市场体系的基本原则是统一开放、竞争有序。遵循这一原则,就要建立和发展产品市场、要素市场、中介市场、流通市场等各类市场,打破各种行政分割,规范监管调控,建立统一的市场体系,确保文化市场主体充满活力,文化产品和服务能够进行健康有序的交换和流通,文化市场有效运行。

(二)调动生产要素活力

调动要素活力是提高文化生产力的动力基础。文化生产力包括主体、客体和中介等要素。具体来说,主要包括文化人才、资金、科技、文化资源等。要优化整合各种要素,充分调动和发挥各要素活力,为文化生产力的发展奠定动力基础。

一是培养大批优秀的文化人才。功以才成、业由才广。人才是"最强大的一种生产力"的代表,是"生产力中最具决定性的因素",是第一资源。百花竞放、灿若群星的文化人才以及他们作出的贡献,是构建文化自信的重要因素。只有培养一大批有影响力的文化建设领军人物,造就一大批德艺双馨的文化名家,建立一支健康发展的文化人才队伍,才能构建稳固坚实、可持续发展的文化自信。优秀的文化人才对内能够引领社会风尚,对外能够展现良好的文化交流形象。要围绕发展文化生产力,培养和造就一大批从事文化生产工作的人才队伍,包括文化领导人才、文化管理人才、文化创意人才、文化研究人才、文化营销人才、文化策划人才、文化网络人才等。在文化指导、监管,产品制造、发行和服务等领域,都要做好对这些文化人才的引进、选拔、培养、使用、激励等工作,使他们熟悉政策制度,了解法律法规,瞄准发展前沿,掌握方式方法,具备工作能力。要达到这一目的,一方面是要营造拴心留人的政策环境,另一方面必须抓好教育培训。要通过构建和发展成熟完善的教育培训体系,培养高素质的文化人才。

二是加强经费投入。搞好教育，培养人才，更新设备，创新科技，开发资源，这一系列生产要素的激活都离不开大量的资金投入。面对文化发展资金投入较少、融资渠道不畅、使用效率不高的情况，一方面，要增加文化发展资金投入，保证公共财政对文化建设投入的增长幅度高于财政经常性增长幅度，提高文化支出占财政支出比例；另一方面，制定优惠的财税政策，拓宽投资融资渠道，完善文化经费投入方式，提高使用效率。

三是融入高新科技。科技进步是文化生产力发展的重要条件。21世纪以来蓬勃发展的信息技术革命，有力地推动了文化生产力的飞速发展。要"最大限度解放和激发科技作为第一生产力所蕴藏的巨大潜能"[1]，不断融入高新科技，促进广播、电影、网络、通信等要素的数字化、一体化和网络化发展。

四是盘活文化资源。我国有着非常丰富的传统文化资源，如名胜古迹、神话传说、民俗节庆等，但是文化资源开发、利用、转化和保护的力度与统筹都不够，并且文化资源的利用权、解释权和话语权面临严重侵蚀。《花木兰》《功夫熊猫》等都是我国自有资源被国外开发的典型。我国必须加强对本民族文化资源的开发、利用和保护，深入挖掘传统文化资源的思想价值和市场潜力，使其成为文化发展的不竭动力和源泉。近些年来，《印象·刘三姐》《印象·丽江》《印象·西湖》等印象系列山水实景演出，都是我国民族文化资源开发利用比较好的代表作品。

（三）大力发展文化产业

发展文化产业是提高文化生产力的现实路径。当前，我国文化

---

[1] 习近平：《在中国科学院第十七次院士大会、中国工程院第十二次院士大会上的讲话》，《人民日报》2014年6月10日。

产业发展总体较弱。拿产业规模来说,西方发达国家文化产业在国内生产总值中所占的比例,平均已经达到10%以上,美国则达到25%;美国的文化产业在世界文化市场中占43%,欧盟占了34%,而整个亚太地区只有19%;中国文化产业在国内生产总值中所占比例还不到4%,在世界文化产业市场中所占份额不足3%。相比于美欧等国文化产业已成为国民经济的支柱产业,中国文化产业所占份额与中国的文化资源水平和整体发展规模很不相称。文化产业竞争力也不强,有数据显示,我国的文化产业竞争力在世界15个主要国家中以0.22的竞争力指数排名倒数第一,比同属于发展中国家的南非和印度还分别低0.01和0.02。文化产业发展滞后的主要原因是:一方面,在全球化、市场化、网络化飞速发展的背景下,外国文化产业逐步占据我国文化市场,对我国造成较大冲击和挑战;另一方面,我国文化产业起步较晚,经验不足,发展较慢。大力发展文化产业势在必行,其措施应具体包括以下几个方面。

一是调整优化产业结构。在区域结构上,要统筹协调各地区各部门文化产业布局,突出特色和重点,避免重复建设,实现文化产业与资源的优势互补与协调发展;在行业结构上,要注重扶持发展潜力较大的新兴市场和新兴产业,发展文化产业集群,有针对性地组建创新优势明显、竞争力强的大型文化产业集团;在进退机制上,要建立统一的信息平台和信用体系,把好关口,严格审查,加强监管,建立健全文化企业的市场准入和退出机制。

二是加快转变发展方式。要从粗放式、数量型、外延式的产业发展模式转向集约式、质量型、内涵式发展轨道上来,注重发展科技含量高、产业规模大、循环利用多、环境污染少、生产效率高、资源集中、创新力强的现代文化产业。要改革、完善和创新投资融资体制,采取多种形式广泛吸收民间和社会资本;充分激发资金、人才、设备、文化资源等多种要素的活力,实现文化产业资源的最佳配置和优化整合。

三是不断推出优秀产品。优秀的文化产品，或者说精品力作，必然是社会效益和经济效益两者兼顾的产品，它不仅能够满足人们的消费需要，而且能丰富知识，提高智力和能力，陶冶人们的道德情操，提升人们的思想水平。纵观世界，美国的电影产业、法国的出版产业、韩国的电视产业、日本的动漫产业都形成了各自的标志性品牌。在日趋激烈的国际竞争背景下，文化产品有没有较强竞争力，不仅要看其技术含量，还取决于其文化价值。而文化价值主要体现在产品的品牌、设计、形象、销售和服务等方面。习近平总书记在文艺工作座谈会上的讲话中强调，"文艺不能当市场的奴隶，不要沾满了铜臭气"，"不能在市场经济大潮中迷失方向，不能在为什么人的问题上发生偏差"，要"用现实主义精神和浪漫主义情怀观照现实生活，用光明驱散黑暗，用美善战胜丑恶，让人们看到美好、看到希望、看到梦想就在前方"。文艺作品反映着一个国家、一个民族的文化创造能力和水平。高度的文化自信可以催生优秀的文艺作品，优秀的文艺作品又能够提升文化自信。我们要致力于推出一大批优秀的文艺作品。

（四）建立健全法律法规

完善法律法规是提高文化生产力的重要保障。近些年来，我国在文化发展与文化生产的立法方面进展很大，奠定了文化治理的法律依据和法治基础。但是，必须看到，我国文化法治建设还处于初级阶段。总的来讲，立法相对滞后，覆盖面不广，法律法规系统性不强，实际操作性弱，法治意识不浓，有法不依、执法不严的现象尚一定程度存在。

逐步建立健全法律法规、严格依法进行文化治理，为文化生产与发展提供良好的运行环境，是推进体制机制改革、提高中国特色社会主义文化生产力的保障。一方面,要紧跟文化发展的现实需要、时代潮流与未来趋势,加强文化立法工作。当前和今后一段时期,要尤其注重文化产业发展、文化遗产保护、知识产权保护、信息技术产业等重点领域的立法工作。如《文化产业法》《网络安全法》等都有很高的呼声。另一方面,要健全文化执法机构,加强教育和培训,提高执法人员素质,做到依法治理、依法行政。如在知识产权保护领域,虽然已经制定和出台了《著作权法》《专利法》等一系列法律法规,但由于人们法治意识不强、执法机关执法不严,一些法律的部分条款形同虚设,这样的局面必须下大力气予以改进。

二、注重整合创新,提高中国特色社会主义文化凝聚力

提高中国特色社会主义文化凝聚力,就是提高中国特色社会主义文化对广大人民群众的吸引力、感召力,增强文化在坚定理想信念、维系主流价值、统摄人民意志、规范人民言行方面的能力。为此,一方面,要推动中国特色社会主义文化本身的有机整合,提高其共识度、凝练度、聚焦度和影响力;另一方面,要加强对人的关注,始终坚持以人为本,发挥好文化对经济、社会发展的促进作用。

(一)推动中国特色社会主义文化有机整合

全球化背景下,多元多样文化交融并存是绝大多数国家文化发展的现实状态。不同种类文化的交流、交融、渗透,同一文化资源的开发、利用、争夺,日益明显和加剧。一国能否较好地整合自己的文化,直接关系到这一文化的生存、发展与安全。提高中国特色社会主义文化凝聚力,必须推动其有机整合。

中国特色社会主义文化来源多样,包括传统文化,传统模式的社

会主义文化,改革开放以来的新文化,外来文化等内容。要坚持以中国特色社会主义文化为指导,对这些文化进行有机整合。整合过程中,要坚持马克思主义指导思想与继承和弘扬中华优秀传统文化的统一,坚持"取其精华、去其糟粕""古为今用、推陈出新""洋为中用、博采众长"的方针,坚持"二为"方向和"双百"方针,弘扬主旋律、提倡多样化。

推动文化整合,要特别强调坚持指导思想与弘扬本源的统一。一是坚持马克思主义指导思想。马克思主义指导思想是中国特色社会主义文化之魂。面对纷繁复杂的形势,我们必须巩固马克思主义在意识形态领域的指导地位。① 这里要坚持的马克思主义,是真正的马克思主义,不能简单地等同于前苏联的、斯大林时代的马克思主义。要坚持马克思列宁主义、毛泽东思想和中国特色社会主义理论体系在意识形态领域的指导地位,坚持马克思主义的立场、观点、方法,坚持中国共产党对文化发展的领导,牢牢把握党对文化工作的主导权和话语权。为此,首先,要注重塑造马克思主义主流意识形态的知识形象、理论形象和创新形象,增强它的文化亲和力、创造力和竞争力。对待马克思主义,要做到不粉饰、不教条、不误读,真学、真信、真懂、真用。其次,对马克思主义理论的宣传教育在内容、形式、方式、方法等方面要不断创新和完善。"最高限度的马克思主义等于最高限度的通俗化",要注重做好马克思主义的中国化时代化大众化工作,注重培养对马克思主义的情感认同。第三,要充分利用好各种载体,特别是新兴媒体。充分发动群众参与,增强载体的群众性;要多开展一些"走出去、请进来"的参观见学和社会实践活动,增强载体的实践性;要注重利用好手机、网络、微博、微信等新兴载体,增强载体的时代性。

二是坚持继承和弘扬中华优秀传统文化。中华优秀传统文化是

---

① 《中共中央关于全面深化改革若干重大问题的决定》,《人民日报》2013 年 11 月 16 日。

中国特色社会主义文化之根。习近平总书记强调:"中华文化源远流长,积淀着中华民族最深层的精神追求,代表着中华民族独特的精神标识,为中华民族生生不息、发展壮大提供了丰厚滋养。"①"要加强对中华优秀传统文化的挖掘和阐发,努力实现中华传统美德的创造性转化、创新性发展,把跨越时空、超越国度、富有永恒魅力、具有当代价值的文化精神弘扬起来。"②以儒家文化为代表的中华优秀传统文化有着五千多年的历史积淀和文明基础,是中国特色社会主义文化建设和发展的基础和根源,只有坚持继承和发扬,才能保持自身特色,坚守主体地位,凝聚民族共识,共享情感归属。要克服民族文化虚无主义和文化复古主义,反对打着传播传统文化的旗号,以实用、庸俗的功利性态度来对待传统文化,大肆宣扬传统文化中消极落后成分的做法。

整合就是批判继承、推陈出新,创造转型、创新发展。马克思主义文化理论与中华优秀传统文化在诸多方面都有相通之处,诸如以人为本的思想,公平公正的思想,集体主义的思想,尊重自然的思想,就是其中的代表。毛泽东文化思想,特别是其中关于文化自信的部分,是把马列主义文化理论与中华优秀传统文化有机结合并作出独特创造的典范。在此基础之上,还要注重学习借鉴外来文化。整合的过程,就是创新的过程。张岱年指出,中国文化的发展有三条道路。第一是固步自封,因循守旧,以大国自居,自以为高明,这是没有前途的。第二是全盘接受外国文化,完全抛弃民族传统,这是不应该的,也是没有前途的。第三是主动吸收世界的先进文化成就,同时保持民族文化的独立性,发扬固有的优秀传统,创造自己的

---

① 习近平:《把培育和弘扬社会主义核心价值观作为凝魂聚气强基固本的基础工程》,《人民日报》2014年2月26日。

② 习近平:《完善和发展中国特色社会主义制度 推进国家治理体系和治理能力现代化》,《人民日报》2014年2月18日。

新文化,这样才能自立于世界文化之林。① 这里指出的第三条道路,就是一条整合与创新的道路。这一整合与创新,绝不是简单的"物理嫁接",而是有机的"化学反应"。通过有机整合,增强吸引力、感召力和主导力,增强稳定性、凝练度和聚焦度,强化其对全体社会成员的主导和引领作用。十八大报告明确提出了"三个倡导",中共中央印发的《关于培育和践行社会主义核心价值观的意见》,把"三个倡导"24个字明确为社会主义核心价值观的基本内容。② 作为全体国民能够接受的最大公约数,社会主义核心价值观的提出就是这一整合的生动体现。习近平总书记指出:"一个国家的文化软实力,从根本上说,取决于其核心价值观的生命力、凝聚力、感召力。"③可以看出,核心价值观的整合,对文化软实力提高的重大意义。

(二)始终坚持以人为本

建设和发展中国特色社会主义文化,人是主体与客体的统一。一方面,人是主体,是文化的建设者和发展者;另一方面,人又是客体,是中国特色社会主义文化的接受者。人的发展与文化发展是一个统一的过程,文化发展推动着人的发展,人的发展制约着文化发展。因此,中国特色社会主义文化的建设和发展,必须围绕人,即最广大人民群众而展开。

始终坚持以人为本,是提高中国特色社会主义文化凝聚力的关键。只有始终以最广大人民群众的利益为根本,才能增强中国特色社会主义文化对广大群众的统摄、凝聚和感召力。为此,就要做到围绕群众、深入群众、服务群众、提升群众。围绕群众,是指不管是

---

① 张岱年:《文化与哲学》,中国人民大学出版社2006年版,第70—71页。
② 中共中央办公厅印发《关于培育和践行社会主义核心价值观的意见》,《人民日报》2013年12月24日。
③ 习近平:《把培育和弘扬社会主义核心价值观作为凝魂聚气强基固本的基础工程》,《人民日报》2014年2月26日。

改革文化管理体制,还是优化文化运行机制;不管是发展文化产业,还是繁荣文化事业,都要紧密关注和始终围绕广大人民群众的文化状态和文化需求,全面体现人文关怀、思想关心和价值关切。深入群众,是指贴近群众,贴近基层,贴近农村,贴近社区,贴近实际,了解和掌握广大人民群众真实的生活状态、思想动态和精神风貌,真正打造出老百姓"自己"的文化。特别是在当前中国网民规模已达7.51亿,网民数量和互联网普及率都过半的情况下①,要注重深入网络,贴近网民。服务群众,就要在内容和形式上不断创新,注重文化的教化熏陶和娱乐休闲功能的结合,突出人的地位,尊重人的个性,解除人的束缚,建设和发展既"有人消费"、又"消费得起"的文化,造福广大人民群众。提升群众,就是要在了解和掌握群众思想文化状态的基础上,加强引导,注重熏陶,激发群众的进取精神和创造活力,不断促进人的综合素质的提升,致力于实现人的全面发展。

(三)发挥好文化对经济社会发展的促进作用

提高中国特色社会主义文化的凝聚力,加强对人的关注、始终坚持以人为本,与发挥好对经济社会发展的促进作用,两者是有机统一的。只有真正坚持以人为本,才能凝聚人心,激发人的创造活力,促进经济社会又好又快发展;同时,围绕实现人的全面发展,发挥好对经济社会发展的促进作用,才能增强凝聚力。这里从文化事业和文化产业两个方面来讲。

一是在文化事业发展上,要致力于引导其服务于经济与社会发展。面对全球化、市场化和网络化的影响,以及外来文化、多元文化的挑战与考验,中国特色社会主义文化事业的建设和发展,要抓住有利条件和难得机遇,有效应对诸多困难和挑战,充分发挥凝聚意

---

① 中国互联网络信息中心:《第40次中国互联网络发展状况统计报告》,2017年7月版。

志、锻造精神、提高素质、鼓舞斗志的功能,为健全和完善中国特色社会主义市场经济、构建社会主义和谐社会提供思想指导、智力支持和价值支撑。要在社会、国家、单位、家庭等各方面、各支点大力倡导社会主义道德,确保社会沿着正确的方向科学发展。要抓住重点,解决好人民群众反映强烈的当前经济社会发展中存在的假冒伪劣、缺乏诚信、贪图享乐、人心浮躁等诸多问题。特别是在当前贫富差距比较明显、社会矛盾相对尖锐的背景下,要引导教育各级领导干部践行群众路线、履行岗位责任、奉公务实;要引导教育广大人民群众增强民主意识与法治意识,理性表达各项诉求,从而共同促进经济社会发展与社会和谐稳定。

二是在文化产业发展上,发挥好中国特色社会主义文化对经济社会发展的推动作用。要抓住机遇,迎难而上,充分展现我国文化产业的创造能力,深入挖掘消费潜力,实现我国文化产业的跨越式发展,把文化产业发展成为我国国民经济的支柱产业;要通过提供信心勇气、精神风貌、知识智力、科技创新、管理经验、经营方式等直接参与促进经济发展和社会生产力提高;要多生产富含"正能量"、大众欢迎的文化产品,发挥其教育引导和评价激励功能,在全社会发扬以爱国爱家、团结友爱、和谐合作、见利思义、诚实守信等为代表的道德风尚,构建良好的人文环境和社会氛围。

三、吸收有益成果,提高中国特色社会主义文化包容力

文化的生命离不开包容,一种优秀的文化应该是一种具有很强包容力的文化。全球化时代,中国特色社会主义文化要在绚丽多彩的世界文化园地中占有一席之地,就必须扩大交流,包容多样,创新发展。

（一）不忘本来，批判继承中国传统文化

中华优秀传统文化，是中国特色社会主义文化发展的基础和根源。建设中华民族共有精神家园，必须继承和发扬中华优秀传统文化。中国传统文化，根植于农耕文明的经济基础，发展于宗法制度的社会政治结构，以道德为核心，是一种伦理类型的文化。传统文化中，既有优点，又有弊端。我们必须致力于搞清楚传统文化中哪些是值得继承和弘扬的优秀部分，哪些是需要我们进行批判的糟粕；哪些是正反两面能够剥离或者是比较容易剥离的，哪些是矛盾一体或者是难以剥离的。总的来说，中国传统文化强调整体与安稳，等级与秩序，和合与持中，修身与养性。同时，也有着明显的缺陷，如忽视个体与个性，缺乏竞争与创新，缺少科学与论证等。特别是中国传统文化的不少积极成分被封建社会统治阶级所利用，变为了压迫人、奴役人的工具。这都是需要我们给予具体分析的。

中华优秀传统文化，不仅是指占主导地位的儒家文化，还包括道家、法家、墨家等多种文化的优秀部分；不仅是指整个中华民族公认的、带有普遍性的优秀文化，还包括各地区富有自己特色的优秀文化。要坚持保护发展与开发利用相结合，挖掘它们的精髓要义和时代价值，深度融合先进的现代文化。在 5000 多年的文化发展历史进程中，中华民族孕育了"天人合一、以人为本、贵和尚中、刚健有为"的基本精神，形成了以修己养身、仁爱孝悌、谦和有礼、克己奉公、精忠爱国、尊重自然等为代表的传统美德。这些优秀精神和传统美德，都值得我们进一步继承和弘扬。

习近平总书记指出："要加强对中华优秀传统文化的挖掘和阐发，使中华民族最基本的文化基因与当代文化相适应、与现代社会相协调，把跨越时空、超越国界、富有永恒魅力、具有当代价值的文

化精神弘扬起来。"①弘扬中华优秀传统文化,实现传统文化的创造性转化和创新性发展,关键是要处理好继承与创新、转化与发展的关系。创造性转化,就是按照新的时代要求,对那些至今仍有借鉴价值的文化内容和形式加以改造,赋予其新的时代内涵和表达形式。创新性发展,就是适应时代发展,对中华优秀传统文化的内涵加以挖掘、拓展和完善。中华优秀传统文化的产生有其特定的时代、土壤,要将其融入中国特色社会主义的当代语境,融入"五位一体"总体布局和"四个全面"战略布局,挖掘其时代内涵,实现时空转化,实现"古为今用""推陈出新"。传统文化中的"精华"和"糟粕"瑕瑜互见,有时要将它们截然分开是件很难的事。因此,要坚持马克思主义的立场观点方法,对其进行扬弃。比如,传统的儒家文化可分为政治化的儒家和伦理化的儒家,政治化的儒家强调服从,强调等级,就要剔除,而伦理化的儒家强调诸如爱国、孝亲、忠诚、正直等优秀品质,就应该大力继承和弘扬。

(二)吸收外来,学习借鉴外国先进文化

纵观历史,一种文化之所以能够生生不息、延绵不断,主要原因之一就在于这一文化能够兼容并蓄、海纳百川,注重学习借鉴外来先进文化。从汉代的张骞通西域到明代的郑和下西洋,都体现了中华民族是一个海纳百川、兼容并蓄的民族,坚持对外来文化采取开放的态度。在漫长的历史进程中,中华民族坚持不断学习外来的先进文化,并创造性地转化成自己的东西。全球化的背景下,这一特征将尤为明显。美国的好莱坞电影流行世界,韩国的电视剧流行东亚,除了其文化产业的发达、高新科技的融入之外,很重要的一点就是其注重吸收其他国家的文化元素,如《功夫熊猫》就吸收了中国功

---

① 习近平:《完善和发展中国特色社会主义制度 推进国家治理体系和治理能力现代化》,《人民日报》2014年2月18日。

夫、大熊猫、书法等元素。为此,我们必须始终关注、不断吸纳世界各国文化发展的最新成果。

文化的先进性和文化的开放性密不可分,中国文化要博采众长、兼容并蓄。要稳步提高文化开放水平,积极开展文化交流与合作,发展同世界各国的友好合作关系,增强与各国的了解与信任。随着世界新科技革命的蓬勃发展,文化理论和文化实践日新月异,要立足我国实际,大胆学习和借鉴外来的一切有益文化,特别是发达国家的最新文化思想和文化技术。

(三)着眼将来,不断推动文化创新发展

习近平总书记强调,创新是引领发展的第一动力,实施创新驱动发展战略是我国发展的迫切要求,必须摆在突出位置。[①] 创新是文化的本质特征,文化是最需要创新、也是最能够创新的领域。当今世界,许多国家都把改革创新作为文化发展的制胜之道。古代中国一直走在世界思想和科技的前列,而近代以来我国的文化创新力处于弱势。正如著名的"李约瑟难题"所指出的,为什么近代科学和科学革命只产生在欧洲呢? 为什么直到中世纪中国还比欧洲先进,后来却会让欧洲人着了先呢? 英国前首相撒切尔夫人也讲过,中国不会成为超级大国,因为中国没有影响国际的学说,中国出口的是电视机,而不是思想观念。因此,必须实现文化的创新发展。

包容与创新密不可分,包容是创新的基础,创新是包容的目的,包容是为了更好地创新。包容就是要学习和吸收多元多样文化的优秀成分,不仅包括传统的,还包括当代的;不仅包括外来的,还包括自己的。这里的包容,包括了对多种文化、多种学派和多种思想的包容。这一包容,体现在不忘本来、吸收外来、着眼将来的过程

---

① 习近平:《全面实施创新驱动发展战略 推动国防和军队建设实现新跨越》,《人民日报》2016 年 3 月 14 日。

中。它具有很强的开放性，不仅对外来文化开放，而且对文化的未来发展开放。包容是有原则的包容，包容的是在法律允许范围内的多元多样的文化。

文化具有包容力，才能学习先进，包容多样，求同存异，和平共处。在包容的基础上进行选择和甄别，在争论中揭示真知灼见，产生创新动力，从而推动中国特色社会主义文化不断创新。要立足我国国情和文化发展现实要求，瞄准世界文化发展趋势和发展前沿，进行文化要素创新和体系创新。通过创新，科学梳理、深入挖掘，精心提炼、推陈出新，实现中国文化的创造性转化和创新性发展。

近年来，中国文化创新的步伐不断加快，文化创新的成果不断增多。比如，在建筑、工业设计、文学等领域的具有重大国际影响力的评奖活动，如建筑设计的普利兹克奖、工业设计的红点奖、诺贝尔文学奖评选中，中国屡屡摘取桂冠；中国的创新性、科技型文化企业群体也日益壮大，包括一些文化领军企业进入到全球互联网企业20强中。这从一个侧面反映了中国日益以文化创新大国的形象屹立于世界。

四、维护文化安全，提高中国特色社会主义文化防御力

冷战结束后，以美国为首的西方国家，一般不直接使用武力相威胁，它们进行了各种伪装，凭借经济、科技上的优势、军事上的强大、信息上的霸权到处宣扬和推行西方文化优越观，极力推销自己的文化。这种行为带有强烈的政治目的，那就是对以中国为代表的社会主义国家和发展中国家进行文化和意识形态渗透，企图侵蚀这些国家的文化、干涉这些国家的内政，以达到其"和平演变"的阴谋。对此，我们必须提高警惕，把好防御关。

（一）坚决抵制和防范外来的消极错误与腐朽落后思潮

全球化、市场化、网络化的快速发展，在给我国文化发展带来诸多机遇的同时，也造成了诸多挑战。西方文化中存在的不良思潮，也乘机涌入我国，侵蚀和威胁着我国的民族文化和本土文化。马来西亚前副总理巴达维曾经告诫人们："它（全球化）也导致西方文化中最肮脏、最无价值、最颓废的东西在非西方社会泛滥成灾，使本土文化岌岌可危。一些国家的本土文化很有可能消亡，或被西方文化取而代之。"因此，我们必须高度警惕，在学习和借鉴外来文化时要坚决抵制和防范腐朽落后思想。毛泽东同志曾经打过一个十分生动的比方，他说："一切外国的东西，如同我们对于食物一样，必须经过自己的口腔咀嚼和胃肠运动，送进唾液胃液肠液，把它分解为精华和糟粕两部分，然后排泄其糟粕，吸收其精华，才能对我们的身体有益，决不能生吞活剥地毫无批判地吸收。"[①]江泽民也曾强调指出："学习和借鉴，要采取分析的态度，区分先进和落后、科学和腐朽、有益和有害，积极吸收先进、科学、有益的东西，坚决抵制落后、腐朽、有害的东西。"[②]对外来文化的学习和借鉴，要辩证分析、区分优劣利弊，对于先进、科学、有益的成分，要注重加以吸收，对于资本主义唯利是图、拜金主义、腐朽没落的东西，应坚决抵制和摒弃。

（二）注重防止文化共识的异化

全球化促成文化共识的生成，秉持共识，意义重大。迈克尔·沙

① 《毛泽东选集》第2卷，人民出版社1991年版，第706—707页。
② 江泽民：《在中国文联第六次全国代表大会中国作协第五次全国代表大会上的讲话》，《人民日报》1996年12月17日。

利文-特雷纳在《信息高速公路透视》一书中指出："两种文化或两个国家之间的偏见和长期对立可以通过对相互差异的了解而得到解决。通过一种中立的文化媒介，我们能清楚、简单地与他人沟通，我们能向对方表达自己的愿望和动机。这样的话，整个世界将能向和平共处迈进一大步。"通过达成文化共识，不同的国家和民族能够更便利地交流沟通，这有利于不同文化之间误解和偏见的减少与消除。但是，同样的概念，不同的使用主体，或者同一使用主体在不同的话语环境下使用，含义可能会差别很大，甚至完全相反。拿"尊重人权"来说，中国与以美国为首的西方国家都主张"尊重人权"，含义却差别很大。我们讲"尊重人权"，首先强调最基本的是人的生存权和发展权。我们主张，集体人权与个人人权，经济、社会、文化权利与公民政治权利不可分割，国家主权是个人人权的前提和保障，实现人权的根本途径是社会进步和经济发展。而以美国为首的西方国家主张"人权高于主权""人权高于国权"。邓小平指出："西方的一些国家拿什么人权、什么社会主义制度不合理不合法等做幌子，实际上是要损害我们的国权。"[1]并且他们以此为武器，遏制、污蔑和妖魔化中国。冷战结束后，以美国为首的西方国家，或以人道主义干涉为幌子，或以民主和平论为招牌，或以"解放"当地人民为借口，极力推销自己的文化。这种"文化霸权"和"文化殖民"的行为带有强烈的政治目的，那就是对以中国为代表的社会主义国家和发展中国家进行文化和意识形态渗透，企图侵蚀其他国家的文化、干涉别国内政，以达到其"和平演变"的阴谋。因此，我们在寻求和确认这些文化共识的同时，还要注意理清它们的历史背景和精神实质，辨析它们的使用语境和价值属性，不能随波逐流，更不能上当受骗。

---

[1] 《邓小平文选》第3卷，人民出版社1993年版，第348页。

（三）加强对外来文化的筛选和监管

当前，以美国为首的西方国家的文化充斥我国社会的每一个角落，深刻影响着人们的思想观念和行为方式。这些大量涌入我国的外来文化，鱼龙混杂、良莠并存，特别是有些腐朽的、消极的、落后的东西也裹挟而入。如果放任自流、不管不问，危害极大。因此，我们要在国家文化战略、制度和政策等层面采取措施，健全和完善对外来文化的分级分类准入机制，建立健全对外来文化的预警、评估、筛选、监控和防范系统，加强组织引导和管理协调。要从质和量两个方面加强对外来文化的管控和审查，努力使外来文化的消极影响降到最低。

（四）保护和发展我国的民族语言和文字

语言文字既是文化传承和发展的重要载体，也是文化民族性的一大象征。改革开放后，随着国际交流的增多、外来文化的涌入，外语的学习和使用一度掀起热潮，许多场合语言表达中英文混杂，外来词、字母词随意乱用滥用。如不少楼盘、商场、酒店热衷起洋名，"曼哈顿""威尼斯""爱丁堡"到处可见。同时，一些地方的语文教育与学生的汉语学习和应用能力弱化，这体现了对民族语言文字的轻视，容易导致民族语言文字的边缘化，以及文化自信的缺失。

保护和发展本民族语言文字，是培育中华民族共同体意识、体现国家核心利益的基石，是抵御外来消极文化侵蚀、维护国家文化安全的一道重要屏障。因此，要着力增强汉语在我国教育和考评体系中的地位，这不仅是我国国力增强的必然要求，也是抵御外来文化渗透、提高国家文化软实力的必然趋势，更是解决当前我国汉语言文字教育所面临严峻形势的深切呼唤。2013年以来，部分省市相继推行考试改革，提出将减少英语分值、增加语文分值；2013年下半年始,央视相继举办了首届《中国汉字听写大会》《中国谜语大会》《中国成语大会》;近几年来,还在春节、清明、端午、中秋等传统节日举办《中华经典诵读》节日晚会等活动;等等。这些都让我们看到了国家更加重视本民族语言文字,更加自信地看待本国文化,更加注重文明的传承。

五、推动文化"走出去",提高中国特色社会主义文化影响力

推动文化"走出去",提升文化国际影响力,是推动文化繁荣发展、建设文化强国的重要内容。当前,中华文化的国际影响力,与五千多年悠久文明的历史不相称,与经济大国的地位不相称,与中华民族伟大复兴宏伟目标的要求不相称。因此,十七届六中全会《决定》指出,"文化在综合国力竞争中的地位和作用更加凸显,维护国家文化安全任务更加艰巨,增强国家文化软实力、中华文化国际影响力要求更加紧迫","文化走出去较为薄弱,中华文化国际影响力需要进一步增强"。十八届三中全会《决定》指出,要"提高文化开放水平",强调要"推动中华文化走向世界"。《中华人民共和国国民经济和社会发展第十三个五年规划纲要》强调,"加大中外人文交流力度,创新对外传播、文化交流、文化贸易方式,在交流互鉴中展示中华文化独特魅力,推动中华文化走向世界"。党的十九大报告强调:"加强中外人文交流,以我为主、兼收并蓄。推进国际传播能力建设,讲好中国故事,展现真实、立体、全面的中国,提高国家文化软实力。"

(一)树立良好的国家文化形象

国家文化形象,是指国内外公众对一个国家价值观念、文化成

果、文化传统、文化行为等方面的总体认知与评价。国家文化形象是国家文化影响力的一张名片。能否树立良好的国家文化形象，关系到国际社会对一国文化的认识和评判，关系到文化"走出去"的效果。当前，由于我国文化产业不强、体制不健全、人才缺乏、传播力弱等原因，中国在国际文化交流和竞争中总体处于弱势。这一弱势局面，以及"内敛型"的文化和民族性格，为习惯于戴着有色眼镜看人的某些西方国家构建中国文化负面形象提供了机会。资料显示，美国的主流媒体涉及中国的文章，从标题上来看，负面的占 1/2，中性的占 1/4，稍积极一点的占 1/4，如果按文字篇幅来统计的话，90%以上是负面的。① 近些年来，西方一些人秉持"冷战"思维，对中国的快速发展持疑惧态度，炮制、渲染"中国威胁论""中国崩溃论"等论调，肆意歪曲我国的发展道路、社会制度、精神风貌，恶意渲染我国经济社会发展中出现的一些矛盾和问题，严重损害了中国的国家文化形象。为适应国力增强的现实诉求，应对文化形象受到的严峻挑战，必须着力构建和维护我国文化良好形象。十七届六中全会决定指出："增进国际社会对我国基本国情、价值观念、发展道路、内外政策的了解和认识，展现我国文明、民主、开放、进步的形象。"②习近平总书记在中央政治局十二次集体学习时强调，要注重塑造我国的国家形象，重点展示中国历史底蕴深厚、各民族多元一体、文化多样和谐的文明大国形象，政治清明、经济发展、文化繁荣、社会稳定、人民团结、山河秀美的东方大国形象，坚持和平发展、促进共同发展、维护国际公平正义、为人类作出贡献的负责任大国形象，对外更加开放、更加具有亲和力、充满希望、充满活力的社会主义大国形象。③

① 居黎东：《文化与国家形象、国际影响力》，《当代世界》2005 年第 12 期。
② 《中共中央关于深化文化体制改革推动社会主义文化大发展大繁荣若干重大问题的决定》，《人民日报》2011 年 10 月 26 日。
③ 习近平：《建设社会主义文化强国 着力提高国家文化软实力》，《人民日报》2014 年 1 月 1 日。

这些都为我们培塑国家文化形象指明了方向。总的来说，培塑国家文化良好形象，就是要培塑我国和谐、包容、文明、民主、开放、进步的形象。

和谐，就是要坚持和平发展、和睦相处。"和谐"理念是中华优秀传统文化的核心理念之一，是我国坚持对内建设和谐社会与对外建设和谐世界的根本目标与基本原则。培塑和谐的形象，就是要向国际社会表明，中国的发展是和平发展，坚持以和平方式处理与其他不同文化间的矛盾和争端，而不是动辄使用武力或以武力相威胁。中国将与世界上一切有和平意愿的国家互惠共赢、和睦相处，致力于建立平等、互利、互信、合作的国家间关系。

包容，就是要坚持兼容多样、求同存异。文化多样性，是人类社会的基本特征，是人类发展的基本动力。中国政府始终主张并尊重世界文化多样性。每一种文化都在与他文化的交流融通中生存和发展，"非此即彼""势不两立"的狭隘心态有悖于时代发展的潮流。要不忘本来、吸收外来、着眼将来，学习和吸收多元多样文化的优秀成分，在包容中交流，在包容中创新，在包容中提升影响力。

文明，就是要坚持以礼相待、诚信友善。中国是具有五千多年悠久历史的文明古国，具有"礼仪之邦"的美称，对外关系中向来秉持诚实守信、亲仁友邦的原则。要克服我国在对外交往中可能存在的一些不文明现象，遵守国际关系基本准则，争取国际社会对我国在政治上、道义上更多的支持，展现我国历史文化博大精深、对外交往重义尊礼的文明形象。

民主，就是要坚持大小国家一律平等。哈贝马斯指出："不同的文化类型应当超越各自传统和生活形式的基本价值的局限，作为平等的对话伙伴相互尊重，并在一种和谐友好的气氛中消除误解，摒弃成见，以便共同探讨对于人类和世界的未来有关的重大问题，寻找解决问题的途径。"①这里,他强调了不同文化的国家平等对话的重要性。中国作为当今世界上最大的发展中国家和最大的社会主义国家,要坚决反对以强凌弱、以大压小的文化霸权主义和文化殖民主义,鼓励与支持广大发展中国家发展自己的文化,主张多元文化主体间的平等交流,致力于实现国际文化交流的民主化。近些年来,中国先后和世界上大多数国家建立了各种形式的伙伴关系,基本形成覆盖全球的伙伴关系网络,如同美国的"合作伙伴关系",同俄罗斯的"全面战略协作伙伴关系"等,充分表明了中国为世界和平稳定与国际关系民主化作出的努力,有利于中国文化良好形象的塑造。

开放,就是要坚持对外开放、扩大交流。列宁曾精辟地指出:"只有确切地了解人类全部发展过程所创造的文化,并对这种文化加以改造,才能建设无产阶级的文化。"②文化的开放性与先进性密不可分。当今世界是开放的世界,各国的发展离不开世界,世界的发展离不开各国。一个民族要想保持自身文化的先进性,必须坚持对外开放、扩大交流。通过面向全球、开放交流,了解当今世界文化发展的前沿,吸收借鉴人类社会包括资本主义社会创造的一切优秀文明成果;充分利用世界资源和世界市场,在更大范围内和更高程度上参与国际竞争与合作;增强与他文化的交流与融合,提升用自身文化吸引他文化、改变他文化、影响他文化的能力;不断实现自身文化内容的转换、丰富与发展,巩固和发展中国特色社会主义文化。

进步,就是要坚持勇立潮头、与时俱进。改革开放40年来,中国取得了举世瞩目的伟大成就,各项事业飞速发展,综合国力显著增强,人民生活明显改善,国际地位日益提升。中国所取得的伟大成就,连习惯于"戴着有色眼镜看人"的西方国家执政当局、新闻媒体

---

① [德]哈贝马斯:《从感性印象到象征表现》,苏尔坎普出版社1997年版,第57页。
② 《列宁专题文集·论无产阶级政党》,人民出版社2009年版,第281页。

和学者，都不得不给予认可。随着中国的快速发展，中国也积极主动地承担起应有的国际责任，在减免债务、提供援助、参与维和等方面都作出了力所能及的贡献。要将中国政治清明、经济发展、文化繁荣、社会稳定、人民团结、山河秀美的进步形象传播出去，要将中国充满正气、充满希望、充满活力的进步形象传播出去。要注重通过官方和民间等多重途径和平台，增进世界各国对我国基本国情、内外政策、文化精神、奋斗目标等方面的了解和认识，要善于提出国际议题，广泛参与国际话题讨论，明白讲述中国故事，大胆传播中国精神，着力塑造中国形象。

（二）精选优化传播内容

近些年来，我国对外文化交流的内容，主要集中在器物和行为文化方面，如戏曲、武术、书法等，基本属于平面维度的文化。孔子学院是中国文化"走出去"的代表，数据显示，截至 2017 年 10 月，我国已在 142 个国家设立了 516 所孔子学院和 1076 个孔子学堂。孔子学院在扩大文化交流、传播中华文化、提升中华文化国际影响力方面起到了重要作用。但同时也要看到，孔子学院建设面临一些不容忽视的质疑。比如，国外有人提出，孔子学院受中国政府"操控"，是中国政府对外进行意识形态宣传的工具，并不是独立的学术和文化交流机构。国内有人认为，孔子学院主要在教汉语和书法，没有较好地发挥文化交流的功能，没能有效地传播中国的核心价值理念。孔子学院的事确实需要我们深入思考：我们如何才能真正传播当代中国价值观念，在信仰和道德高度上充分彰显当代中国核心价值和精神风貌？

要注重提升对外文化传播层次。有这样一个说法：三流国家出口产品，二流国家出口标准和准则，一流国家出口文化和价值观。要改变我国文化"走出去"层次不高，内容主要局限在器物和行为文化等平面维度的局面,成为出口文化和价值观的一流国家,就要注重提升对外文化传播层次。要坚持马克思主义的指导地位,繁荣发展哲学社会科学,创作更多高质量的文艺作品;坚持推动中国文化的深度融合,弘扬具有当代价值的中华文化精神,提炼当代中国文化发展最新成果,传播当代中国价值观念;要改变我国文化发展处于总体弱势的局面,增强在世界文化市场所占份额,提高文化"走出去"的层次;要紧紧抓住当前世界"汉语热"这一千载难逢的历史机遇,着力推动汉语的传播。

要聚焦当代中国核心价值。缺乏核心价值的文化交流与传播,传递的只能是一种碎片化的声音,难以获得真正的话语权。张岱年指出:"文化的核心在于价值观,道德的理论基础也在于价值观。"中国特色社会主义文化的核心是社会主义核心价值观,因此,要充分彰显当代中国核心价值和精神风貌,就是要向世界传播社会主义核心价值观,即当代中国核心价值观念。十八大报告就社会主义核心价值观的基本内容作出了 24 个字的重要论断。这一论述涵盖了国家、社会和个人三个层面,是全体人民能够接受的最大公约数,具有普遍的适用性,为凝聚全党全社会共识、搞好培育和践行提供了根本遵循。要推动中国特色社会主义文化有机整合,凝练聚焦当代中国核心价值,进一步增强其稳定性、凝练度和聚焦度,强化其对全体社会成员的主导和引领作用。

总的来说,在传播内容方面,要注意实现两个转换:一是由主要传播传统文化、儒家文化到主要传播现代文化、创新文化的转换;二是由主要传播语言文化到主要传播核心价值的转换。

(三)提升国际交流水平

当前,我国对外文化交流日益频繁,文化"走出去"呈现出实践主体多元、利益关切多样、介入角度多层次的新格局。要"坚持政府主导、企业主体、市场运作、社会参与，扩大对外文化交流"①，因此，要发挥好党和政府、企业、民间组织、个人等多元主体的作用，开拓多样渠道，并促使其各司其职，分工协作，共同联动，形成合力，建立全方位的交流，提高交流水平。

在党和政府层面，要搞好顶层设计，加强统筹协调。一是加强和改进党对文化"走出去"的领导。十九大报告指出："中国共产党从成立之日起，既是中国先进文化的积极引领者和践行者，又是中华优秀传统文化的忠实传承者和弘扬者。"作为一个具有高度文化自觉的马克思主义政党，我们党在革命、建设和改革的各个历史时期，都非常重视文化建设。特别是党的十八大以来，习近平总书记对继承弘扬中华文化作出了一系列重要论述，并多次强调要推动中华文化创造性转化和创新性发展，不断提高对外文化交流水平。加强和改进党对文化"走出去"的领导，就是要着眼于牢牢把握党对意识形态工作的主导权，加强文化领导班子和党组织建设，统筹好文化国内发展与国际发展的两个大局，推动文化"走出去"与"引进来"协调并进，牢牢掌控文化"走出去"的正确方向，切实发挥好文化"走出去"的重要作用。二是搞好战略规划与多元统筹，健全对外文化交流的体制机制。要对主管部门、参与主体、人才建设、资源分配等进行总体规划设计，整合现有文化外交力量，明确各主管部门权责职能，加强统筹协调，优化资源配置；要搞好文化宏观管理体制和微观运行机制改革，完善文化对外交流体制，形成科学有效的引导、协调和运行机制；要构建中国文化"走出去"的多元化的内容体系、协同体系、人才体系、评估体系等，努力确保各方面资源的高效利用，实现效益的最大化。三是加强法规政策制定，提供切实有效保障。要适应扩大文化对外开放的要求，进一步加强文化外交立法，健全和完善对外文化交流的法律法规，将文化国际交流的地位作用、宗旨

---

① 《中共中央关于全面深化改革若干重大问题的决定》，《人民日报》2013 年 11 月 16 日。

任务、规划程序、协调运转、监督管理等都纳入法制化轨道；要建立健全包括文化产业制度、文化企事业制度、文化开放与调控制度、文化交流与传播制度、文化教育引导制度、文化监管奖惩制度在内的文化制度；要完善对外文化交流的配套政策，在金融、财税、法律、信息、人才、资金、审批等方面提供必要条件和政策支持，真正做到有法可依，有章可循。四是抓住关键着力点。要不断打造文化品牌，扩大文化产品出口；要进一步搞好孔子学院和海外文化交流中心建设，举办好"中国文化年"活动；要特别注重加强文化教育交流。通过加强文化教育交流，吸引其他国家的青年精英到本国学习，促使他们对本国的思想文化、语言文字和发展模式产生共鸣和认同，是世界各主要国家提升文化国际影响力的通用做法。美国、欧盟各主要国家、日本和韩国等都采取了这一政策。因此，要注重通过教育交流，吸引国外更多的青年精英到中国学习；要进一步加大资助外国留学生的力度，如采取向外国优秀人才发放绿卡、提供政府奖学金等各种优惠政策。

文化企业是进行文化贸易的主体。要发挥文化企业在推动文化"走出去"中主体性、经常性、持久性的优势和作用，培育一批具有较强实力和国际竞争力的外向型文化企业，支持和鼓励文化企业开拓境外市场、参与国际竞争，加强商业化运作能力，创作国际竞争力强的文化产品。作为企业本身，要引领科技潮流，着眼市场需求，不断创新创造，根据国际市场和消费者的需求来提供产品和服务；要注重通过多种国际合作方式，推动中国文化的对外交流与传播。

要顺应国际文化交流趋势，尤其注重发挥民间层面的作用。减少政府直接参与、淡化官方色彩，是当今国际文化交流领域的普遍做法，也有利于减少别国的误解和疑虑。对于国外许多受众来说，相对于政府而言，专家、学者、媒体以及一些非政府组织的信息更易接受。我国对外文化交往中官方色彩仍比较浓厚、宣传味道较重，这样就容易产生不信任感，甚至造成抵触情绪。因此，政府部门应进一步转变职能，充分挖掘中国民间层面的潜力，让民间力量在国际竞争中充分释放能量。要发挥好非政府组织、外交智库、专家学者等在传播中华文化中的重要作用。要鼓励社会组织、中资机构等参与孔子学院和海外文化中心建设，承担人文交流项目，发挥非公有制文化企业、文化非营利机构在对外文化交流中的作用；鼓励高水平的各类学术团体、艺术机构在相应国际组织中发挥建设性作用。

培养大批高素质的人才。中国文化"走出去"作为一项跨国别、跨学科的文化传播工程，需要大批具有国际视野、家国情怀，熟悉国际文化传播规律、具备较好外语能力的高层次复合型人才。尤其是随着"一带一路"倡议的落地生根，大批非通用语种人才更是有了用武之地。要加大对文化交流人才、翻译人才的培养力度，培养一批具有中华文化认知和传播能力、熟悉国际文化交流规则和技巧的各行各业人才。数据显示，我国在海外有着7000万左右的庞大华人群体，要充分发挥海外华人在传播中华文化、增强中华文化国际影响力中的桥梁和生力军作用，发挥海外华人社团在推动中华文化走向世界中的重要渠道作用，发挥侨资侨智在文化软实力提升中的助推器作用。

（四）提高国际传播能力

当前，国际舆论格局西强我弱，我国的对外文化传播缺少具有国际竞争力的跨国媒体集团，新闻媒体的传播能力不强，这与我国的国际地位极不相称。拿传媒集团来说，"时代华纳、迪斯尼、贝塔斯曼、维亚康姆、新闻集团、索尼、TCL、环球、日本广播公司这世界9大传媒集团,控制了全球 50 家传媒公司和 95%的世界传媒市场"①。相比之下,我国对外传播能力总体较弱,亟待增强。十八届三中全会强调,要"加强国际传播能力和对外话语体系建设"②。为此,必须不断创新对外文化交流的形式方法,提高国际传播能力。

一是加快发展现代传播体系。着力培育信息量大、影响力强、全球覆盖面广的国际一流媒体或媒体集团,加强新闻传播的设施设备、技术手段建设,提高新闻报道的原创率、首发率、落地率和覆盖率,提升新闻信息的国际传播力和影响力。要突出加强互联网建设和管理,打造一批在国内外有重要影响力的网站,推进三网融合,充分发挥网络媒体空间广阔、快捷高效、多元互动的优势,占领网络信息传播制高点。2014 年 8 月,中央全面深化改革领导小组第四次会议审议通过《关于推动传统媒体和新兴媒体融合发展的指导意见》。从此,媒体融合事业步入新的发展阶段。近些年来,人民日报、新华社等媒体纷纷开设微博、微信账号,拓展传播渠道、扩大网络空间影响。这为加快国际传播提供了便利。

二是秉持国际化思维。在对外文化交流传播中,我国往往习惯性地沿用宣传教育模式,存在着说教色彩浓厚、内容宏大空泛、方法简单僵硬的情况。面对这一不成熟不完善的传播模式和叙事方式,我们必须开阔视野,秉持国际化思维,贴近国际表达,创新话语传播模式。当前,国际文化交流更加频繁,竞争日趋激烈。增强对外文化交流与传播,需要结合国际社会实际,寻求中外民众需求与利益的契合点,采用国际化、故事化、人情化的表达方式,提升对外传播与表达方式的亲切感、亲和力和感染力,遵守国际规则,运用国际方式,阐释和讲述中国故事,从而增强被国际社会融合和接纳的力度。

① 张国祚:《中国文化软实力研究报告(2010)》,社会科学文献出版社 2011 年版,第 186 页。
② 《中共中央关于全面深化改革若干重大问题的决定》,《人民日报》2013 年 11 月 16 日。

　　三是坚持市场化运作。在当前全球化、市场化不断走向深入的趋势下，一种文化产品能否走出去，在世界文化市场占据一席之地，要看这一文化产品能否满足国际文化市场的需要，能否满足其他国家消费者的文化需求。根据国际文化市场需求生产、创作和销售文化产品，是国际文化贸易中的通行做法，也是提升文化贸易水平的最有效方式。我国文化贸易要把展示和传播中华文化核心价值作为首要任务，在此前提下讲求经济效益，这是文化贸易与其他一般货物贸易的显著区别。因此，要将我国丰富的文化资源转化为可参与国际文化贸易的文化产品，并且，对这些文化产品，不只是"送出去"，更要"卖出去"；要促使国际市场和外国消费者由"被动接受"转化为"主动接受"；要把展示和传播中华文化核心价值的要求与市场化运作的方式密切结合起来，生产出既能够展现中华文化核心价值，又能够满足国际文化市场需求的文化产品，打造出一批这样的精品力作。

　　四是采取本土化策略。纵观近些年来的世界文化市场，能够取得成功的文化产品有一个共同的特点，就是瞄准了不同国家和地区、不同文化背景消费者的需求。我国与其他国家和地区，不可避免地在经济制度、思想文化、价值观念、风俗习惯、意识形态、语言文字等方面存在差异，我们应探索国别和区域问题研究的新模式，在知己知彼的基础上，制定中国文化"走出去"的本土化策略，提升其针对性、融通性和可持续性。要善于使用贴近对象国本土观念和文化习俗的表达方式，善于把握中外文化的汇合点，善于用国际比较的视角，更加生动地阐释和平发展、合作共赢的中国理念，促进中国文化与世界多元文化的和谐共生。

　　五是贯彻科技化引领。达·芬奇说过："艺术借助科技的翅膀才能高飞。"的确，科学和技术的日新月异给文化的创新发展带来了无限生机。在文化"走出去"过程中，科技融入能够起到明显的加速和倍增效应,科技能力强、科技融合度高的文化及其传播能够在日趋激烈的国际竞争中迸发活力、取得成效。要大力推进科技与文化、科技与传播的融合,不断提高文化产品、文化交流、文化传播的科技含量和科技水平。要努力使互联网成为传播中国特色社会主义文化的新阵地、提供文化服务的新平台,鼓励网络文化产品的创作和研发,开发移动文化信息服务、数字远程教育、数字娱乐产品等增值业务,运用好互联网、微博、微信等新兴媒体,促使中国文化、中国话语与年轻一代、新型受众无缝连接、全面贴近。

（五）增强国际话语权

福柯在其《话语的秩序》一文中,提出了"话语即权力"的观点,他认为,谁掌握了话语,谁就拥有了对世界秩序的整理权。可以看出,话语权,就是一种话语体系在国际上所拥有的感召力、阐释力、影响力。当前,西方发达国家控制着世界传媒市场,垄断着国际传媒领域,掌控着世界新闻舆论的主导权,操控着国际核心概念的解释权,西方的政治话语体系成为国际政策和行为的主要判断标准,中国在国际话语体系中总体上处于防御态势,国际话语体系总体处于不公平、不合理、不平衡的状态。西方企图凭借其话语优势,按照它们的话语体系和价值标准衡量、压制、批判和改造中国。为此,它们通过一系列举措,包括培植话语代理人和意见领袖,主动设置诱导性议题,更加隐秘地包装输送自身意识形态,注重利用新媒体渠道扩大覆盖面等,主导国际社会对中国的认知和评判。

习近平总书记强调指出,要努力提高国际话语权,精心构建对外话语体系,增强对外话语的创造力、感召力、公信力,讲好中国故事,传播好中国声音,阐释好中国特色。[①]

---

① 习近平:《建设社会主义文化强国　着力提高国家文化软实力》,《人民日报》2014年1月1日。

一是讲好中国故事。讲好中国故事,本质上就是用文化的方式讲好中国道路、中国模式的故事,把中国道路不断创新发展的活力和优势转化为国际话语影响力。讲好中国故事,既是展示和传播中国道路的文化软实力,也是以中国道路的鲜活实践为文化自信注入新的力量和源泉。新中国成立60多年来,特别是改革开放40年来,中国共产党领导全国各族人民,创造了人类历史上罕见的发展奇迹,取得了举世瞩目的伟大成就。如何将这一传奇的"中国故事"向世界讲述?那些长期受"西方中心论"的浸染,崇尚"西方文化至尊"的人,那些习惯于削足适履、硬搬照抄,套用西方话语体系的人,是注定讲不好的。我们要研究对象、熟悉对象、贴近对象,充分掌握国外受众的思维方式、风俗习惯、语言特征,切实了解和熟悉国外受众的精神风貌和思想状况,用国际上能够接受的方式传播中国的价值观,做到"中国故事、国际表达"。要立足中国实际,深化规律认识,不断推出融通中外的新概念、新范畴、新表述,不断打造具有中国特色、中国风格、中国气派的,符合中国核心利益的话语体系。

二是传播好中国声音。近些年来,随着中国实力的增强,虽然能够在国际上发出自己的声音了,但是这一声音还不够响亮。这一方面是由于中国对外传播实力尚且不足,另一方面是由于国际主流媒体和舆论故意对我进行遏制。西方国家大都实行资本主义制度,它们认为中国的道路和制度损害其利益,进而予以质疑甚至攻击;它们抛出所谓"普世价值"污蔑和妖魔化中国;炮制"中国威胁论""中国崩溃论"等论调。针对上述挑战,我们必须采取有效措施,通过积极参与设置国际话语议题、制定国际话语规则、完善国际话语表达来加强国际话语传播、引导国际话语走向、占领国际话语高地,在与中国利益有关的国际事件上发出中国响亮的声音。进而向世界阐明,中国对世界作出了巨大贡献,中国发展带来的是难得的机遇,中国的发展是和平的负责任的发展,中华优秀文化的世界意义,从而扩大"中国梦""中国奇迹""中国方案"的国际影响力。

三是阐释好中国特色。中国特色，传承于5000多年的悠久文明，积淀于近代以来170多年中华民族发展历程的深刻总结，来源于新中国成立60多年的持续探索，经过改革开放以来40年伟大实践的检验，获得了广大人民群众的认同和支持，甚至国际社会都给予高度关注、积极评价。坚持和发展中国特色社会主义，是改革开放40年取得的最宝贵经验和伟大成就。中国特色社会主义道路、理论体系、制度和文化，是伟大成就的根本表现；坚持道路自信、理论自信、制度自信和文化自信，是伟大成就的根本要求。"中国特色"是马克思主义基本原理、科学社会主义基本原则与中国基本国情和当今时代特征相结合的产物，是普遍性与特殊性、主体性与多样性、稳定性与开放性的统一，集中表现为实践特色、理论特色、民族特色、时代特色等方面。阐释好中国特色，就要改变轻视人文社会科学的现实，高度重视和发展繁荣哲学社会科学，在经济学、政治学、社会学等主流学科推出自己的原创话语，为增强国际话语权奠定话语基础；就要通过古今中外的纵横比较，用鲜活的语言和形象的表达，揭示"中国道路"的内涵、本质与特色，剖析"中国理论"的主题、体系与意义，阐明中国制度的构成、机制与优势，彰显当代中国核心价值和精神风貌，进而得到国际社会的理解与认同。

讲好中国故事，传播好中国声音，阐释好中国特色，要注重树立正确的历史观，坚决反对历史虚无主义。历史虚无主义是一种借否定和歪曲中国历史、否定和歪曲中国共产党党史从而否定中国共产党的领导、马克思主义指导、中国特色社会主义道路、人民民主专政的政治思潮，具有很大的欺骗性、迷惑性和渗透性。欲知大道，必先为史。然而，当前却有那么一部分人，把历史当作"任人涂抹的小姑娘"，或是罔顾事实，混淆历史认知，消解党的社会根基；或是妄加揣测，否定客观事实，旨在动摇党的精神坐标；或是随意裁剪，颠覆主流立场,旨在消解党的崇高价值。这种张冠李戴、颠倒黑白的历史观是极具危害性的。我们必须牢固树立坚定的政治意识、大局意识、核心意识、看齐意识,坚持正确的政治导向,旗帜鲜明地反对历史虚无主义和文化虚无主义,引导大家尊重历史、捍卫真知、涵养文化自信,更好地走向未来。

六、构建国际文化新秩序，提高中国特色社会主义文化参与力

影响和决定国家文化软实力的诸多因素中,国际文化秩序是不可或缺的一个。过去,我们更多关注和考察的是国际经济、政治秩序,随着全球化的深入发展以及对各国文化安全的影响,构建国际文化新秩序的问题日益凸显。中国作为最大的发展中国家和最大的社会主义国家,理应为构建国际文化新秩序作出自己的贡献。

（一）提出构建国际文化新秩序的基本原则

国际文化秩序,指的是国际社会主要文化行为体为了维护某些利益、达成一定目标,根据一定的原则规范和体制机制而形成的相对稳定的国际文化关系。在影响和制约国际文化秩序的诸多因素中,国家利益、国际格局、国际道德是其中三个主要的方面。判断一种国际文化秩序的性质,要看制定规则的主体、制定规则的内容、规则服务的对象等方面。在当前国际文化秩序中,以美国为首的西方文化居于强势、占据主导地位,其他多种文化,如中华文化、伊斯兰文化、印度文化、日本文化、拉美文化、非洲文化等,一方面,积极采取措施,应对外来强势文化的侵蚀和扩张;另一方面,注重保护、振兴和发展本民族文化。总的来说,资本主义的文化、发达国家的文化居于强势地位,社会主义的文化、发展中国家的文化尚处于弱势

地位,国际文化秩序处于一种不公平、不合理、不平衡的状态,这种现状亟待改善。

应在和平共处五项原则基础上提出构建国际文化新秩序的基本原则。结合当前国际文化交流现实,国际文化新秩序的基本原则应该主要包括:尊重各国自主选择文化发展道路的权利,反对文化霸权主义和文化殖民主义,平等交流、尊重多样,求同存异、共存共荣等方面。从主体来看,国际文化秩序的主体应该是多元的,具体表现为不同的地区、国家、民族等。人类文明数千年的历史,就是多元文化不断生息繁衍和交融的历史。汤因比在《历史研究》中,把人类文明分为26种,提出基督教文明、东正教文明、伊斯兰教文明、印度教文明、儒教文明是历经发展演变后传承下来的较为重要的文明。亨廷顿在《文明的冲突与世界秩序的重建》一书中提出,当代的主要文明有七八种,即中华文明、日本文明、印度文明、伊斯兰文明、西方文明、东正教文明、拉丁美洲文明以及可能存在的非洲文明。随着经济全球化、政治多极化的深入发展,文化多元化趋势日益明显。新的时代背景下,要强调每一种文化的积极意义和价值,坚持不同文化的平等地位,互相理解和尊重,开展对话和交流,以利于解决问题与分歧。平等交流是互学互补的前提,坚持平等交流有利于做到互学互补。整个人类发展的历史,都展现了各种文化相互交流融合、相互学习促进、相互补充发展的过程。正如罗素所指出的:"不同文化的接触曾是人类进步的路标。希腊学习埃及,罗马借鉴希腊,阿拉伯参照罗马帝国,中世纪的欧洲又模仿阿拉伯,而文艺复兴时期的欧洲则仿效拜占庭帝国。"共存共荣是平等交流与互学互补的目的。坚持平等交流、互学互补,而不是倚强凌弱、互相排斥,才能在多元文化的合作与竞争中实现共存共荣、不断发展进步。

（二）主张各国走自己的文化发展道路

中国基于自身独特的历史背景、文化传统和现实需要，选择适合自身国情的文化发展道路。这条道路，就是中国特色社会主义文化发展道路，就是当代中国文化发展道路。推动中国文化"走出去"，是当代中国文化发展道路的重要组成部分。中国不仅自己走独具特色的文化发展道路，而且主张各国无论文化实力强弱、文化发展能力大小，都有自主选择文化发展道路的权利，这一选择文化发展方向的权利属于一国主权和内政，不容他国干涉。中国在文化"走出去"的过程中秉持这一原则，尊重多样，平等交往，求同存异。

文化霸权主义是国际文化新秩序的主要障碍。这一行为是旧的国际文化秩序的主导因素，在文化"走出去"的过程中，要坚决反对文化霸权主义，这有利于破除旧秩序的主导力量，彰显国际正义，赢得大多数国家的认同与支持。这里，尤其要注重加强与广大发展中国家的联合。通过团结合作，共同抵制西方国家的文化霸权、文化殖民和文化渗透，共同维护发展中国家文化权益，争取在国际社会中发出更多发展中国家的声音，争取制定更多代表广大发展中国家利益的规则。

（三）致力打造人类"文化"命运共同体

当今世界，各国相互联系、相互依存日益密切，人类越来越成为你中有我、我中有你的命运共同体。十八大以来，习近平总书记多次阐述"人类命运共同体"理念。他强调指出："要推动全球治理理念创新发展，积极发掘中华文化中积极的处世之道和治理理念同当今时代的共鸣点，继续丰富打造人类命运共同体等主张，弘扬共商共建共享的全球治理理念。"①在十九大报告中,习近平总书记进一步强调:"坚持和平发展道路,推动构建人类命运共同体""各国人民同心协力,构建人类命运共同体,建设持久和平、普遍安全、共同繁荣、开放包容、清洁美丽的世界"。报告中尤其指出:"要尊重世界文明多样性,以文明交流超越文明隔阂、文明互鉴超越文明冲突、文明共存超越文明优越。""人类命运共同体"理念,表达了中国和平发展的愿望,反映了人类共同发展的诉求。"人类命运共同体"离不开文化支撑。"文化命运共同体"是"人类命运共同体"建设的重要内容和根本支撑。打造人类命运共同体,尤其需要我们积极挖掘中华优秀文化的理念,使其上升为国际文化交流,以及构建国际文化新秩序的"规则"。

　　人类当前面临诸多问题。近代以来西方发达国家的现代化道路,是一种强调"文明与野蛮"相互对抗的二元认识论和思维方式,它们把自己看作是"上帝的选民"和文明的模板,把其他文明看作是"旧世界"的"苦海",其所建立的世界秩序奉行弱肉强食的丛林法则,其主导下的社会发展道路也不可能给整个人类带来福音。英国历史学家汤因比说过:"世界统一是避免人类集体自杀之路,在这点上,现在各民族中具有最充分准备的,是两千年来培育了独特思维方法的中华民族。"攻克人类的共同难题,打造人类命运共同体,中华优秀传统文化有着极其重要的参考价值。正如习近平总书记所指出的:"关于道法自然、天人合一的思想,关于天下为公、大同世界的思想,关于自强不息、厚德载物的思想,关于以民为本、安民富民乐民的思想……希望中国和各国学者相互交流、相互切磋,把这个课题研究好,让中国优秀传统文化同世界各国优秀文化一道造福人

---

① 习近平:《推动全球治理体制更加公正更加合理 为我国发展和世界和平创造有利条件》,《人民日报》2015 年 10 月 14 日。

类。"①他还指出："中国人自古就推崇'协和万邦''亲仁善邻,国之宝也''四海之内皆兄弟也''远亲不如近邻''亲望亲好,邻望邻好''国虽大,好战必亡'等和平思想。爱好和平的思想深深嵌入了中华民族的精神世界,今天依然是中国处理国际关系的基本理念。"②我国优秀传统文化中的一些核心理念,如和谐、友好等,对建立国际文化新秩序具有较大的参考价值,应推荐给并努力促成国际社会吸收和采纳,用于各类国际文化规则与标准的修改与制定。中国文化就是和平、和谐的代表,对促进世界文化发展有着独特的借鉴价值。"和谐"理念深深植根于中华传统文化中。早在3000多年前,中国的甲骨文和金文中就有了"和"字。西周时期,周太史史伯提出"和实生物,同则不继"的观点,主张在"不同"的多样化和谐中追求事物的生生不息、蓬勃发展。儒家学说的创始人孔子把"和"视为做人处事的重要标准,提出"和为贵"的思想,认为和睦是最重要的。在文化"走出去"的过程中,中国需要把"和平、合作、和谐"等传统文化的优秀理念传播出去,坚持与各国文化的共生、共处、共赢、共荣,为国际关系发展营造良好氛围,为国际文化新秩序奠定思想基础。

十八大以来,习近平总书记提出了一系列外交新理念、新倡议和新观点,比如亲诚惠容的周边外交理念,互信互利、平等协商、尊重多样文明、谋求共同发展的"上海精神",和平合作、开放包容、互学互鉴、互利共赢的丝路精神,共同、综合、合作、可持续的亚洲安全观以及义利并举、以义为先的正确义利观等。所有这些都贯穿着"和平、合作、和谐"的价值观,贯穿着"和平发展、和谐相处、合作共赢"的理念,贯穿了中国外交政策的方方面面。这必将有利于我们构建国际文化新秩序,打造人类命运共同体。

---

① 习近平:《在纪念孔子诞辰2565周年国际学术研讨会暨国际儒学联合会第五届会员大会开幕会上的讲话》,《人民日报》2014年9月25日。

② 习近平:《在纪念孔子诞辰2565周年国际学术研讨会暨国际儒学联合会第五届会员大会开幕会上的讲话》,《人民日报》2014年9月25日。

　　每一种文化都有其产生的根据和存在的价值,文化多样性是世界文化发展的基本规律、现实状态和未来趋势。尤其在当今全球化时代,每一种文化都不应该封闭保守,而应该以宽阔的视野开展对话,学习借鉴异文化的优点,从中汲取自我更新和发展的动力。世界各个国家和民族的文化之间,既有冲突和矛盾,又有交流和共识。各国应该理性对待矛盾与冲突,加强交流和对话,寻求和达成共识。新中国成立以来,特别是改革开放以来,党和政府带领人民群众高举"和平、发展、合作、共赢、包容"的旗帜,坚持相互借鉴、求同存异,尊重世界文明多样性,主张共同促进人类文化繁荣进步,赢得了国际社会的广泛认可和尊重,为中国文化"走出去"奠定了良好的认同基础。新时期,在对外文化交往,以及推动文化"走出去"的过程中,我们将继续坚持相互借鉴、求同存异,尊重人类文明的多样发展,促进人类文明的共同繁荣;将通过建立、利用双边和多边、区域性和全球性的相关合作组织,维护我国文化发展权益,宣扬、保护和弘扬本国文化;将进一步支持联合国及相关所属组织、上海合作组织、金砖国家等发挥积极作用,推动国际文化秩序向更公正合理的方向发展。